幕末の情報と社会変革

岩田みゆき著

吉川弘文館

まえがき

本書は、一九八二年から一九九八年までの間に執筆した論文の中から数本を選択し、さらに新たに執筆したものも含めて情報という視点で再構成したものである。

まず、各編・章と関連する初出論文の一覧を掲げておきたい。

序章　近世的情報の構造と変貌（新稿）

第一編　幕末期村社会の情報構造

第一章　幕末期の情報交換と機構の変化――天保期寄場組合大惣代と関東取締出役

（「天保期における寄場組合村大惣代と関東取締出役との情報交換の実態と特質――武州足立郡新染谷村守富家文書から――」〔『歴史と民俗』一五、一九九九年〕）

第二章　村方情報の主体と継承――寛延四年豆州江梨村における名主交代事件の語るもの――

（「江梨村における宝暦元年名主交替事件と村方文書の引継について」〔『歴史と民俗』一二、一九九五年〕）

第三章　「日記」に現れた村落上層民の人間関係――下総国結城郡菅谷村大久保家を事例として――

（「下総国結城郡菅谷村大久保家の人間関係について――幕末維新期の日記を素材として」〔『歴史と民俗』一、一九八六年六月〕）（「大久保家の思想形成にかかわる人間関係と教養」〔『歴史評論』四六一、一九八八年〕）

第二編　幕末の政治情勢と村落上層民の行動
第一章　幕末期関東豪農の政治意識の形成――武州入間郡平山村斎藤家の場合――（卒業論文）
第二章　志士と豪農（「志士と豪農――そのコミュニケーション活動」〔『埼玉地方史』第一三号、一九八二年〕）
第三章　幕末期における一草莽の軌跡――野城広助の日記――
（「幕末における一草莽の軌跡――野城広助の日記」〔『東国民衆史』一〇号、一九八四年〕）
第三編　海防と海村
第一章　幕末期異国船防備体制と村落上層民の動向――九十九里浜を事例として――
（「文政期「異国船」防備体制と村落上層民の動向――九十九里浜の場合」〔『歴史と民俗』一四、一九九七年〕）
第二章　開港期の異国船と村人
（「安政二年洋式船製造に関わる情報伝達と村人への影響――西伊豆の場合」〔『沼津市史研究』六、一九九七年〕）
（「幕末期の海防と村人――豆州小海村増田家の事例」〔『沼津市史研究』八号、一九九八年〕）
第三章　村落上層民の異国船情報収集活動――大久保家の場合――
（「大久保家の黒船情報収集について」〔『歴史と民俗』二、一九八七年〕）

これらのうち、第二編第一章・二章は卒業論文として執筆したもの、第二編第三章は大学院時代に執筆したもの、第一編第三章・第三編第三章は、修士論文として執筆したもの、第一編第一・二章、第三編第一・二章は神奈川大学日本常民文化研究所に勤めはじめて、漁村調査に携わるようになってから執筆したものである。従って、当初から論理だてて執筆したものではなく、また大半は史料紹介や研究ノートの域を出ていない。従って、この度一書にまとめるにあたり、あらためて情報という視座から全体を見直す作業を行った。序章は、その作業を行う過程で書上げたものである。既発表論文については、全体を三編構成とした。各論文は当初は初出のまま収録しようと思ったが、原史料に当り直し、その間考え直す部分も出てきたため、結局大半の論文に手が入ることになった。以下において、各編章の内容と、主な修正部分について述べておきたい。

序章は、必ずしもはっきりしないこれまでの研究を見直し、情報という視点からこれまでの研究を再構成するねらいを、研究史を含めて明確にするためにまとめたものである。

第一編「幕末期村社会の情報構造」は、幕末期の商品経済の展開によって生じる支配システムの変化、村落上層民が独自に展開した人間関係及び情報ネットワークについて検討した論考を収録した。第一章は、改革組合村の大惣代を勤めていた守富家と関東取締出役との天保期における情報交換の実態について検討したものである。当初は、史料紹介に止まっていたが、あらためて整理をしなおし、惣代が村の秩序や治安維持のためには、出役に積極的に情報提供を行っていたが、それ以外のことには消極的であり、惣代が幕府に対して一定の情報操作を行っていた事実を明確にした。第二章は、伊豆国江梨村における寛延四年（宝暦元年）の村方騒動を検討し、そこで展開される村民の名主に対する漁場の支配権をめぐる「情報公開」の要求について検討した。村における情報管理者という視点でみた、名主という立場について考えてみたものである。ここでは、村の引継ぎ文書の内容・引き継ぎ方法について、騒動の前と後でどのように変化するかということを、当初よりもより明確にした。第三章は、下総国結城郡菅谷村大久保家の日記を素材として、そこから知ることのできる人間関係を検討し、その地域的広がり、身分制度の枠を越えた交流・親戚関係を明らかにするとともに、改めて日記にみられる交流関係の全体を検討した結果、その人間関係が開港期を境として大きな質的転換があったことを明らかにした。

第二編は、卒業論文として提出したものと、その後その一部を「志士と豪農――そのコミュニケーション活動」として発表した論文、また卒論作成の過程で発見した野城広助の日記を紹介したものなど、一九八二年から一九八四年までの最も初期の論文を集めた。第一章は未発表のもので、武州入間郡平山村の斎藤家について概要を検討し、幕末期における平山村における立場や、村方騒動が発生する中で、斎藤家が権田直助を中心とする平田派の国学者と密接に関わりを持つようになっていくその政治意識の形成がいかになされるかということを検討した。第二章は既発表論文を書き改めたもので、斎藤家自身は政治活動に直接参加することはなかったが、権田直助やその門人、平田派門人たちを金銭面で援助することによって、幕末の政治活動に深い関わりをもったこと、また、斎藤家はこれらの人物と関わりをもつことによって、通常では入手困難な尊攘運動に関する政治情報を容易に入手でき、また同時に、志士たちに情報を提供していた事実を明らかにした。第三章では、斎藤家に残された権田直助の門人野城広助の日記をもとに、その行動と人間関係を時期を追って検討したものである。広助は旧天領山田橋村の名主の家に養子に入ったが、義父とともに平田派の国学者であり、村を飛び出して積極的に政治活動に関わりをもつようになる。日記は草莽として活動しているときの記録であり、幅広い人間関係を知ることができる。ここでは、章・節の構成を若干変更した。

第三編では「海村と海防」と題し、異国船問題や開港問題が発生したときに、村々にどのような影響を与えたのかということを具体的に明らかにした。第一章では、文政期から天保期にかけての九十九里浜沿岸の村々の異国船防備体制について、異国船来航情報の第一報は漁民であり、特に与力給知の場合は直ぐに幕府にまで通達するシステムが出来上がっていたこと、しかし実際の防衛プランは領主側から示されたのではなく、村の側から考案されたものであること、村々の横の繋がりは在地において積極的に進められたこと、そしてそれを積極的に推進したのが、新興の村落上層民であったことなどを明らかにした。第二章では、開港期における異国船問題について、一つは、安政二年に発生したロシア船沈没とそれに伴って開始された幕府の洋式船製造事業に西伊豆の周辺村々がどのように関わりをもち、どのような影響を受けたのかということ、また二つめに、小田原藩の異国船御用を勤めた小海村の百姓代増田家の行動や、村々に与えた影響について検討した。前者は、一九九七年に「安政二年洋式船製造にかかわる情報伝達と村人への影響」として発表したもので、後者は、一九九六年「幕末期の海防と村人――豆州小海村増田家の事例」と題して発表したものである。これらはそれぞれ独立した論文であったが、今回収録するにあたり、同じ観点で一つの論文にまとめることにした。内容も史料紹介から、異国船来航にともなう村や地域秩序に与えた影響を具体的に明らかにするということで論文に書き改めた。第三章には、第一編第三章であつかった大久保家が、その人間関係を利用して、嘉永七年ペリー来航以降収集した情報を分析したものを収録した。ここでは、大久保家が収集した異国船情報集の内容の詳細を書き加えた。

以上の構成からも明らかなように、本書は必ずしも体系性を持っていない。また手を加えたといっても現時点での、中間的なまとめでしかない。例えば、史料的にも、「御用留」に関する論文がいくつかあるが、まだ検討が不充分な点があり、今回は除外してある。このようにいまだ検討すべき多くの課題が残されており、これらの点についてはつぎの課題としたい。

目　次

第三編　海防と海村

序章　近世的情報の構造と変貌

はじめに——研究の視座

本書は、関東の村落上層民の検討を通じて、情報という視座から、幕末期の社会の変化を明らかにしようとしたものである。

歴史研究の上で情報が分析の手段として取り上げられるようになったのは一九七〇年代に入ってからのことである。(1)そのころは、戦後歴史学の主流であった生産力中心の発展段階論や階級闘争中心史観を問いなおす動きがみられるようになった時期であった。幕末維新期の研究においても、日記・情報集・書簡などの史料が注目されるようになり、これらの史料分析を通して、地域における人間関係・コミュニケーション・情報・地域ネットワークを明らかにするという新たな研究動向がみられるようになった。一九七〇年代の今田洋三の農民と情報の研究、大藤修による地主・商人と小前との間における地域コミュニケーションに関する研究、(2)一九八〇年代の中井信彦による色川三中の研究、(3)一九九〇年代の宮地正人の情報研究(4)など、幕末の社会情勢に対する新たな歴史的評価がされるようになったのもこのころからである。

例えば大藤修は、東北地方の地主商人・村役人層で構成される契約講の議定・契約記録の分析を通じて、地主・商人が、村の中でその人間関係を利用して情報を収集し、その情報を個人的にひとりじめすることなく、契約講という寄合議定の場で、情報を交換し、講の共有財産として蓄積をしていた事実を明らかにした。そして、それはたとえ村役人層を主体としたコミュニケーションであっても、彼らが惣百姓の代表として、地域住民全体の共通課題の解決を図ろうとしている限りにおいては、地域における惣百姓的コミュニケーションの一環として位置づけられるとした。それも開港以降には「民衆的コミュニケーション」は分裂の動きをみせるが、村落上層民の地域ネットワークの形成者としての意義を高く評価した。

また、中井信彦は、幕末期の土浦の商人であり、国学者でもあった色川三中の残した黒船情報集・日記・書簡集等の分析を通じて、その人間関係の広がりや情報収集の実態を明らかにした。そこにみられる三中の日常生活上の人間関係は、商売上の取引関係・学問上の交流関係、親戚関係といった複合的なものであり、且つ領主支配にはかかわりなく身分・階級の枠を超えた広がりをもつものであったことを明らかにしている。この複合的な人間関係が黒船一件関係情報入手の際には情報ネットワークにもなり、そこに形成された同じ意識（合意性）をもったひとつの社会層が、地域形成の主体であり、歴史を動かす主体でもあるとの結論を導き出している。(5)

宮地正人もまた、日記・情報集・書簡といった史料に注目し、そこから明らかになる人間関係や広大な情報ネットワーク、共通の意識形成に関心を示している。宮地氏は、全国各地域の豪農豪商による階層を越えた幅広い人間関係と情報収集の実態を整理され、幕末期において既に風説留といわれる情報集が全国的に成立している事実に注目し、そこから近代国民国家の前提となる「公論」的世界が芽生え初めていたこと、その担い手は民衆の代表である豪農商層であったが、一般庶民も慶応期になると「公論」的世界に参加せざるをえない状況になってきたことなどを指摘した。また、幕末維新期の政治史を政治・社会・文化・経済を分野史としてそれぞれ別個にやるのではなく、それらをつなぐ接点としての情報の問題をつかまえられないかという問題を提示した。

このほかにも一九九〇年代には、埼玉の豪農の情報収集の実態を明らかにし、そこから幕末期には公的情報が機能しなくなり、豪農層による私的ネットワークによる情報収集がさかんに行なわれた事実を明らかにした太田富康の研究などが現れている。また、太田富康によって一九九〇年代までの近世における情報研究の整理が行なわれたことは、「情報」が研究のキーワードとして定着したことを示すものであった。(6)

以上のように、ここ二、三〇年の間に次々と情報を扱った研究が出てきた。しかし、歴史研究の中で情報研究が本格的に研究テーマとして取り上げられるようになったのは、一九九〇年代に入ってからのことである。それ以前には、情報研究といえば都市における瓦版・錦絵などの出版文化の研究など、幕末の民衆文化とのかかわりでとりあげられるにすぎず、村までも含んだ社会構造の全体にかかわる問題として情報をとりあげたものはまだ僅かであった。そんな中で今田洋三の研究は農村における情報の問題を取り扱ったものとしては最初といってよいであろう。その後世直し状況論の見なおしの中、豪農の地域におけるコミュニケーション活動の実態把握が進められ、村落上層民である豪農と一般の小前百姓を対立関係ではとらえきれないとする大藤らの研究が登場する。中井信彦は独自の理論に基いて、土浦の商人色川三中の交流関係を通じて身分や階級を超えた人間関係・情報ネットワークの存在を実証したのである。また、豪農の地域における情報収集者として位置付けは既に久留島浩によっても部分的に提起されていた。これらの研究では、新たな地域形成の担い手として登場してきた村落上層民である豪農商層の姿を具体的に明らかにしていったのである。しかしこれらの研究も情報研究そのものとして行なわれたものではなかった。私が研究を始めたのもほぼ同じ時期であり、同一の研究状況にあったといえる。私自身もこのころの研究状況を意識しつつ、一方で豪農の幕末政治史との関わり、特に草莽運動に関心をもっていた時期であり、農村の史料調査を行う中で、幕末の政治運動に何らかのかたちでかかわりを持った村落上層民が残した情報集や日記・書簡類を分析することによって、彼等が身分や階級を超えて幅広い人間関係をもち、情報ネットワークを形成していたことに気が付きはじめていた。従って当初から情報研究や豪農研究をそのものとして始めたものではなく、具体的に史料を扱う中で出てきた問題をそのまま出しただけである。しかしその結果、幕末期にはすでに情報が村社会においても無視できない問題として存在し、人々の意識変化を促しつつあったこと、特に豪農層にとっては経済的にも政治的にも情報が決定的な意味をもったということ、しかもそれが近世社会のシステムを変貌させ、崩壊させる方向で展開しつつあるという点を見出したのである。

一九九〇年代に始まった情報研究は、情報を正面にすえたものであり、その意味では新たな研究段階にはいったのかもしれない。情報が、社会の構造や、歴史の変化をはかるひとつの指標となりつつあることはもはや疑いのないことである。情報分析を通じて、近世社会の特質とその変貌の過程、近代以降の社会に与える影響などを具体的に明らかにすることが今後の課題となるであろう。いずれにせよ今はひとつひとつ事実確定をしていく時期であろう。

このような研究状況にあって、とにかく自分自身の研究をもういちど情報という視点で見直し、再構成してみようとしたのが本書である。

本書に収録した論考では、ひとまず情報という概念を用い、地方史料からみた幕末期における情報社会の実態と特質を、村落上層民の動きを通じて浮き彫りにすることに専念したい。その場合、幕藩制的に編成された情報システムの中で、村や村落上層民がどう位置づくのか、それがどう変化してくるのかについて検討する。具体的には、幕末期の社会変化や新たに発生する問題、例えば異国船の来航や開港という事態が発生した時に、村社会がどのような対応をし変質をとげるのか、近世的情報社会がどのように変貌をとげるのか、といった点についてその実態を明らかにする。このように、異国船問題といった具体的な問題を通じて、村落上層民がどのような行動をとるのか、彼等を通じて情報がどう流れたのかという点について、まずは事実確定をしていくことが重要である。村落上層民と小前層との関わりや、意識の違いをみる上でもまずその点を明らかにしておく必要があろう。

また、これらの方法を用いて直接分析対象となる主な史料は、関東周辺地域の村落上層民が残した日記類および情報集の類となる。これらの史料は記載方法がさまざまであり、それぞれがいかなる情報の集積であるかをまず検討する必要がある。また記録者の意識や目的も同時に考える必要がある。これらの点に注意した上で利用すれば、日記からは、記録者の人間関係や、つきあいの範囲や内容・頻度などを知ることができ、この史料の分析を通じて、政治・経済・社会・文化的諸関係を総体として把握することが可能となる。また情報集からは、情報の内容・流れなどを検討することによって、収集の意識、情報入手ルート、さらに地域における意識形成の問題について接近することが可能となる。

以上の視点に基き、本章においては、情報という切り口から今までの自分自身の研究をまとめておくことにしたい。

一　近世村社会の情報の特質

近世幕藩制社会は、鎖国制度・兵農分離・石高制を機軸として展開し、幕府はこれらの政策を遂行するにあたって、事・物に関する情報を幕藩制的に編成することに務めた。すなわち情報の権力的集中をめざしたといってよい。それはまず、幕府内部の整備、幕府と諸藩との政治的経済的関係・諸外国との関係の整備として展開した。具体的には、諸藩に対する政治的支配を強めるために、参勤交代制度の導入や幕府法令の周知、大目付・目付・隠密廻同心・御庭番、遠国奉行・巡見使などの役職の設置による諸藩の監視がなされ、また長崎などを通じての海外情報の独占が目論まれた。さらに、幕藩制的な流通構造・再生産構造を編成するために、三都を中心とした城下町が編成され、政治都市江戸、手工業都市京都、中央市場としての大坂と、藩領域市場としての城下町とが有機的に連関する機構が整備された。そして物の流れを実際に動かす人として城下町商人・三都商人が登場した。かつ問屋制の導入によって物流がより安定的に行われるようにしたのである。同時に、幣制の統一、西廻り航路・東廻り航路の開設、五街道・宿駅・問屋・飛脚・伝馬制度などの交通網の整備が具体化された。(7) 飛脚では定飛脚問屋が、幕府に情報を提供していたことが確認されている。また諸藩でも独自に情報収集を行い、江戸と国元で常に情報交換を行い、幕府の役人と積極的に関わりをもつことによって極秘情報を入手しようとしていた。(8)

一方村は、兵農分離に基づく幕藩制社会を根底で支える生産の場であり、この村をいかに幕藩体制の中に組み込んでいくか、すなわち自らの財源である年貢・諸役をいかに効率よく収奪するか、またその意思をいかに伝達していくかは、幕藩領主の大きな課題であったことは疑いの無いところである。それは第一に、年貢諸役の収取機構、及び収取した年貢米の流通機構の整備であり、またそのために村方における生業や生産にかかわる情報を領主側に収集するシステムの構築である。幕藩領主は、村方における人・土地・生産に関わる諸情報を「検地帳」「村明細帳」「宗門人別帳」などの公的文書によって名主に提出させたり、普請役や鷹場の鳥見役などの役人を在地に派遣することによって内々に在方の情報を収集しながら、それらの情報をもとに、年貢賦課の基準としたり、地方行政の指針としたのである。

また、幕藩領主の意思・命令を通達するために、各村々に高札を設置するなど、村々への御触・廻状の伝達機構の整備をおこなった。「村明細帳」などの、領主に提出した村の概要を記した公的な文書をみると、高札の有無、場所、種類、枚数の記載がされており、幕藩領主と村との関係を顕示する重要な情報伝達装置であったといえる。高札は名主が厳重に管理することが義務づけられていたのである。また幕藩領主の意思を伝達する機能をもつ御触や廻状を、確実に指定の村々に伝達し、且つ自村の村人に通達周知させることが、村役人として名主役の重要な業務いわゆる「御用」のひとつであったことは、「五人組帳前書」の記載をみても明らかである。このような領主と村民の間における御用にもとづく情報の記録が「御用留」「廻状留」といわれる史料であり、名主は御用を遂行するにあたっての手控えとしたのである。御用留をみると、村の側からみた村々を取り囲む公的な情報網の実態を知ることができる。(9)また、沿岸の村々では、内陸村にはみられない「浦廻状」「浦御触」があり、その伝達は厳重な管理のもとに行なわれたのである。(10)このように、村役人なかんずく名主は、幕藩領主支配の末端として位置付けられ、村の情報を管理する立場に置かれることになるのである。村の情報管理は、村々の間で交わされる公的な情報のほか、村人の出生・死亡・婚姻・信仰などに亘る人の管理、生産の管理、土地移動や借金関係の管理、訴訟の管理など、村の生活全般にかかわり、またそれらにとどまらず、外来の修験者・芸人・商人などの旅人、無宿人・浪人など、村の外から来たものの取り締まりもまた名主の仕事であった。また名主は村の公的文書の管理継承者でもあった。以上にみられるように、江戸時代は、幕府への権力の集中を意図して都市や村落を幕藩制的支配システムの中に位置づけようとすることによって、社会の安定化を推し進めた時代であったということができる。

ところで、名主は、領主支配の末端として情報管理をするものであると同時に村民の代表として選ばれたものでもあった。その意味で、村民からも公的な村の情報の継承者・管理者として認められていたといえよう。名主は、共同体の長として村の外との公的関係をもち、その人間関係の広さから、村民の結婚や奉公先の世話や、借金の保証人、争論の仲裁にも出かけ、村の世話役としてその社会的信用を得ていたのである。しかし、名主である村落上層民と一般村民との間には、当初から経済的に明らかな格差が存在し、村内においてその関係は対等ではなかった。名主の中にはその特権的立場を利用して不正を働くものもあり、村方騒動の原因にもなったのである。村方騒動が発生する背景には貨幣経済の村への浸透と、それをもとに経済的・文化的に成長した村民の存在がある。これらの村民が名主が自己の利益のために不正に隠蔽する情報の公開を求めて騒動を起こし、結果として名主役が交代する場合もしばしばあったのである。こういった動きは、部分的であるが「情報公開」として評価できよう。しかしながら、騒動の後も名主が交替するのみで、村内の本質的な関係の変化が全くみられないのも村方騒動の特徴である。同じ騒動が幕末期まで繰り返される事からすると、たとえ騒動を介しても全面的な「情報公開」は容易にはすすまなかったのである。(11)

二　在村における情報の担い手

宝暦・天明期以降の全国的に起こる商品貨幣経済の発展と地方への技術伝播、農村内部での小商品生産の展開によって、農村内部の構造も変化した。農村内部でいち早くこれらの小商品生産を行ったのは、経済力があり外との関係をもつ村落上層民であった。かれらは、水車経営・絞油業・養蚕製糸業・酒造業・醸造業などを経営し、また同時にその財力を背景として地主経営を行い、質地の集積をおこなったのである。(12)かれらは小商品生産者・商人・地主としての性格を強め、豪農として成長していく。豪農は、村外にむけても幅広い人間関係を形成し、村における情報の中心的受け手として、また発信者として成長を遂げていく。多くの場合、かれらは村役人も兼ねていたのであり、逆にこの時期全国的に頻発する村方騒動などを経て、豪農として成長を遂げたものが村役人に任命されるようになるのである。このように、公私にわたって村の外との関わりを主体的に担うのが豪農であり、多くの場合村役人層であったのである。豪農の成立は、村内部に経済格差を生じさせ、ますます上層民に情報が集中するようになる。村内外における借金関係、雇用関係、地主−小作関係の展開は、村内外の人間関係を、村落上層民に有利な形で編成されてくることになる。そこでは、その関係に規定された情報の流れが出来あがり、それに従った意識形成がなされていく。領主側はこのような村落上層民を掌握していくことで、農村工業経営を管理し、村落支配を編成しようとするのである。また豪農の側においては、一方で権力との結合関係を結び、自己の経営や村における立場を有利に展開しようとし、また一方では村落共同体の長として、村民を内側に抱え込みながら、村の情報が集中する体勢を形成し、村の世話役として名望家として自らの存立基盤である村落における立場を維持した。また豪農は、独自に学者や医師、武士階級や、同等以上の経済力をもつ自己の経済活動に有利な豪商豪農家と婚姻関係を結び、身分関係をも超えたより上位の、より強固な人的ネットワークを形成し、政治的・経済的・文化的にその立場を固めていったのである。こうして村落上層民である豪農は領主と村民相互から規定をうけながら、その独自の人間関係を形成していくことになる。そして村にあって政治・経済・文化諸側面において最も情報を必要とし、自ら積極的に情報収集に奔走したのが豪農層であった(13)。

また豪農は、領主階級や近隣の上層民との付き合いや、村落支配者としての意識から、高い教養を身につけていた。彼らは、幼少時から文字教育を施され、学問塾に入門し、武家と変わらない教育を受けたのである。豪農家に残された蔵書をみると、漢籍をはじめ、その人間関係に規定されて、国学書・医書などの専門書がみられる。それらは、購入したものもあるが、大半は筆写することによって収集されたものであり、書籍などの知識情報を交換するために上層民間でのネットワークが形成されていたことがわかる(14)。さらに豪農は、村民の為に寺子屋を開き、村民にも文字教育を積極的に施している。

三　近世的情報社会の変貌

文化・文政期には、全国的にみても、新たな流通の担い手が登場するなど、新しい動きが出てきている。[15] 特に入り組み支配が一般的な関東周辺では無許可の居酒屋経営者などが増加し、また無宿人が支配領域を越えて横行し、博奕が流行するなど旧来の支配領域では収まらない問題が発生することが多くなった。そこには、幕藩領主による情報収集能力の低下という事態が発生していることを示している。そこで、設置されたのが関東取締出役であり寄場組合である。この寄場組合の惣代は、名主役を兼ねた豪農層の中から村側の選出によって選ばれたといわれている。惣代に選出される人物が村側においてどのような理由でどのように選出されたのかは不明であるが、幕府側の要求としては、惣代に期待するのは、無宿人や犯人の逮捕の他には、日常的には情報の収集と出役への情報の提供にあったのであり、情報収集能力をもつ、すなわち幅広い人的ネットワークを形成している豪農層を惣代とする必要があったのである。また、村側にとっても、村外にまで顔のきく人物を選出したと考えられる。その意味でいくと、文政期の寄場組合の編成は商品経済の村方への浸透に伴う社会情勢の諸変化にともなって行われた、一部の村落上層民への情報の集中を意図的にねらった、在地における情報網の編成であったといってよい。しかし、惣代は、村の治安維持に関する情報は積極的に出役に提供したが、酒造取締りなどのそれ以外のものについての情報提供は消極的であり、村の立場にたった情報操作を行っていたものと考えられる。[16]

また、近世的情報社会に変貌をもたらしたものの最大の原因の一つに、諸外国との関係の変化があげられる。鎖国が実施された以降も、廻船の遭難はあり、漂流民による諸外国の情報なども漠然と入ってきてはいたが、現実の問題として人々の生活に差し迫ってきたのはやはり寛政期以降であろう。

寛政期以降日本近海にはロシアをはじめとする諸外国の船が頻繁に往来するようになり、諸外国への驚異が少しずつ現実のものとなりつつあった。海付の村々の場合、かなり早い時期から異国船問題に接しており、房総半島の九十九里浜の場合をみてみると、文政八年の異国船打ち払い令が発令された直後から、漁民による異国船発見情報が幕府領主に通達されるようになる。

九十九里浜の中でも、最も対応が早かったのは町奉行配下の与力給知の村々であった。異国船の通過を発見した漁民は、まず岡の村役人に通達をする。村役人は間違いのないことを確認した上で在地代官である給知差配役に通達する。給知差配役はその年の与力の中から選ばれる給知定世話番に通達し、世話番は町奉行へさらには老中へ、とこのようなルートをたどって、わずか一日の間に老中まで通達されている。実に早い対応といわねばなるまい。

だが、九十九里浜も他の関東村落同様多くの領主によって支配地が分断されており、文政期においては、九十九里浜といえどもこの与力給知以外はたとえ天領であっても、対応は統一していなかった。この領主支配の違いによる情報網の断絶を補うために、その後海防差配役や、天保期以降九十九里浦取締役などが任命され、数度にわたり編成が試みられた。しかし、新たな役職が村民の中に設定される度に、既に任命されている役職のものとの対立が生じ、かえって混乱をまねくようになった。上からの一方的な力では、村々の横のつながりを編成することは不可能であった。幕府による情報の集中を目的とした海防政策は失敗したといってよい。

異国船対策における村々の横の連携は、むしろ在地の側で独自に展開した。異国船打ち払い令をきっかけとしているが、小倉家や飯高家は、それを契機に九十九里浜の大地曳網漁の組織力を利用しての独自の防衛体制を考案した。中でも特に積極的に動いたのは地曳網の網元や名主層ではなく、組頭格であった小倉家であった点に特徴がある。小倉家は防衛プランをたてるにあたり、この地域の非常組組織や鷹場の霞組合などの旧来の組織を調査し、また岡方の四季打ち鉄砲の調査、古道具屋からの武器の調達などに奔走し、その功績により海防差配役という役職を与えられた。また小倉伝兵衛は、親戚から蝦夷地警備要員に応募するようにとの誘いをうけたこともあり、その人間関係から遅くとも寛政期には異国船問題に関心を抱いていた。このように、村方においては、旧来組頭格であったものが、新しい役職につくことによって名主役に昇進したり、また武家身分になるなど、新しい動きがみられ、新たな地域ネットワークが形成されるなど、異国船問題が在地に与えた影響は、大きかったといえる(17)。

異国船問題が村や地域の秩序や人間関係を変貌させ、村人の意識にも大きな影響を与えたことは、開港前後の村方の動向をみるとますます顕著である。すでに海村の村においては遅くとも文政期には異国船が身近な問題として存在していたが、開港期を迎え、新たな段階を迎えるようになる。例えば、安政二年戸田村で行われた異国船の修理、洋式船の製造事業では、周辺村々では、幕府諸役人の頻繁な往来、情報伝達量の急増、外国人との接触など、直接・間接に外国と触れることになる。また、嘉永期に入り小田原藩が相州の海岸防備を命ぜられたのに伴い、小田原藩領では軍需物資の調達のために村方から海防御用掛を任命したのであるが、伊豆半島小海村の増田七兵衛もそのうちの一人である。増田家は津元であり地元の有力者の一人であったが、文化・文政期のころまでは百姓代を勤める家柄であった。安政期に入って小田原藩の異国船御用を積極的に協力するようになってから異国船御用聞頭を勤めることになり、家業も豊かになり、村内における地位も高くなったようである。文久二年には名主役に就任している。その間、旧名主役や親戚関係から異国船御用聞を勤めることについて反対をうけており、村内における人間関係にも大きく影響したことを伺い知ることができる(18)。

以上にみたように、異国船問題という旧来にない問題が村々に現実の問題として迫った時に、組頭や百姓代であったものが、その機を利用して村内外で経済的にも政治的にも力をつけてくるなど、村方における古い秩序の変貌、人間関係の変化がここにもみられる。その背景には彼らの商人としての経済的手腕、幅広い人的ネットワークが存在しており、こういった能力をもつものが名主として望まれてくるという動向があったことが指摘できる。

一方内陸の村ではどのような影響をうけていたのであろうか。海付の村々が直接異国船と接する機会が多かったせいもあり、関東沿岸部においては遅くとも文化・文政期には問題となっていたのに対して、内陸の村々においては、領主が異国船御用を仰せつかるなどのことがないかぎりはあまり現実的な問題にはなっていなかったようである。この点海付の村と内陸村とは異国船問題の接し方が異なっていることがわかる。内陸の村々が異国船問題を深刻に受け止めるようになったのはやはり嘉永六年のペリー来航以降のことである。それは在地に残された多くのペリー来航情報をみても知ることができる。関東内陸村の家々を見ると、異国船に関する情報はこのペリー来航を契機として収集されており、いかにインパクトが大きかったかを示している。また開港を契機として上層民の中にも家政の機軸を転換させ、その人間関係に大きな変化がみられたことは、大久保家の事例からも明らかである(19)。

ところで、幕末になると、村落上層民の文書の中に「風説留」「見聞集」「書状留」などのいわゆる情報集が出てくるようになる。また情報集という形ではなく「日記」の中に見聞したことが記載される場合もある。このような情報の記録が残されてくるようになる背景には、異国船問題・開港・政治事件・災害の発生など、従来にない政治・経済・社会問題の発生があり、それに伴うデマも含めた情報の氾濫と、村人が必要とする情報を伝達することのできない公的情報網の時勢への不適応にあると考えられる。さらに、そういった状況の中で、世の中の動きに対して強い関心を持ち、自らの生き残る道を模索するために、あるいは政治主体として、自らの人間関係を生かして積極的に情報を収集し、情報の集中化を図ったのが、村落上層民就中豪農商層であった。しかも既述の通り村落上層民は身分関係をこえた独自の人間関係を形成し、異国船情報にしろ、政治情報にしろ、本来領主階級が独占しているはずの、通常では入手不可能である極秘情報まで入手していたことが、現在各地に残されている情報集・日記・蔵書から明らかになっている。その点からみても、近世的情報社会は既に変貌を遂げているということができる。これについては、宮地正人によって、この時期「風説留」に代表される情報集が全国的に作成されるようになり、すなわちそのことは政治情報の需要主体の全国的成立を意味し、「公論」的世界が成立する端緒となった点が指摘されている。(19)「風説留」がこのように全国各地で成立しているという事実は、人々の意識変化を表しており、近代以降の情報社会を予感する幕末期の一つの特徴的動向として注目すべき現象である。

例えば下総国結城郡菅谷村の大久保家の場合には、親戚関係を軸とした身分関係を越えた人間関係をもとに、厖大な政治情報・社会情報を入手し、その記録は、『筆熊手』『寝覚廼厂』と題された情報集として蓄積された。この蓄積された情報は、さらに同じ意識をもつ人々の間で回覧されることによって情報交換され、その情報網は拡大していった。特に国学者色川三中とその門人たちとの交流、仙台藩士や水戸藩士らとの交流及び情報交換は、大久保家の目を広げ、政治意識の成長に大きく影響した。(21)また同じく結城郡上山川村の岩岡家でも同様に情報を収集していた。だが、岩岡家の場合には、結城藩の漢学者との交流はあったものの、国学の影響を受けず、大久保家ほど積極的に政治活動に走るようなことはなかった。そのためか大久保家のような形での情報集は存在していない。その日記も通常の家日記（農業日記）であった。しかしながら、元治元年天狗党の乱が起こり、岩岡家にも(22)天狗党が参加を要求して立ち入るようになると、そのころから日記が二種類に分けられて記載されるようになり、通常の日記の他に「見聞記」が記録されるようになる。これは、あきらかに天狗党の乱に関する情報の収集を意識した日記の記載の一例であるといえる。また武州入間郡平山村の斎藤家(23)では、京都を中心に政治活動をする草莽の国学者権田直助とその門人たちと密接にかかわることで、文久期の尊攘運動に関する極秘情報を入手し、それを近隣の同志たちに回覧するという、情報センターの役割を果たしていた。また、このように政治活動に直接・間接に関わりをもたないものでも、「書状留」といった遠方の取引先から来る書状をつづることで、災害や相場情報・社会情勢にかんする情報を蓄積していく行為は一般的に行われていた。そしてそうした情報活動を通じて、政治意識を高め、一部のものは直接政治活動に身を投じるものもあったが、大半は地域の中で政治や社会の問題を考え、地域に根ざした変革を志したのである。

ともあれ、豪農層の領主支配・身分関係を超えた人間関係の形成、情報活動、それを通じての政治・文化・経済活動は、明らかに近世的なものを超えた社会変革の動き、旧来にない新たな地域形成を予感させるものである。しかしながら一方で、幕末期のいわゆる世直し状況はこの豪農的地域ではおさまりきらない動きとして出てきたものであった。この点を考慮しながら、豪農の人間関係・情報活動は評価されなければならないであろう。

註

(1) 一九七〇年代に入ると、林屋辰三郎・海棹忠夫・山崎正和編『変革と情報』(中央公論社、一九七一年)、地方史研究の中から今田洋三氏の「農民における情報と記録」(『地方史研究』一三一、一九七四、一〇)、吉原健一郎『江戸の情報屋　幕末庶民史の側面』(NHKブックス、一九七八年)などが出てくる。また、情報そのものの研究ではないが、一九八〇年代になると、中井信彦の『色川三中の研究　伝記編』(塙書房、一九八八年)、『片葉雑記――異国船風聞日記――』(慶文社、一九八六年)が発表されている。

(2) 大藤修は、地域とコミュニケーションの問題を取り上げる中で地主商人・村役人層の位置を小前層との関わりにおいて検討している。近年その業績は、『近世農民と家・村・国家』(吉川弘文館、一九九六年)に収録された。同様な視点によるものに、豪農層が自ら収集した蔵書を村民に解放し、村の「図書館」としての役割を果たしていたという研究も近年みられた(小林文雄氏「近世後期における『蔵書』の家の社会的機能について」)(『歴史』第七六、一九九一年)。

(3) 「社会史」の代表的な研究が中井信彦によるものである。中井信彦『転換期幕藩制の研究』(塙書房、一九七一年)『色川三中の

研究　学問・思想編』（塙書房、一九九三年）『色川三中の研究　伝記編』（塙書房、一九八八年）『片葉雑記――異国船風聞日記――』（慶友社、一九八六年）『歴史学的方法の基準』（塙書房、一九七三年）を参照。尚、拙稿書評（『歴史学研究』六六九号、一九九五年）参照。

（4）宮地による幕末維新期の政治史の中に社会史的な視点を入れることによって、新たに出きた情報論からの接近がある。幕末期における「世論」あるいは「公論」的世界の形成の中で豪農層について触れたものに、宮地正人の「風説留から見た幕末社会の特質――「公論」的世界の端緒的成立」（『思想』八三一、一九九三年）、『幕末維新期の文化と情報』（名著刊行会、一九九四年）、『幕末維新期の社会的政治史研究』（岩波書店、一九九九年）がある。

（5）中井信彦『歴史学的方法の基準』（塙書房、一九七三年）

（6）一九九〇年代に入ると、さかんに情報に関する論文・文献が発表されるようになる。斎藤善之『内海船と幕藩制市場の解体』（柏書房、一九九四年）、太田富康「幕末期における武蔵国農民の政治社会情報伝達」（『歴史学研究』六二五、一九九一年）・「ペリー来航期における農民の黒船情報収集――武蔵国川越藩領名主の場合」（埼玉県立文書館「文書館紀要」五、一九九一年）・大藤修『近世農民と家・村・国家』（吉川弘文館、一九九六年）、宮地正人『幕末維新期の文化と情報』（名著出版、一九九四年）・「風説留から見た幕末社会の特質――「公論」世界の端緒的成立」（『思想』八三一、一九九三年）、高部淑子「一九九四年度歴史学研究大会報告要旨「一九世紀後半の情報活動と地域社会」（『歴史学研究』六五八、一九九四年）、岩下哲典・真栄平房昭編『近世日本の海外情報』（岩田書院、一九九七年）、小林文雄「近世後期における「蔵書」の家の社会的機能について」（『歴史』第七六輯、一九九一年）、芳賀登『江戸情報文化史研究』（皓星社、一九九六年）、斎藤善之編『新しい近世史三　市場と民間社会』（新人物往来社、一九九六年）、『日本の近世六　情報と交通』（中央公論社、一九九二年）、地方史研究協議会編『情報と物流の日本史――地域間交流の視点から』（雄山閣出版、一九九八年）、岩下哲典『幕末日本の情報活動』（雄山閣出版、二〇〇〇年）などがある。

（7）山口徹『日本近世商業史の研究』（東京大学出版会、一九九一年）

（8）宮地正人『幕末維新期の文化と情報』（名著刊行会、一九九一年）、浅倉有子『北方史と近世社会』（清文堂、一九九九年）

（9）拙稿「武州足立郡新染谷村守富家の御用留－幕末から明治へ」（『浦和市史研究』五－六、一九九〇年）

（10）拙稿「海村の御用留――豆州内浦の場合」（『沼津市史研究』四、一九九五年）

（11）第一編第二章参照。

(12) 山口徹『日本近世商業史の研究』(東京大学出版会、一九九一年)
(13) 第一編第三章参照。
(14) 拙稿「大久保家の思想形成にかかわる人間関係と教養」(『歴史評論』四六一、一九八八年)
(15) 斎藤善之『内海船と幕藩制市場の解体』(柏書房、一九九四年)
(16) 第一編第一章参照。
(17) 第三編第一章参照。
(18) 第三編第二章参照。
(19) 第一編第三章参照。
(20) 宮地正人『幕末維新期の文化と情報』(名著刊行会、一九九一年)
(21) 第一編第三章参照。
(22) 第三編第三章参照。
(23) 第二編第一章・二章。

第一編　幕末期村社会の情報構造

第一章　幕末期の情報交換と機構の変化

——天保期寄場組合大惣代と関東取締出役——

はじめに

寄場組合および関東取締出役についての機能・性格については、既に多くの研究がある。(1) しかしながら、関東取締出役と村とのかかわりの中で、特に組合村惣代とどのような関係にあったのか、組合村惣代がどのように出役の業務に対応したのかなど、いまだに詳細が不明な点が多い。本稿では、従来の研究ではその実態が十分には明らかにされていない、関東取締出役と寄場組合の大惣代との情報交換の実態と特質について検討することにしたい。この検討を通じて、領主的情報網と村側における情報網との接点としての、組合村惣代の性格を明らかにすることができるであろう。

ところで、本稿で検討する史料は、大門宿寄場組合(2)の大惣代守富家に残された、「天保三年六月ヨリ　御取締向内密御用状控帳」である。(3) この史料は、天保三年（一八三二）辰九月から天保八年酉七月までの約五年間に、関東取締出役と組合村大惣代守富家との間で極秘に交わされた六三通の御用状の記録である。この中には、関東取締出役から大惣代に宛てたものが三九通、大惣代から出役に宛てたものが一四通、大惣代から他組合の惣代に宛てたものが一通含まれている（不明その他が九通である）。従って、この「御取締向内密御用状控帳」は、単に領主側からの触れや通達等を記録した「御用留」とは異なり、現実に発生しつつある問題・事件について出役と惣代が対応した過程を記録したものである。例えば、この村に残されている関東取締出役からの触れ・廻状を収録した「関東取締出役御用留」(4)（仮題、以下この名称を用いる）の、天保八年酉一月付けの御普請方の不正取締りに関する触れと比較してみると、その触れが発令された前年の九月二十七日、吉田左五郎から組合村大惣代勇左衛門に用水普請の見積もりの不正に関する取り調べを内々に行わせていることが「御取締向内密御用状控帳」に記録されている。また、天保十年の「関東取締出役御用留」に、深谷遠江守よりの触として、餌刺の在方における不正の取締令が出されたことが記録されているが、「御取締向内密御用状控帳」には既に、天保八年二月に小池三助・直原喜作から勇左衛門に餌刺の職権乱用に関する取り調べを内々に行わせていたことが記録されている。これらの事例は、公式の触れを組合村に出す前に、出役が大惣代である勇左衛門ら数名に下調べを命じていたことを示している。こうした触れを出す以前の情報が「御取締向内密御用状控帳」に記されているということは、寄場組合大惣代が、出役の政策決定過程に、あるいは情報収集に重要な役割を果たしていたことを物語っている。この史料の「内密」という表現は、幕府の地方取締りの政策・意思決定過程が内密なものであり、その過程に参加する惣代が、幕末期の村方支配にとって不可欠な存在であることを意味している。

一 「御取締向内密御用状控帳」の内容と特徴

ここでは、「御取締向内密御用状控帳」から、寄場組合大惣代が関東取締出役との関わりの中で、どのような問題に関わりをもったのかについてみていきたい。

「御取締向内密御用状控帳」によると、この天保三年から八年の五年間に出役が取り扱った問題は十一件であり、その内容は、（1）無宿・悪党の取調、（2）押し込み強盗の取調、（3）加持祈禱・狐遣いの取締り、（4）芝居興行に関する取締り、（5）親不孝者の取調、（6）駆け落ち者の取調、（7）金銭貸借に関する取調、（8）酒造関係の取締り、（9）改革筋取締強化に関する通達、（10）御鷹餌刺不法の探索、（11）用水普請の不正取調に大きく分けることができる。これらは、さらにA悪党・無宿人の逮捕（1・2）、B村落内の風紀取締りと倹約奨励（3・4・5・6）、C村方商人の把握・統制、農間余業の調査（7・8）、D村役人の取締り強化に関するもの、御鷹場役人の不正・用水普請の不正など村役人の不正に関するもの（9）（10）、（11）に分けることができる。

以下分類ABCDについて、それぞれ内容を検討してみたい。

A　悪党無宿人の逮捕

（1）無宿者や悪党に関する調査

これは、当初から関東取締出役の取締業務であったもので、本史料でも最も記載の数が多く、三二通の御用状が記録されている。内容からみると博奕打ち・無宿者の探索に関する一〇件の記載がみられる。これらの御用状に特徴的なのは、犯人調査のほかに実際に逮捕の段取りをつけたり、捕り物に動員される場合が多いことである。この時期この地域において最も多い問題は博奕打ち、無宿人の横行であり、また不法な居酒屋経営、逃亡した囚人に関するものなどであったことがよくわかる。

最も多く記載がある西村悪党逮捕一件は、博奕打ちである西村松五郎・伊之助両名の逮捕に関する一件である。この件については、辰（天保三年）閏十一月二十五日から巳八月二十五日まで八通の書状の記載があり、その動きを知ることができる。

また、無宿者の取調強化に関する通達がなされた時の御用状の記録もある。これは天保四年巳八月二十日に、関東取締出役山本大膳手代河野啓助から岩槻組合小深作村名主城兵衛・本宿村名主惣右衛門、大門宿組合名主平左衛門他一名・新染谷村勇左衛門、鳩ヶ谷組合久左衛門新田名主耕三郎・舎人町名主吉蔵ら三組合の村々惣代にむけて発令したものである。内容は、遊民・無宿・無頼ものの取調強化を触れたものであり、「悪もの之内迚も改心無覚束もの幷申諭之帰農改心可致もの共名前幷悪事之次第ハ勿論地頭等密々取調置」き、廻村の節に密かに差し出すように村々に対し命令している。

大門・岩槻組合内悪党博奕打ち・新規居酒屋営業取調内探一件に関する記録は、関東取締出役堀江与四郎が鳩ヶ谷宿旅宿において、組合内で博奕に携わるものまた新規に居酒屋を始めるものの名前、悪事の次第を内密に調査して帳面にして差し出すように組合惣代に申し触れた件について、勇左衛門・城兵衛が出役に提出した承諾書、および報告書である。

大宮宿組合土呂村竹割平次郎一件については、六通の記録がある。天保四年巳十二月六日中山道深谷宿御用先太田平助・河野啓助・吉田左五郎らから勇左衛門にあてて大宮宿組合土呂村竹割平次郎に関する探索依頼がきている。それによると、「……然ハ大宮宿組合土呂村異名竹割平次郎ハ百姓之身分ニ而、当八九月中ゟ字天王店与申所ニ而昼夜博奕、尤村役人之内ニ茂両三人加り、右店之儀ニ文政七午年中松浦伊勢守殿ゟ御呼出御吟味茂有之候由、其上当十一月十日頃ゟ居酒相始、当月十日夜ニハ大博奕触有之候趣此節御奉行所江捨訴致候段」との噂があるが、これが「前書之通無相違候哉又ハ遺恨等有之もの之申触ニも可有之哉篤与事実」を探り、わかり次第報告してほしいこと、また「尚以店ハ何与申もの借受居住ませ候哉且地頭大目付御役中ハ決而御手入抔致候儀難成など大平ヲ申し居由、是等之当りも探り度、乍然遺恨等之儀も得与精々探索入念頼入候」と風聞の真偽の確認を依頼している。

(2) 押し込み殺人事件

押し込み殺人事件については、天保六年大間木村清次郎方押し込み夜盗一件、天保七年大山村油屋惣右衛門方へ押し込み一件、同年中野村金右衛門殺害一件の三件の記載がある。これらについては、出役から惣代へそれぞれ一通づつ御用状の記録があるのみで、事件の詳細は不明である。

B　村落内の風紀取締りと倹約奨励

(3) 加持祈禱・狐遣いの取締り

この、狐遣い、加持祈禱など民衆の人心を惑わすものとして取締りの対象となったものについては無宿人・悪党の取締りに次いで多く一四通七件の記載がある。これらは当時の富士講・御嶽山講などの庶民信仰の流行を背景とするものであるが、その信仰そのものが取締の対象になったのではなく、講中と称して狐を遣い村人をだますものの存在が取締りの対象になっている点は重要であろう。いくつか特徴的な事例をあげて検討してみたい。

まず天保三辰年豊島郡下赤塚村御嶽山講中狐遣いの探索に関する一件についてみてみたい。これは、武州豊島郡・足立郡辺りにおいて信州御嶽山講中と号して加持祈禱をしている修験あるいは俗人が数人いて、特に豊島郡下赤塚村真言宗泉福寺・同郡土支田村本山修験玉蔵院・下赤塚村新平坊・同村源之助方に同居医師文房等の四名は、尾崎狐を遣い人心を惑わしているという風聞がある。したがって、密かに探索し、「狐ヲ遣候もの儀無相違御吟味御手掛り可相成程之儀有之ものハ勿論、仮令狐ヲ遣候由ハ不取留儀ニ候共、御嶽山先達与号猥ニ講中抔取立怪敷祈禱致し候もの、其外俗人ニ而修験同様加持致候段無相違相聞候ものハ召捕相成候」というものである。

天保七申年九月武州足立郡立野村氷川明神前本山修験光明院龍玉狐付に関する一件は、伊奈半左衛門支配所武州足

立郡立野村氷川明神前光明院の龍玉という修験者が、同国尾ヶ崎新田郡蔵悴善右衛門の女房多美の病気を直すため祈禱を行い、一度は直ったのであるが、また悪くなったので再び龍玉に祈禱を頼んだ処、多美が龍玉に狐を付けられたと口走ったため郡蔵らは早く狐をはなすように頼んだのであるが、龍玉としてはその覚えはなく、かえってそんな悪名をたてられては職業にも差し障りがあるため郡蔵を相手どって出訴に及ぶ旨を申し出ている。しかしながら多美の言い分では、龍玉に祈禱を頼んだ時に「少々之謝礼ニ而者相離申間敷旨龍玉ゟ申付候抔、其外品々口走、全同人祈禱料為可貪取、多美江狐ヲ附、却而右躰之儀申掛候」ということがあり、龍玉の仕業のようにもみえるが、一方で、龍玉は「同人たみ江狐ヲ附、前書之通口走候段乍弁居、却而郡蔵相手取及出訴候も不都合之儀、然上者龍玉江遺恨ヲ含候者等多美江狐ヲ附龍玉仕業之趣為口走候儀ニも可有之哉」との疑問も生ずるのであり、その点について「専ら御吟味御手掛り可相成儀探索早々風聞之趣巨細書取被申聞度候事」と、その真偽の探索を依頼したのである。

天保七申年十月武州多摩郡上薬師村本山修験大蔵院・吉祥院狐遣い祈禱に関する一件は、武州多摩郡薬師村本山修験大蔵院が狐を遣うということで捕らえられたが、調査を進めていくと問題の祈禱を伝授したのが大蔵院の伯父の武州足立郡内野村氷川明神別当本山修験吉祥院であり、この吉祥院も狐を遣うという風聞がある。従って、早々に吉祥院の行状を探索し申出よ、というものである。

（4）芝居興行に関する取締り

これについては、一通のみの記載がある。出役からの問い合わせの内容は、岩槻において吉五郎の浄瑠璃興業の摺りものを内々に受け取ったところ、土岐豊前守知行所とのみ記載があり、村名が無く不信な点があるので「其筋」に問い合わせたところ、吉五郎が興業を行っている村は下高野村であり土岐豊前知行所ではないということであった。その件についていまだはっきりしないので、摺りものに記載されているように豊前守知行所で間違いがないかどうか、それとも実は下高野村であり、「追々下高野村ハ前島太郎左衛門青沼又兵衛知行ニ相聞右知行内之吉五郎ニ候哉呉々も突留方頼入候」として「内糺」をして報告をしてほしいと依頼している。

(5) 親不孝者の取締りに関するもの

これは、武州足立郡大宮宿はたごや勝蔵親不孝一件である。申十二月付小池三助から勇左衛門にあてて出された書状によると、勝蔵は、桜という飯売り女を年季があけたにもかかわらず解放せず、折檻を加えて殺してしまったこと、奉公人に満足に食事を与えていないこと、悴武八も悪人であること、召使いの女をいじめていることなど、七十余になる母がいるにもかかわず良くない噂があるので、その風聞の真偽を探索するように出役から依頼があった。

(6) 園福寺役僧本端欠落一件人相書

圓福寺役僧本端は、圓福寺後住入札の件で不届きがあり六月二日に欠け落ち逃走したため、寺社奉行井上河内守正春より酉六月二九日召し捕らえの下知が下りその人相書が配付された。探索の結果百間村西光院に隠れ住んでいるとの情報があり、金蔵が突き止めたら早々に召し捕らえ通達するようにと、同日小池三助から勇左衛門・岩槻宿九郎左衛門に伝えている。

C　村方商人の把握・統制、農間余業の調査

(7) 金銭貸借関係の調査

これは、金銭貸借にからむ調査の依頼である。天保三年八月百間中村組頭弥兵衛より出役小池三助のもとに次のような依頼があった。すなわち深作村名主七兵衛方に滞在している岩槻宿本陣平次郎の姪いとが弥兵衛に過分の金子借用の申し出をしたため、不審に思った弥兵衛がいとの身上調査を依頼したのである。しかしながら関東取締出役とし

ては「右ハ拙者共取扱候筋ニ無之、孰之様方ニ而双方承正候之上、相当之取計方可有之与存候間、差出し候書状共差遣候間与得書面熟覧之上、弥兵衛へも始末糺し可然取計可給候、いとと申女甚悪党もの之由ニ相聞候間是また申進候」として巳の八月朔日に小池三助から小深作城兵衛・新染谷勇左衛門・本宿惣右衛門に始末を依頼したのである。これについて八月十三日勇左衛門ら三名から小池へ報告があり、「双方江異見別紙済口之通熟談為致候間、右始末其迄ニ而御聞流被成下置候様奉願上候」ということで村方の方で始末がついたようである。

(8) 酒造りに関する不正の調査

酒造に関する取調は①杉戸組合大惣代篠津村名主次兵衛古米元入いたし偽酒造一件②天保三年宮下村八十兵衛酒売り一件再調の件、③申年十月越後出生平八酒造調べ一件の三件の記載がある。①の杉戸組合大惣代篠津村名主次兵衛古米元入いたし偽酒造一件は、杉戸組合の大惣代で酒造家である篠津村名主次兵衛が当秋古米で酒造りをしたという風聞があり、その真偽を確かめるよう出役から依頼があったのである。次兵衛が本来それらを取り締まるべき立場にある組合村の大惣代であることから、風聞が立ったことじたい放置できない問題であったようであり、「第一右様風聞相立候而ハ御取締筋御威光ニも拘り何レニも難打捨次第」であるとしている。また、風聞の調査を行う場合に、「兎角蔵之親司同士ならてハ難突留間、一ツ此所弥法ヲ以内密積探事実印封御申越有之候様致度、何分御申合頼入候」として十月二日鳩ヶ谷御用先吉田左五郎からおなじ造り酒屋仲間である平岡対馬守殿知行所埼玉郡樋口村名主弥市にその探索を依頼している。

D　村役人の取締り強化に関するもの

(9) 改革筋取締り強化に関する通達

染谷村勇左衛門・風渡野村義七・岩槻組合大惣代小深作村儀兵衛の三人にあてて出された書状である。これによると近年村役人のもので「改革筋」を守らないものが増加し、「其筋」からそのような村役人たちを取り締まるようにとの命令があったこと、このような命令が出るということは、「何方ゟ欤申立候向有之」、自分たちは羽生領あたりのものではないかと見込んで、内々に調べてみると特に問題はないようである。「近村村々役人共ゟ内々たり共申立候哉之風聞も有之候哉得与内々相探」り、「有無急継早々被申越候様致度頼入候」と出役から依頼があった。また、この調査は、「呉々も極密探与被相心得」るように、という内容であった。

このような内容の通達がこの時期に出されたということは、文政改革で開始された取締向きが弛み始めており、出役たちの取締が必ずしも村々に行き渡っていないことを予測させる。また、この「御取締向内密御用状控帳」がこの天保三年六月の通達から記録が開始されていることは、この取締強化をきっかけにして記録が開始された可能性があることを示している。

(10) 御鷹餌刺の不法探索

これは、御鷹場の役人である餌刺たちの職権乱用に関する不法取締である。まず、酉二月小池三助・直原喜作から勇左衛門に出された御用状によると、御鷹方が出先において使用する人足の扶持米の受け渡し方法について、天領については、御鷹方から人足を出す村々に手形を渡し、それを支配役所に提出して扶持米を受け取っているが、私領ではどうしているのかその方法について探索すること、また御鷹方より村々に渡した手形を野廻りのものが借用し、扶持米を受け取って、その村へ扶持米を渡さないでいるものがいるとの噂があり、これらについて「其最寄仕来極秘相探被申聞候様致度候」というものである。

また、戌五月には、深谷遠江守から「御鷹餌差共関東内泊歩行右御用之権威ニ而及不法、且村方之もの共も不法無之ものニ而も軽率ニ取計候事之由、右風聞相糺早々可申聞事」との下知が下り、それについて七月六日に、関東取締出役内藤賢一郎から十丈村兵右衛門・元郷村三右衛門・鳩谷村林右衛門・舎人町吉蔵・伊興村林蔵・苗塚村作右衛門・大門宿平七・新染谷村勇左衛門・小深作村城兵衛・本宿村惣右衛門・騎西町善兵衛・篠津村次兵衛・羽生町彦兵衛・川俣村鞍之助・加須村惣七・八甫村渡辺七左衛門・青柳村重次郎らに宛てて御用状が内密に通達された。これによると、御鷹場の餌刺らの中に、鑑札一枚につき四五人も同行し、鷹場村々にて止宿飲食をおこない職権を乱用しているものがいるとの風聞があり、従って組合のもので、餌刺どもが行っている不法行為はもちろん、村々での対応の仕方についても事細かに調査し、その実態をありのままに報告するように、またこの件については内々の調査であるので外部に洩れないようにといってきている。

(11)「身沼」井筋用水普請見積もり不法探索

見沼井筋の用水普請の見積もりに関する取調である。見積もりを多くとって手抜き工事をしていないかなどの詳細な調査を極秘で行うようにとの依頼である。

以上、本史料に記録されている関東取締出役と惣代たちとの間で交わされた御用状の内容について概要を一通りみてみた。そこからいえることは、この御用状控帳に記録されている事項は、いずれも生活に密着したものであり、その地域のことをよく知っているものにしか探索不能な事件ばかりである点である。また、出役から惣代に向けて出された依頼または指示・通達の内容をみると、風聞の真偽の探索依頼、犯人探索依頼、逮捕の手筈及び惣代の出張・人足の差し出し命令、逮捕命令及び「證状」の送付、探索範囲の指示、取締り強化の通達及び調査命令、担当者の交替・行動などに関する通達などに分けることができるが、この中で最も注目したいのは、噂・風聞の真相の究明、犯人逮捕の証拠となる正確な情報の提供が出役たちから惣代たちに多く求められていることである。この事実は、出役たちが、いかに風聞の収集を惣代たちに頼っていたかを物語っている。

二　関東取締出役と組合村大惣代

ここでは、まず出役と惣代との関係を、扱った事件の内容から検討してみることにしたい。表1は、御用状の内容ごとに、それを担当した出役の名前、件数を表わしたものである。

この表から明らかなように、分類Aの悪党・無宿人・押し込み強盗の取締りに関係した出役は八人中六人である。その内五人が無宿人・博奕打などの悪党に関する一一件の探索に関わりをもっている。表1をみると、一つの事件に三人の出役が関わりをもっているのは、Aの三件のみである。因みに武州埼玉郡慈恩寺郷百姓伊助召し捕らえ一件では二名、大門・岩槻組合内悪党博奕打内探一件・大宮宿土呂村竹割平次郎一件・桶川宿髪結音五郎・忠五郎一件では三名の出役と書状のやりとりがみられた。

分類Bの、村落内の風紀取締りと倹約奨励に関しては、一〇件の事件に四名の出役が関わりをもっている。そのうち最も多い加持祈禱・狐遣いの取締りについては、四人全員の出役が関わっている。このうち、武州足立郡立野村氷川明神前本山修験光明院龍玉狐付一件・同多摩郡上薬師村本山修験大蔵院・吉祥院狐遣い祈禱一件では二名の出役が関わっている。しかし、分類Aのように三名の出役が関係することはなかった。この事実は、Aの取締りに出役が力を入れていたことを物語っている。

分類C・Dでは御鷹餌刺の不法探索に二名の出役が関わっているだけで、他は一人の出役が事件に当っている。以上、表1より、複数の出役が関わりをもつということは、その事件が緊急を要する出役にとって極めて重要な業務であったことをあらわしていると見るならば、関東取締出役の設置が、無宿人・博奕打の取締り、すなわち村の治安の維持にあったこと、次いで、村内の風紀取締りにあったことを示している。

そのことは、表2からも明らかである。表2は、御用状の内容分類ごとに、出役と惣代の情報交換の特色をみたものである。

まず出役から惣代に宛てた書状をみると、Aの博奕打や無宿人の探索、押込み強盗・殺人者の探索に関するものが四六%、Bの悪徳な狐遣いや、芝居興行・駆け落ちものの探索など村落内の風紀取締りに関するものが三一%で、ABの村の治安や秩序維持に関するもので全体の七七%を占めている。特にAの中でも無宿人・博奕打の探索が大半を占めている点は注目できる。この事実は、この時期の出役の主要な業務が無宿人・博奕打の取締りなどの村の治安維持にあったことをしめしている。

つぎに惣代から出役に宛てて提出された書状は、探索報告・探索依頼に対する承諾書などであるが、これをみると、探索報告の七六%がAの無宿人・博奕打に関するもので占められている。Bは一四%、Cは一〇%、Dは〇%であった。このことからすると、出役に対して惣代が積極的に提供しているのは、Aの博奕打・無宿人に関する情報が圧倒的に多く、次いでBの村の風紀など秩序維持に関する情報、Cの借金関係・酒造に関する取締りについての報告であった。

またAは、出役から惣代に宛てたものが四六%、惣代から出役に提出したものが七六%と後者が多いのに対して、

			鳩ヶ谷宿庄兵衛富士講先達祈禱取締一件									○	1
			武州足立郡寺山村甚右衛門加持祈禱一件									○	1
			岩槻新町龍泉院・医師良哲加持祈禱狐付一件	○									1
			武州足立郡立野村氷川明神前本山修験光明院龍玉狐付一件	○		○							2
			武州多摩郡上薬師村本山修験大蔵院・吉祥院狐遣い祈禱一件	○	○								2
	4	芝居興行内探一件	吉五郎浄瑠璃摺り物一件	○									1
	5	親不孝	武州足立郡大宮宿はたこや勝蔵親不孝一件		○								1
	6	欠落	圓福寺役僧本端欠け落ち一件		○								1
			小計	6	3	1						2	
C	7	借金関係	岩槻宿本陣平次郎姪いと借金不埒一件		○								1
	8	酒造関係	杉戸組合大惣代宮下村八十兵衛酒売り不正一件	○									1
			杉戸組合大惣代篠津村名主次兵衛古米元入偽酒造一件	○									1
			越後出生平八酒造調べ一件	○									1
			小計	3	1								
D	9	改革筋取締強化の通達		○									1
	10	御鷹餌刺不法探索			○						○		2
	11	用水普請	身沼井筋用水普請見積もり不法探索	○									1
			小計	2	1						1		
		不明		○									1
		担当件数合計 %		22 52%	7 17%	1 2%	2 5%	1 2%	2 5%	2 5%	1 2%	4 10%	42 100%

表１　事件の内容と出役との関わり方　　○印：担当事件

		御用状の内容	事件の内容	関東御取締出役 吉田左五郎	小池三助	内藤賢一郎	太田平助	畔柳与四郎	河野啓助	堀江与四郎	直原喜作	不明	担当人数者
A	1	無宿悪党取調	大芦村辰五郎手配一件	○									1
			武州埼玉郡慈恩寺郷百姓伊助召捕一件	○	○								2
			西村悪党両名逮捕一件	○									1
			桶川宿市切博奕御手入一件	○									1
			青柳村要助市切博奕一件	○									1
			無宿者取調一件						○				1
			大門・岩槻組合内悪党博奕打・新規居酒営業取調内探一件	○					○	○			3
			大宮宿土呂村竹割平次郎一件	○			○			○			3
			桶川宿髪結音五郎・忠五郎一件	○	○		○						3
			武州埼玉郡天台宗慈恩寺院代大泉坊用部屋直次郎一件									○	1
			埼玉郡釣上村助四郎不埒一件									○	1
	2	押し込み強盗	大間木村清次郎方押し込み夜盗一件					○					1
			大山村油屋惣右衛門方へ押し込み一件	○									1
			中野村金右衛門殺害一件	○									1
			小計	10	2		2	1	2	2		2	
B	3	加持祈禱・狐遣い	狐一件乗りだしについて	○									1
			豊島郡下赤塚村御嶽山講中狐遣い一件	○									1

表2　情報交換の特色

御用状の内容		出役→惣代		惣代→出役		惣代→惣代		不明		
		回数	%	回数	%	回数	%	回数	合計	%
A 悪党・無宿人の取り調べ	無宿・博奕打など悪党取調べ	19	40%	16	76%				35	50%
	押込み強盗の逮捕	3	6		0				3	4
	A合計	22	46	16	76				38	54
B 村落内の風紀取締りと倹約奨励	加持祈禱・狐遣い	9	19	2	10				11	16
	芝居興行内探・親不幸・欠落	6	13	1	5	1	100%		8	11
	B合計	15	31	3	14	1	100		19	27
C 村方商人の把握・統制、農間余業の調査	借金関係・酒造関係	6	13	2	10				8	11
D 村役人の取締り強化ほか	改革筋取締り強化・御鳥餌刺不法探索・用水普請不法探索	4	8		0				4	6
不明		1	2		0			3	1	2
合計		48	100	21	100	1	100	3	70	100

Bは、出役から惣代に宛てたものが三一%、惣代から出役に提出したものが一四%と前者が多い。C、Dも同様である。このことは、Aについては、村側も取締りを要望していることから、惣代は積極的に情報提供しているが、B・C・Dに関しては、むしろ幕府側に取締りの論理があり、村にとってはあまり取り締りに積極的ではなかったことを示している。

以上のことから、関東取締出役と組合村大惣代との情報交換の中心は、Aの村の治安維持に関することであり、大惣代もその点については積極的に情報を提供したとみることができる。村の風俗や借金関係、酒造経営など村の秩序に関する情報提供は多少はみられたが、幕府側の意図に反してそれほど積極的ではなかったと考えられる。すなわちそこには大惣代の意思による一定の情報操作が存在したとみることができる。

ところで、関東取締出役のうち、大惣代守富家との関係でみると、総事件数三一件中二三件に関わりをもったのは吉田左五郎という人物であった。吉田左五郎に次いで担当件数の多いのが小池三助である。御用状の内容からみても、このふたりが行動をともにする場合が多かったのを知ることができる。また表1から、吉田左五郎と小池三助がともに担当した事件が三件確認できる。さらにこの二人の孰れかが関わった事件数は二六件で、全体の約八割を占めることになる。従って、守富家との関係でみれば、出役の中でも吉田左五郎と小池三助、特に吉田左五郎と守富家とは特別な関係をもっていたことがわかる。複数の出役が関わりをもった事件についてみても、守富家との関わりでみると、おそらく吉田左五郎が中心的な担当者であり、それ以外の出役は補助的に関わりをもったとみることができよう。

つぎに、吉田左五郎と勇左衛門との間で交わされた書状の内容を検討することで、その関係の特徴を明らかにしてみたい。

まず出役吉田左五郎個人から大総代守富家個人に宛てて出された御用状は、辰十月二十八日、閏十一月二十七日、八月一日、十一月十三日、閏十一月二十五日、閏十一月晦日、十二月三日、十二月八日、十二月九日、申九月二十七日の一〇通であり、この中から数点実例をとりあげて検討してみたい。

まず、辰八月朔日付御用状をみると、「狐遣ひ内糺被申越候書面　曽我様江差出明日有無御沙汰有之候筈、右者薬買并金銭遣人等糺ニ至り尻付可申儀与心得候、其通ニ候哉昨日小深作へ幸便一寸其儀申遣候、且岩槻領釣上変死人内糺始末風聞書小池与一同之事故一同ニ致度間、其心得ヲ以御申越頼入候、四日迄ニハ上州新田郡へ急御用向中五道ヲ登り廻村之心得ニ候」と記されている。この御用状で注目できる点は、吉田が当該事件について自分の予想が正しいかどうかの確認を勇左衛門にしている点、その件について小深作村城兵衛へも御用状を出したことを勇左衛門に連絡している点、本件については小池三助とともに扱っているので、そのように心得て連絡をするようにといっている点、また自分の行動の連絡を逐一入れている点などである。内容も狐遣い一件のほかに岩槻宿釣上変死人の事件についての風聞についても記している。

また、辰閏十一月二十五日付御用状によると、「……然ハ別紙内密糺書取遣候間、御落手右ニ而御承知豊島郡下赤塚村土支田村幷同郡中其余川口蕨辺之儀ハ右村々〔欠字〕専之趣意ニ付、糺方板橋宿問屋市右衛門方江申遣候間、足立郡岩槻幷中山道筋左右ニおゐて、先達幷俗人之分都而書取之趣含密々不響様御含糺方有之度……一先日鳥渡乍延引御用答申入候、西村両人之もの此程其手ニ而手当御用弁相成候様いたし度、如何可有之哉及御内談候、拙者も昨日迠十一日鴻巣宿ニ小池氏与長々悪党共四人取調、昼時差立同氏ハ一ト先引取直出立……宮下村酒屋娘一条先日小池江も直ニ其元ゟも被申聞候由、右者七月中承伏差止メ又候相始候、手続書面ニ書取差出有之候得共、其上勘弁取計度間右書面小池氏江差出被置候様同氏昨日内話も有之間此段申入置候　右之段早々得御意度如此候　以上」と、複数の用件を同時に書き記し、しかも事件に関するさまざまな情報を報告していることがわかる。

複数の用件について記したものにはこの他、忍領大芦無宿辰五郎一件にとりかかったことと慈恩寺郷伊助一件について担当を小池に任せたことなどを知らせた辰十一月三日御用状、また吉祥院狐遣い一件や見沼井筋普請目論見不正調査の取調の依頼を行っている申九月二十七日御用状がある。

この他、閏十一月晦日付御用状に「貴様岩槻江引戻様子逐一注進状之趣致承知」とあるように、逐一連絡を取っている点、辰十二月三日付御用状にみられるような勇左衛門の仲間への挨拶も忘れていない点などが特徴としてあげられる。また、辰十二月桶川宿市切博奕の手入れの時には、細かい手筈まで指示を与える御用状を勇左衛門に出しているが、吉田左五郎はまず勇左衛門に連絡をとり、勇左衛門から他の組合村惣代に連絡をとり行動に出たのである。このように同じ組合村惣代でも吉田左五郎についてみるかぎりでは、実質的に勇左衛門が中心となっていた、すなわち勇左衛門に情報が集まるようになっていたことがわかる。

つぎに、大惣代勇左衛門が出役吉田左五郎個人に宛てて出した五点の御用状の内容をみると、辰閏十一月二十六日付御用状では、西村悪党の逮捕状を受け取ったお礼、御嶽山講中先達らによる狐遣い一件の報告、宮下村八十兵衛酒売り一件の調査の件を承知したこと、辰閏十一月晦日付御用状では、西村悪党探索の詳細な経過報告、今後の行動の報告、巳八月二十日付御用状では、西村悪党探索の詳細な報告、埼玉郡釣上村名主音次郎悴助四郎売女一件の動向、岩槻宿本陣平次郎姪いと借金関係取調始末についての報告、巳十二月二十三日付御用状では、土呂村竹割平次郎ほか博奕打ち探索報告がなされている。また巳九月一日付御用状では、堀江与四郎からの取締り強化の御沙汰の承知の件、またその悪人・居酒屋内糺調査について岩槻東組合は協力的でないこと、青柳村博奕打ち要助の悪事の調査を継続しておこなうこと、それについて小深作村城兵衛らも探索し河野啓助にも報告してある点などについて述べている。これらをみてもわかるように、進行している複数の事件について詳細な報告を行うと同時に、取締りに協力しない組合の存在など、在方の事情・風聞を大惣代が出役に事細かに報告している。

以上から出役吉田左五郎と惣代勇左衛門との情報交換の特徴をまとめてみると、①複数の用件を記す。②特に出役は、自分たちの行動について詳細に記す。③出役は当該事件について他のものに依頼した場合の連絡を怠らない。④惣代同志・出役同志の連絡状況をこまめに記している。⑤勇左衛門の仲間への挨拶を欠かさない。⑥出役が惣代に宛てて出した書状をみると、ことば遣いが丁寧であり、強圧的でない。また、探索については、「内々探索有無急継早々被申越候様致度頼入候……」「……内糺いたし刻付被申越候様頼入候……」とあるように、命令ではなく、協力・要請という関係であった。それは、探索がすべて村に対しても領主側に対しても極秘に「内糺」という形で行われるものであることとも関係する。⑦逮捕についての段取りなど極秘の相談がなされる。また逮捕時には、まず勇左衛門に連絡をとる。⑧情報を受け取るだけでなく事件に関する情報を惣代にも与えていた。以上にみたようにほぼ対等に近い情報交換がなされたことなどがあげられる。

以上にみたことからも、勇左衛門と吉田左五郎とは特別密接なかかわりを持ち、個人的な極秘の情報のやりとりがなされたことがわかる。出役が情報を得られるかどうかは一重に惣代たちの情報収集能力と協力が得られるかどうかにかかっていたのであり、しかもそれは出役と惣代との親密なつながりによるところが大きかったと考えられる。

ところで、以上にみたような、出役と総代との個人的な繋がりの強化は、その情報伝達の速度にも影響している。例えば幕府からの命令で探索が開始されたもので、その後の伝達経路や速度がわかるものに、天保七年申九月武州多摩郡上薬師村本山修験大蔵院・吉祥院狐遣いに関する一件がある。この一件は、大原能登守の下知により探索が開始され、九月二十一日府中の小池三助から新染谷村勇左衛門に、府中→清戸→引又→与野→大宮→新染谷というように村継ぎでそのことを告げる御用状が発信されている。この小池三助からの御用状は翌日届き、その命に従って、勇左衛門はさっそく探索を開始し、二十四日には小池三助に宛てて、村継ぎで片柳→大宮→与野→引又→清戸→府中の経路で報告を行っている。このように、惣代の対応はすばやかった。この報告に対して出役吉田左五郎から勇左衛門に宛てて、三日後の二十七日に礼状を出している。伝達速度・対応の早さは、他にもいくつか事例がみられる。辰八月十五日の芝居興行に関する取締りは、四日後の十九日には、惣代から出役へ報告書が提出されているのである。

三　寄場組合大惣代の情報収集の特色

既に明らかなように、組合村惣代は、関東取締出役からさまざまな噂・風聞の真相をはじめとするさまざまな情報の収集を依頼された。その際組合村惣代はどのように情報を収集したのであろうか。もちろん公に各村名主に情報提供を求めることはあったが、内密の探索にはどのような方法を用いたのであろうか。つぎにこの点を検討してみよう。まず、御用状の中で出役から惣代に宛てた書状の宛名として、あるいは惣代から出役に宛てた書状の差し出し人として名を連ねているものの名をみると、勇左衛門個人のもの以外では、新染谷村勇左衛門・風渡野村義七・小深作村城兵衛の三人の名が出てくる場合が多い。これは大門宿組合と深作村組合が近隣であることとも関係してこれら三人が探索にあたって行動をともにしていたことが多かったことを物語っている。従って組合村惣代同志で相互に情報交換をしていたであろうことは容易に推測できる。

また本稿で使用した史料の中で手掛かりになると思われる記載をみてみると、まず辰六月二十七日の吉田左五郎から新染谷村勇左衛門・小深作村城兵衛・風渡野村義七にあてて出された御用状に「近辺村々役人共より内々たりとも申立候哉之風聞も有之候哉得与内々相探……」とあり、近辺の村々役人たちの内々の協力があったことを示している。また、辰閏十一月晦日勇左衛門から吉田左五郎に宛てた御用状にあるように「……尚又夫々探方内々申付私儀ハ今晩竊ニ出立候得ハ……」とあり、探索を内々に申し付けたとあり、勇左衛門の代わりに探索をする手下の存在が認められる。それが村のものなのかどうかは不明である。同様に手下・仲間の存在を予測させる記載に、辰閏十一月二十五日吉田左五郎から勇左衛門に宛てた西村一件に関する書翰の中で、「西村両人のもの此程其手ニ而手当御用弁相成度……」とありまた、辰十二月三日の同じく吉田左五郎から勇左衛門に宛てた西村一件に関する書翰の中に、「尚々同勢衆へよろしく」とある。また天保六年十月十三日吉田左五郎から勇左衛門ほか八名にあてて出された岩槻新町龍泉院医師加持祈禱狐付一件に関する御用状に、探索について「其組合壱人ニ而ハ調も行届間敷候、組合ニ而廻候族江申密々談合可取調候事」とあり、惣代との関係は不明であるが、組合村々を巡回しているものの存在が認められる。「族」とあることからそれほど身分の高いものではあるまい。また、辰十二月九日吉田左五郎から勇左衛門にあてた桶川宿市切博奕の手入れに関する御用状の中で、捕り物の際に「機転きき候もの村内ニ而見立」てつれてくるようにとあり、捕り物に村民が動員されることがあったことがわかる。

このように、大惣代の行動の周囲には、それに協力するあるいは手下として動く複数の人間の存在が伺えるのであり、しかもそれは村民である場合もあったのである。またその実動部隊の任命権が惣代側にあったことがこの時期の大きな特徴である。

以上の他に、他組合村の惣代同志の情報交換、あるいは悪人の逮捕や探索時に時々名前が出てくるおそらく目明しであろう岩槻の金蔵・利八、上尾宿拝木屋太郎吉、板橋亀五郎、島原熊吉といった人々の協力もあったと考えられる。ところで、組合村の惣代たちが多くの場合地域の政治・経済・文化的情報を掌握する村落上層民であり、且村役人層であると同時に豪農層であったこととの関わりを考える必要がある。守富家の人間関係については未検討であるが、すでに多くの関東豪農層の事例によって、その特質はほぼ明らかにされているように、地域の内部においても外に向けても非常に幅広い人間関係を有していた。惣代たちの手下として働く実動部隊は、そういった豪農の個人的関係の中から選定されていたのである。関東取締出役は、そのような幅広い人間関係を持ち、情報網と情報収集能力をもつ豪農層と密接にかかわりをもつことによって取締りを進めていたのであり、またこういった豪農層の協力なしには取締り業務は遂行できなかったのである。

以上において天保期における組合村大惣代と関東取締出役の関係について検討した。そこから明らかになった点は、まず出役が大惣代に最も期待を寄せていたのは事件に関する情報の提供である点である。複数の事件を担当し頻繁に場所を移動する出役にとっては、その職務を遂行するにあたっては対象地域における情報収集がもっとも必要なことであり、そのためには、組合村の大惣代からの情報提供が重要な意味をもったのである。従って出役と大惣代との関わりは、個人と個人とのつながりを強める傾向にあった。守富家の場合、関東取締出役吉田左五郎と密接なかかわりをもっていたことが明らかとなった。

また、この時期大惣代守富家が関わりをもった事件のうちもっとも多かったのが博奕打や無宿人などに関する事件であり、それらの村の治安維持に関する事件については、守富家は関東取締出役に積極的に情報を提供したのである。しかし、大惣代は村の情報をすべて関東取締出役に提供していたわけではない。そこに村の秩序維持のために「内」と「外」の情報を収集し、且つ情報を操作する情報の主体としての大惣代の特質があるといえよう。

註

(1) 関東取締出役および改革組合村に関する研究については、『日本歴史大系11幕藩体制の展開と動揺　下　普及版』(山川出版社、一九九六年)八頁・三二頁に大口勇次郎による研究史のまとめと解説があるので参照されたい。最近では『寒川町史三資料編近世三』(一九九五年)で関東取締出役に関する資料集が刊行され、巻末に大口勇次郎による詳細な解説がある。また最近のものでは椿田卓士「関東取締出役太田源助の活動について」(『寒川町史研究』第一〇号、一九九七年)、内田四方蔵「関東取締出役と幕府代官の活動と村方の対応——関口日記を題材に——」(横浜開港資料館横浜近世史研究会『日記が語る一九世紀の横浜』山川出版社、一九九八年)がある。特に関東取締出役の情報収集活動に注目したものに佐藤隆一「幕末期関東取締出役による情報収集活動」(『三浦古文化』第五四号、一九九四年)がある。また、関東取締出役と豪農との関係を論じたものに飯島章「文政一二年羽生領御普請仕法替と関東取締出役河野啓助」（『埼玉地方史』第三四号、一九九五年）がある。また、浦和市域については『浦和市史　第三巻　近世史料編Ⅱ』一九八六年、『浦和市史　通史編Ⅱ』一九八八年に詳しい。

（2）　大門宿組合は、大門宿・下野田・玄蕃新田・中野田・大崎・辻・代山・寺山・上野田・新染谷・高畑・膝子・片柳・山・加田屋新田・新井・風渡野・門前・新堤・大谷・蓮沼・中川・御倉白岡・染谷・中丸・新右衛門新田・笹丸・中野・戸塚・長嶋・北原・行衛北原村新田・差間・間宮の三四ヶ村である。岩槻宿組合・深作村組合・粕壁宿組合については『岩槻市史　通史編』（一九八五年）を参照されたい。

（3）　本稿で使用した守富家文書は、埼玉県立文書館に所蔵している影印本によるものである。原史料は、慶応義塾大学所蔵である。また守富家が名主役を勤めた新染谷村については拙稿「武州足立郡新染谷村守富家の御用留――幕末から明治へ――（一）（二）」（『浦和市史研究』第五・六号、一九九〇・一九九一年）を参照されたい。

（4）　守富家文書。

第二章　村方情報の主体と継承

——寛延四年豆州江梨村における名主交代事件の語るもの——

はじめに

江戸時代、幕藩制のシステムの中で、名主という役職が、領主と村民とを結ぶ中間に位置し、領主と村との間の情報を収集・維持・管理・蓄積・操作をし、また村内をはじめ村々における政治的・経済的・宗教的・文化的情報の収集・維持・蓄積・管理・操作をする、あるいはできる立場にあったということは周知のことである。しかしながら、一八世紀後半以降、村方騒動によって名主役が交代する例も多くなり、その権利・役割が新たな名主に引継がれていくことになる。この場合、村方騒動を経て引継がれる文書にはどのような物があり、またその騒動は村にとって、名主にとってどのような意味をもつことになるのであろうか。(1)本稿では、その一つの事例として豆州君沢郡江梨村の場合を取り上げたい。(2)

第一節においては、津元から名主役を取り上げることに成功した江梨村の寛延四年（一七五一）における村方騒動をとりあげ、津元名主からの名主役取り上げの要因が、名主による情報の非公開の事実、名主の読み・書き・そろばんの能力の有無などが問われたことを明らかにする。

第二節においては、寛延四年名主交代によって引継がれた文書の内容・引継ぎ方法と、津元名主の時期における引き継ぎ内容や方法と対比する。そして、寛延四年における引継ぎにおいて、村民にそれまで非公開であったどのような帳簿・文書類が引継がれ、公開されたのかを明らかにする。
以上の諸点を明らかにすることによって、名主役交代と村方文書引継ぎの意義を明らかにしたい。

一　延享〜宝暦期の村方騒動と情報公開

江梨村の名主は、寛延四年の高野家への名主交代までは、鈴木氏の四天王といわれた家臣の系譜を引く四家によって、年番で名主役を務めていた。この四家は江梨村の津元でもあり、経済的にも他村民を圧倒する力をもっていたと考えられる。

江梨村では、慶安年間以来幾度となく津元名主と小前百姓との間で争論が起こっている。延享五年（一七四八）には、慶安年間に続く次のような争論が発生している。延享四年暮、江梨村組頭六三郎が退役し、その後役として惣百姓の入札の結果、薪材の仲買商人であり村内の分限者であった徳兵衛が選ばれたが、徳兵衛は就任後すぐに年番名主である貞次郎を相手どり十年来の年貢値段違い分の割返しを要求して紛争をおこしていた(3)。そしてこの事件に関連していると思われる次のような水帳等村方諸書類の引継ぎに関するトラブルが発生している(4)。

乍恐書付を以奉願上候御事

一、江梨村御水帳御免状其外諸帳面等、古来ヨリ大晦日之水目録を以来年之名主江引渡候処、百姓徳兵衛与申ものいか様之所存御座候や、暮之日［行事　　］呼寄被申渡候者、今晩名主方へ御水帳引渡シ可有之候間、我等方へ立寄候様申付候へ共日行事間違徳兵衛方へ立寄不申候付、御水帳箱名主方へ持参仕候、依之徳兵衛右日行事之者［　　］申越候ハ、御水帳箱此方へ可請取候之間、此ものニ相渡候様申来候、古来ゟ左様之儀無之処、我儘之致方得其意不申候故、此方ゟ早速日行事を以徳兵衛呼寄委細相尋候へ者、徳兵衛申候者、村方百姓願ニ付、来年之名主外ニ而相頼候間、達而御水帳相渡候様申候得共、内々ニ而相渡候書物無御座候間、御役所へ御訴訟［　］旨申渡シ、大切之御水帳御免状内々ニ而理不尽ニ可請取儀　御公儀様をも怪しめ名主をもないがしろニ仕［　］ニ奉存候、依之村方百姓代三人呼寄弥村相談ニし候や相尋候へ者、三人之内弐人者左様之儀毛頭不承候由申候ニ付、其趣両人ゟ［　］印形取置申候、且亦壱人之百姓代久三郎与申もの存寄御座候哉印形不仕候、右百姓代両人ニ而惣百姓呼寄内々ニ而吟味仕候へ［　］、百姓之内拾人左様之儀一切存不申候由、百姓代両人方迄印形差出不申候、右徳兵衛並久三郎両人被召出急度御吟味奉願上候、去年［　］村方困窮仕、殊ニ朝鮮人御用先与申ヶ様之六ヶ敷儀申出、村方為致騒動候事共重々不届奉存候、ヶ様之儀内々ニ而仕置仕［　］而者、後日ニ如何様之悪事可仕出儀も難斗奉存候間、無是悲御訴仕候、御慈悲を以右之もの共被召出御吟味奉願上候、以上

延享五年辰　正月(5)

これは、当時の四人の津元名主が、文書の引継ぎについて徳兵衛を相手に訴訟を起こした時の、津元名主の申し分である。これによると、江梨村では、古来より毎年大晦日に「水目録」を作って来年の名主に、御水帳・御免状・その他の諸帳面を引き渡すことを通例としていた。それが、この年に限って新百姓代の徳兵衛が、自分のところに御水帳箱を届けるようにと申出てきた。それは徳兵衛・久三郎らの名主役を津元ではない人物にしようという計略であったというのである。また、この文書の作成者は、「大切之御水帳御免状内々ニ而理不尽ニ可請取儀　御公儀様をも怪しめ名主をもないがしろニ」する行為であるとして訴え出ている。ここには御水帳・御年貢割付状などの文書の引継ぎが、村中の総意に基づき平穏に行われることが公儀からの信用にも関わるもので、また、その引継ぎが公儀と村との

間の情報を媒介し、管理するという名主としての役割の委譲であると捉えられているのであり、且つ村民からの信望があることにもなるのであって、名主にとってもその立場を維持する上で極めて重要な意味をもつことを示している。

この一件については同五年二月徳兵衛と名主双方から提出された内諾証が残されている。

一札之事

去暮組頭六三郎殿退役被致候由ニて、後役之儀惣百姓入札ニ罷成候処、拙者落札ニ罷成候得共、未御役所表江茂御願不申上候処、当辰年貞次郎殿御当番ニて、去暮御水帳前々之通御引渡被成候処、私儀心得違を以可請取由申候ニ付、大切之御水帳無謂内々ニて可請取義聞捨ニ被成かたく御役所へ御訴被成、則御差紙被下置逐一御吟味可有之候処、御役所表三嶋町年寄新右衛門殿名主惣右衛門殿為御扱御吟味之儀御願下被成、双方へ御異見被成候訳ハ、大切之御水帳無謂拙者請取可申段心得違ニて、不埒ニ被仰聞御尤ニ奉存候、依之内済仕候、然上ハ子年御直段違ニ付割返之義、当辰年貞治郎殿御年番ニ御座候ニ付、御割返之筈ニ付此度私罷帰り候ハヽ、早々御割返可被遣由承知仕候、天正年中御墨附惣百姓へ為致拝見、其上年々御虫干之節、為慎尚又為讀聞被下候様御願申候処、御得心之上内済仕候、然上ハ少も申分無御座候、為後日一札依而如件

延享五辰年二月　　　　　　　　徳兵衛

御名主衆中

差上申済口証文之事

江梨村百姓徳兵衛義、去暮名主中へ対シ御水帳請取申度段申候ニ付、打捨かたく、名主中ゟ当御役所へ御訴被成候間、御差紙被下置御吟味可有之候処、拙者共両人御役所表御願下取扱候訳ハ、御大切之御水帳何之子細も無之

請取度と申候義不埒之段疾と申聞候処、承知仕此義心得違ニ而誤入候段申之候、依之罷帰候上ニ而御墨附を惣百姓へ年寄方ニ而為読聞、尤年々虫干之節為慎尚又為読聞申候積り御座候、尤子年御直段違之義ハ早速惣百姓可割返筈ニ而双方得心之上内済仕候、然上ハ双方少しも申分無御座候ニ付連印を以済口証文差上申候、為後日依而如件

延享五辰年二月[6]　　七右衛門

これによると、組頭であった六三郎が退任するというので、入札によって徳兵衛が組頭役を落札したが、その後役所へ届出をする前に文書の引き渡しを請求し、しかも年番名主である貞次郎に渡さず自分のもとに水帳を請け取ろうとしたと記されている。史料の後半部分で触れている年貢割返し云々は、この引継一件が慶安以来の村方出入と関わっていることを示している。また「天正年中御墨附惣百姓へ為致拝見其上年々御虫干之節為慎尚又為読聞被下候様御願申候処御得心之上内済仕候」とある中にみられる御墨付も、津元の網戸の自由差配権の根拠となる、天正年中に国廻奉行衆から受けたという御墨付のことである。網子たちは慶安年中からこの御墨付の公開を要求していたのであるが、それがこの訴訟によって実現したのである。

この一件は、徳兵衛が御水帳を請け取ろうとした非を認め、また名主側は年貢の割返しを行い、御墨付の公開をするという条件で双方の和解が実現した。この事件で注目すべきことは、十年前の年貢割返し要求・御墨付の公開といった名主衆の不正を暴く村方出入りに端を発していること、さらにその過程で村の文書である御水帳・年貢割付状・その他諸帳簿が次の年番名主ではなく村民によって選ばれた組頭によって、引継ぎ先が変えられようとした点である。そしてその行為が村民の願いに基づいていると主張している点である。

これは、一種の情報公開請求であり、御水帳・年貢割付状・その他諸帳簿の公開が名主の不正を暴くうえで、小前百姓にとって重要な意味をもっていたこと、またそれを引継ぐことが名主にとっても切実な問題であったことがわかる。結局水帳をはじめとする文書の組頭への引継ぎは実現はしなかったものの、小前百姓への御墨付の公開・年貢割返しの約束をすることができた。しかしながら、年貢の割返しはすぐに行われず、御墨付きの読み聞かせ・拝見のみでは村民は満足しなかったようで、さらに一歩進んだ形で、寛延四年に問題が再燃し、名主役の弾劾事件にまで発展する騒動が起きている。

寛延四年に、村人が提出した訴状を検討すると、村人が名主でもある四津元に対して不満に思っていることは、「当村名主共義、先年ゟ四人ニ而役儀をから免、縦如何様之義御座候共、外百姓之内江役儀を渡シ候と申儀無之、四人之内病死仕候者有之、倅幼少ニ而も、名主之筋目を申名主役為相勤、四人之内ニも算筆等一向不成もの御座候而も、右之通名主役からめ置、或ハ身帯不如意ニ罷成、役義勤り不申者有之候得者、百姓共江申付、借金等為拂多ク之金銀をむさぼり取、権威ヲ以小百姓を相掠メ為致難儀候……」とあり、四人の津元がどんなことがあっても名主役を引き渡そうとしないこと、また名主が文字も書けないし、計算もできないこと、役儀が勤まらない百姓の借金の肩替りをさせることなどを訴えている。また四年前に年に一度の公開を勝ち取った名主の徳用配分をめぐる特権をみとめている「御朱印」について「……此義者、御朱印御書付御文言ニ御座候由平生百姓江申渡候、然共、弥無相違御朱印ニ而引取候哉、惣百姓之内拝見仕候者壱人も無之ニ付、何卒拝見仕度、毎々ゟ名主方へ度々願候得共□せ不申候所、四年以前三嶋御役所ニ而名主共方ニ有之御朱印、壱ヶ年ニ壱度ツヽハ百姓共ニも為冥加拝せ候様ニ被仰付難有奉存、私共拝見仕候所、名主方へ可引取と申御文言無之、其上宛名百姓中と有之候様ニ奉承知候、左候得者、乍恐名主共申口とハ相違仕、只今迄被引取候分不残名主共私欲ニ奉存候得共、御朱印与名付名主共押領致候段……」とあり、先に約束した御墨付即ち御朱印の公開により名主にとって都合の悪い事実が発覚している。また、鰯網の年貢の支払い方法や釣り漁の稼ぎを差し押さえるなどすべて御朱印をかさにきて無謀な暴利を貪っていると非難している。さらに「朝鮮人来朝之節近村々ハ高掛りニ御役名主百姓一同ニ相勤申候所、当村之儀ハ名主持高之役百姓共ニ仕埋させ軒割ニ為相勤申候」として調査を依頼している。その他年貢の割返し分を村民に配分しないこと、「百姓共印形入用之由ニ而度々白紙江印形取」ということ、「都而諸勘定之節百姓共ついニ立合セ不申名主共心儘ニ仕」り勘定に疑いがあること、「御年貢御割付諸事之御触書等つねニ読聞セ候義無御座候」ことなどを指摘している[7]。

この寛延四年の名主不正の訴えによって、ようやく名主の弾劾が成功した。それまで四人の津元が交代で名主役を務めていたのであるが、これ以降名主役は、永代名主として津元ではない、当時徳兵衛のあとを継いで組頭役として訴訟の代表を務めた高野家が世襲することとなった。

この事件で重要と思われるのは、旧名主役であった津元が、領主からの情報を独占し、村人に公開しなかったことに対する村人からの不満が一つの契機となって起こったという点である。また名主の読み・書き・そろばん能力の有無が、村の情報管理者・情報の伝達者としての名主役に適するか否かの基準とみられていたことも注目すべき事実であろう。

こうして、この名主の交代にともなって、それまでの名主で津元であった加藤家から新名主である高野家へと名主役として蓄積され管理されていた文書が引継がれるのである。この一件による文書の引継ぎは、先の延享五年の出入りでは果たせなかった、公的な文書の情報公開を勝とったという意味でも、村にとって重要な意味をもっていたことがわかる。

二　引継文書の内容と引継ぎ方法の変化

以上にみた村方騒動にともなって、津元から名主文書の引継ぎがおこなわれるのであるが、ここでは引継文書の内容と引継ぎ方について、騒動の前と後を対比しながらその特徴をみてみたい。

まず引継がれた文書の内容について騒動の前と後を比較してみたい。

津元名主の文書の引継ぎの内容を知ることのできる史料に、享保十四年（一七二九）三月「御水帳箱江入置書物目録並連年御　公儀江書上ル品之控　江梨浦名主源八」(8)がある。これによると、御水帳箱には、検地帳はじめ、村絵図、年貢割付状、五人組帳、名寄帳、村差出帳など、村の基本帳簿・文書が入れられ保管されていたことがわかる。年貢割付状については、明暦二年（一六五六）のものが最も古いが、延宝二年（一六七四）から享保十二年までの間は、一年も欠かさずすべて保管されていたことがわかる。この御水帳箱ごと、つぎの年の年番名主に引き継がれていた。

御水帳箱の内容からわかることは、まず各名主が当番時に作成したと思われる年貢割付帳・年貢勘定帳といった年貢の割付・勘定のための基礎的な計算帳簿類が見当たらないことである。従って、四津元名主の間で、年貢の割付方法や勘定の実際についてどのような引継ぎ方法がとられたのかという点については不明である。このような年貢勘定の基礎帳簿が引継がれなかったことが、当時一般的なことであったのか、あるいはこの村に特殊なことであったのかという点については、今後検討する必要がある。また、四人は津元であったが、漁業に関する文書も全く見られない。また、水帳をはじめとする村の基本文書は、四人の津元名主のみが目にすることができる文書であり、当然村人には公開はしていなかったものと考えられる。(9)

では、寛延四年村方騒動を経て、新しく名主役に就任した高野家がどのような文書を引継いだのか。寛延四年の「御水帳其外諸書物引渡目録」(10)を検討してみよう。

全体的に内容の特徴をみると、寛延から天明にかけて引継がれた文書は、総項目数六六項目（但し、年貢割付状を一点ずつ数えると七五項目）であり、内容は、御水帳・村絵図・反別名寄帳・反別差出帳・新開見取畑帳・反別書上帳などの土地台帳、年貢割付状をはじめ、年貢勘定帳・棟役割帳・夫銭帳など年貢割付に関する村方の諸帳簿、船差出帳・産物書上帳といった村の生業にかかわるもの、戸口・宗旨を把握するための宗門人別帳や五人組帳、御触類、朝鮮人御用などの国役関係、訴訟・願書・諸書上類、などである。さらに、文書のみでなく、寺院の印鑑、宮々の鍵、御水帳たんすとその鍵などもあり、村の宗教・信仰に関する管理の仕事も引継がれたことがわかる。

また、特徴的なのは桐箱に入っている「鈴木氏諸式証文」と延享四年の「済口証文」であり、特別重要な意味をもつ文書であったと思われる。前者については現在その所在が不明であり確認できないが、「天正年中御墨附」と関わりのあるものではないかと思われる。後者は、江戸糀町豊田屋甚右衛門から江梨村下請人定次郎他六名に宛てた、山方浦方出物分一の訴訟に関するものであり、現在でも江梨区有文書に伝存されている分一に関する重要書類である。高野家は津元ではなかったので、漁業に関する諸帳簿・文書はほとんどみられないが、分一に関する願書・訴訟文書は引継がれている。

次ぎに引継ぎの方法がどのように変化したのかをみてみたい。

既述のとおり、江梨村には四人の津元がおり、騒動の前まではこの四人が年番で名主役を勤めていた。この時期の文書の引継ぎ方法の詳細は不明である。だが、前項で検討した延享五年の名主役不正の訴状によると、古来より毎年大晦日に「水目録」を作って来年の名主に、御水帳・御免状・その他の諸帳面を引き渡すことを通例としていた、とあり、年番名主の引継ぎの様子を知ることができる。

では、騒動の後はどのような方法で引継がれたのであろうか。寛延四年六月「御水帳其外諸書物引渡目録」には寛延四年六月文書が交換された以降に追加記入されたと思われるものが何件か見られる。それは、寛延四年七月十九日、同年八月、宝暦四年二月八日、同年六月八日、天明四年の五回であり、この事実は、文書の引継ぎが一度ではなく、数回に分けて引継がれ、その都度この引継目録に追加記入されたことを物語っている。

具体的にみると、寛延四年の引継ぎについては、六月以降では、七月十九日に「午年御割付壱本並午夫銭帳壱冊」、八月に「元文元辰迠申迄五ヶ年分御割付五本」、その三年後の宝暦四年二月八日に「享保二十年卯年御割付壱本」、六月八日に「享保十年巳年迠同十九年迄御割付拾本」の五回に分けて文書が引き渡されている。これをみると、後から引き渡されているのは年貢の割付状が大半であり、しかも年代も最近のものから古いものへという順で、少しずつ数回に分けて渡されているのがわかる。また、天明四年には、既に名主は平左衛門の息子と思われる利左衛門に変わっていたのであるが、この時期になってから享保元年から九年までの御割付九本が利左衛門に引き渡されている。これは、前名主平左衛門からではなく、旧津元名主衆から利左衛門へ引き渡されたのと考えられる。

こうして、寛延四年から天明四年にかけて引き渡された年貢割付状は享保元年以降のものであり、享保十四年段階にあった明暦二年から正徳四年までの割付状は引き渡されていないことがわかる。現在旧名主の一人であった加藤家文書の中には、元禄期の年貢割付状が数点残されており、享保期以前の割付状を加藤家がその後も所有していたことを示している。それが、享保元年から代官が伊奈兵右衛門から河合清兵衛にかわるという領主支配の変化の中で、古い割付は不必要と判断したものによるものであるかどうか、その詳細は不明であるが、文書の引継ぎが必ずしも一度に行われたのではなく、またすべてが引継がれたのではなかったことを示している。

以上の検討をもとに、ここでは騒動の前後でどのような変化があったのかをみてみたい。

まず内容について、寛延四年の引継目録と、享保十四年御水帳たんすの中に入っていたものと比較してみたい。表3から、まず引継がれた文書の量の違いを指摘できる。享保十四年の目録では、引継ぎ文書も村の公的な基本文書に限られその量も少ない。それに対して、騒動後の引継目録をみると、引継がれた文書の種類も量も多い。

種類でみると、土地関係では、騒動前には、御水帳・村絵図・反別名寄帳・反別差出帳といった基本台帳のみであったが、騒動後では、新たに永荒書上帳・新開見取帳・薮反別帳が加わっている。年貢関係では、騒動前では年貢割付状のみであったが、騒動後には割付状のほか年貢勘定帳・棟役割帳・夫銭帳・内割帳など年貢の割付の詳細を記した帳簿が新たに引継がれている。これらの帳簿の多くは前年の寛延三年のものであるのも特徴的である。

騒動後にはじめて引継がれたものは、以上のほかに、村の生業にかかわる産物書上帳、船差出帳、宗門下書、各種御触類、諸書上・願書類、講懸金帳、宮の鍵、寺院の印鑑、水帳箱とその鍵である。特に争論との関係では、村人からの非難の的となっていた御触書の公開や年貢勘定の詳細を記した勘定帳簿、朝鮮人御用関係書類などの文書が引き渡されている点が注目できる。また、白紙に印形を押させるという非難に対しては、延享二年の御請印形帳が公開されたことは重要な意味をもつであろう。

以上にみられるように、旧来全く名主間でも引継ぎがなされず、ましてや村人に非公開であった文書群が引継がれたことの意義は大きい。

引継ぎ方法については、既述のとおり、騒動前は旧津元名主四家でまわりもちで年番名主をつとめていたが、騒動後は、津元が名主役をつとめる慣習を廃止し、組頭役の中から津元ではない高野家が村民の総意のもとに名主役に選ばれ、永代名主として代々名主役を引継ぐことになったのである。

表3　騒動前と後の引継ぎ文書の比較

	享保14年水帳箱文書目録		点数	寛延4年6月引継目録		点数	後日引継がれたもの
土地関係	御水帳		1	御水帳		1	
	村絵図		1	村絵図		1	
	反別名寄帳	貞享2、元禄7	2	名寄帳		2	
	反別差出帳	宝永7、享保5	2	反別差出帳	貞享2、元禄7、宝永7、享保5・11・12	4	
				永荒書上帳	享保8	1	
				新開見取帳		1	
				藪反別帳		1	
年貢諸役関係	御免状	明暦2～享保13	56	御免状	寛保1～寛延2	9	
					寛延3	1	寛延4・7・19
					元文1～5	5	寛延4・8・
					享保20	1	宝暦4・2・8
					享保10～19	10	宝暦4・6・8
					享保1～9	9	天明4
				年貢勘定帳	寛延3	1	
				棟役割帳	寛延3	1	
				夫銭帳	寛延3	1	寛延4・7・19
				御定免辻畑米反取書上帳	寛延1	1	
				内割帳	寛延3	1	
				夫食返納勘定帳		1	
村明細				産物書上帳		1	
				船差出帳	寛延3	1	

戸口	御仕置五人組帳	享保10・11	2	御仕置五人組帳	元文3、正徳年中、寛延4	2	
				宗門下書	寛延4	1	
御触類				諸国御料所百姓へ被仰出候御條目御請書	正徳3	1	
				御公儀迠被仰出候御ヶ條書	正徳3	1	
				戌十一月被仰出候金銀通用之御触書		1	
				普救類方御触書		1	
諸書上願書控				鈴木殿諸式証文		2	
				畑屋敷質入値段書上帳		2	
				竹御買上直段書上帳		2	
				分一願下書	享保16	1	
				御請印形帳	延享2	1	
				朝鮮人御用書物		1	
				諸事書上下書		1	
				江戸糀町豊田屋甚右衛門方ゟ請取候済口証文	延享4・2	1	
講				大々講懸金帳		1	
鍵・印				宮々之かぎ（鍵）		3	
				御水帳たんす並鍵		3	
				妙海寺寶徳寺印形		2	
	合計		64			81	

おわりに

本稿では、寛延四年におこった名主に対する情報公開請求をともなう弾劾事件と、その結果新たな名主に引き渡された村方文書の文書引継目録を検討した。

寛延四年の名主役弾劾の実現は、それまでの津元名主役が、村人に本来公開すべき情報を公開せずに独占していた事実を明確にした。寛延四年の引継ぎ書類の中には、従来の津元名主の間では引継がれず、村人にも公開されていなかった、年貢割合の帳簿、朝鮮人御賄御用に関する書類などが含まれており、このこと自体村の情報公開の意味をもつものであった。

また、寛延期の争論において、名主を糾弾するのが組頭格のものであったという点も注目できる。この争論において名主弾劾の理由としてあげられたものの一つに、名主が「算筆」が出来ないということがあげられていたが、これが事実がどうかは別にして、このことは宝暦期においてはすくなくとも組頭レベルでは文字が書け、計算ができることは常識であり、ましてや名主が「算筆」が出きることは当たり前であるという村人の意識の成長があり、それが、情報公開争論が発生する背景ともなっていたということである。

しかし問題は、情報公開が村政のシステムとして成立しなかった点である。また、その引継ぎも一度には行なわれず、数回に分けて行なわれていた。さらに、津元家にそのまま残された公的文書もあった。この事実は、名主の情報公開が不徹底であったことを物語っている。従って、高野家が文久二年に名主役を追われることからもわかるように、また同様の事件が幕末期に繰り返し発生することになる。これは村方騒動の本質にもかかわることであり、その理由も問わねばならない。

註

（1）村方文書の引継ぎについては、近年多くの研究成果が出されている。「関東近世史研究」第三八号一九九五年大会特集号、平井良朋「足立家旧蔵庄屋役引継書類覚と年貢免状について」（『ビブリア』（天理図書館）四七号、一九七一年）、富善一敏「近世村落における文書整理・管理について」（『記録と史料』二、一九九一年）「検地帳所持争論と近世村落」（『史料館報』六一号、一九九四年）・「近世村落における文書引継争論と文書引継・管理規定について」（『歴史科学と教育』一二号、一九九三年）等を参照されたい。

（2）平成二年より沼津市史の編纂が開始され、漁村部会では、山口徹会長を中心として西浦・内浦湾の海付の村々の調査を継続しておこなってきた。本稿で取り上げる江梨村は、江戸時代には豆州君沢郡で現在の沼津市域にあたる。江梨村の古文書（江梨区有文書・高野家文書・加藤家文書）は、いずれも現在沼津歴史民俗資料館に所蔵されている。江梨村については、古くは旧日本常民文化研究所においていくつかの論考があり、伊豆川浅吉「後北条氏時代を中心としたる豆州内浦について」（渋沢水産史研究室報告第二輯）・五味克夫「豆州内浦組江梨村における津元（名主）網子（百姓）の係争と分一村請について」（『常民文化論集一』一九五四年）がある。近年では、山口徹「豆州内浦一四ヶ村と江梨村の生産概況」（『沼津市史研究』一、一九九二年）・同（『江梨区有文書目録　近代編』解題）がある。

（3）江梨村の徳用割合に関する争論については、前掲五味克夫論文に詳しい。

（4）検地帳諸事をめぐる争論は各地で報告されている。前掲富善論文を参照。

（5）『江梨区有文書』（沼津歴史民俗資料館所蔵）

（6）『加藤家文書』（沼津歴史民俗資料館所蔵）

（7）『江梨区有文書』（沼津歴史民俗資料館所蔵）

（8）『江梨区有文書』（沼津歴史民俗資料館所蔵）

（9）これらのうち、現在でも江梨区有文書に残されているのは、延宝六年の検地帳・村絵図、宝永七年の村差出帳、延宝二・四・七年、天和三年、享保元・三・四・六・七・八・九・十一・十三年の各割付状である。一方加藤家文書をみると、元禄元・五・九、宝永元・五、正徳二年の各年貢割付状、延享四年の年貢皆済目録が残されており、これらの割付状・皆済目録については引継ぎがなされないまま、加藤家に残されたと考えられる。

(10)　同じ内容のものが『加藤家文書』に一点、『江梨区有文書』に二点ある。

第三章　「日記」に現れた村落上層民の人間関係
――下総国結城郡菅谷村大久保家を事例として――

はじめに

本稿は、下総国結城郡菅谷村大久保家の「日記」から、幕末維新期の一村落上層民の人間関係と意識形成を明らかにしようとするものである。

大久保家の幕末維新期の日記(1)は、大久保真菅の弘化三年（一八四六）より安政二年（一八五五）までの日記である「真菅日記」三冊、文久二年（一八六二）「公用日誌」、文久三年（一八六三）「日記」、文久四年（一八六四）「公用日記」、慶応二年（一八六六）「日記」、慶応三年（一八六七）「日記」、慶応四年（一八六八）「公私日記」、明治二年（一八六九）「日記」、明治三年（一八七〇）「日記」がある。

このうち「真菅日記」の三冊目には、途中から「従是忠善日記」と但し書があり、真菅の息子の忠善の日記が嘉永七年から始まっている。だが、安政二年には再び真菅の日記になっており、しかもある程度まとめた形で記載されている。以上の点を考え合わせると、「真菅日記」は後年誰かの手によって整理され編集されたものである可能性がある。また、真菅が日記をつけはじめた弘化三年の日記の序文に、「春秋とやいふる文は君子の記し玉ひる日記にしていとむつかし、わが日の本の東鑑家の集翁の奥の細道斗兵ものとも夢の跡したふ斗もあらず、ひにひに斗新に入り来る貴となく賎となく人の心のおなしからぬは面の如しと其言の葉の別なるを記さめ……」とあるように、「春秋」

のような難しい日記ではなく、貴賤の区別なく、「ひにひに斗新に入り来る」ことを何でも記録していこうという真菅が日記をつけ始めた意図を知ることができる。

息子忠善・その子七郎の日記は、「公用日記」・「日記」・「公私日記」と表題は異なっているが、記載形式はほぼ同じであり、日々の記録の中にお触れ・廻状・上申書類などの覚え書を記載したごく普通の公用日記である。ただし、その表題にもあらわれているように、公のみでなく私日記の性格ももっており、忠善父子の交流関係を知ることのできる史料である点では変わりない。

明治以降は民部省・行政官や壬生藩役所（明治四年以前）よりの触書が増加し、公用私用ともに大久保家の行動や交流のあった人々に関する記事は少なくなり、お触留の合間に日記が記されている形式になっている。大久保家の日記の記載形式・内容の変化にも配慮しながら、この日記を通して一村落上層民の人間関係を明らかにし、そこから大久保家の意識形成あるいは意識変化の過程を明らかにしたい。

次項では、その前提として菅谷村と大久保家の概要を明らかにしたい。

一　菅谷村と大久保家の概要

本稿でとりあげる下総国結城郡菅谷村（現在、茨城県結城郡八千代町菅ノ谷）(2)の大久保家は、天正年間に出羽国からこの地に移住してきた郷士であり、この地の開拓の祖であったといわれている。移住当時の様子は不明であるが、当初は複数の下人を抱えた大久保一族が一村一軒のいわゆる一人百姓であったようである。その後元禄期の地方直しにより相給化が進み、正徳二年には壬生藩領・天領・旗本山本領・榊原領の四つに分かれた。(3)菅谷村の相給化に伴い、一人百姓である大久保家は、「……水野監物様山川御拝領之節持高四十二石、外ニ御拝領地共壱村壱人ニ而山川御領分ニ罷在候、相給へハ分家又ハ下役等名主役ゆつり壱人ニ而壱村相続……」(4)とあるように、一族の中から分家によって名主を出し、また譜代的な下役を出させ、自らは壬生藩領菅谷村の名主を勤めた。当然のことながら、この過程で菅谷村の一人百姓であった大久保家の大家族は崩れ、宗門帳や文化四年(一八〇七)の「石高覚」にみられるように、菅谷村の分化が進んだ。しかし新たに本百姓になった家は、本年貢を負担したが、諸役は依然として大久保家が勤め、相給によって村が分割されても、分給され、独立した百姓の生活、更に他の相給村に対する大久保家の影響力は強かったと考えられる。(5)

ところで、大久保家の所有地については史料僅少なために不明な点が多いのであるが、文化四年「石高覚」には一一三石七斗八升九合、弘化三年の史料(6)には一二八石、明治期の史料(7)には一二七石四斗四升四合(内八二石新田高)とある。大久保家の場合、所持高の増加は新田開発によるものがほとんどである。大久保家は代々「原地」(根ノ谷原)の開発に力を入れ、そのために北陸の真宗門徒や江戸からの出稼人を入百姓として導入している。入百姓の多くは、大久保家の小作人になったと思われる。

また大久保家の由緒書によると、大久保家の二代目の大久保寛真は、松平越中守定綱の家臣として大坂の陣に加わり戦功をたて、その功により、菅谷村の内に山林四〇町(8)(高にして五百石余りという)を賜った。その山林が根ノ谷原である。松平越中守はその後常陸国下妻→遠江国掛川→山城国淀→美濃国大垣と転封され、さらに、寛永十二年(一六三五)には美濃大垣から伊勢国桑名に移封になった。松平越中守が美濃大垣から伊勢桑名への移封の際に、松平越中守から従前のとおり根ノ谷原を所持するようにとの証書をたまわり、この地にとどまることになった。

以後年々桑名藩江戸邸へ年頭祝賀の挨拶と用向きを勤めることとなる。この桑名邸への出入りはその後大久保家の家政の傾きが原因で中断されるが、後述の如く幕末期にまた違った意味をもって再開されている。根ノ谷原はその後水野監物・太田備中守が領主であった寛永年間までは問題なく所有していたのであるが、寛文年中に相給村から拝領地が入会地であることを主張されるなど、領主と村民の両方からの圧力があったようである。元禄五年（一六九二）には志州侯より山林のうち五町歩のみの私有を認められた。正徳二年（一七一二）鳥居丹波守の領分となった時、郷士の称号を剝奪され、ただの「里正」となった。(9)

以上のごとくごく限られた史料からみると、大久保家は所持高一二〇石余の他に広大な私有地も所持し、松平越中守の家臣に取りたてられたにもかかわらず、祖先伝来の開拓の地を離れず、少なくとも正徳二年鳥居丹波守から郷士の称号を剝奪されるまで、藩主との関係を継続していたことを知ることができた。

ついで、日記の記録者である大久保家父子の行動の概要をみておきたい。大久保真菅は享和元年（一八〇一）に十一代大久保七郎右衛門寛広の長男として生まれた。諱は忠教小字は兵介といい七郎兵衛のち七郎左衛門と称し、真菅と号した。名主役を継いだのは天保初年真菅が三〇代前半の頃と思われ、以後村政家政の維持運営や教育活動、その他近村の相談役としても幅広く活動している。(10)弘化年間には尊徳仕法の導入を試み、その後は、土浦の国学者色川三中に師事し、思想的影響を大きくうけ、三中の蔵書の筆写や、郷土誌編纂事業に協力した。また仙台藩儒者との交流の中で、水戸藩との繫がりを持つようになり、砲術修行を行い、ペリー来航後は、三中一門を中心に、近隣の上層民を糾合して、農民武装計画を練っていた。真菅は、水戸藩尊攘派とも深い関わりを持ち、元治元年（一八六四）天狗党の乱に参加し死亡している。

真菅の息子忠善の母方は尾見家の出で、忠善は、二男一女の長男であった。名は権左衛門、嘉永七年（一八五四）父の跡を継いで七郎兵衛と名乗り、清風軒と号した。弘化年間には既に名主見習いとなり、父が村の相談役として奔走している間家政の運営にあたっていた。思想面では父や色川三中の影響を受け、また色川氏に集う学者や諸藩士、仙台藩儒者新井雨窓等と熱心に交流し、尊攘の志を強くいだくようになった。だが、父真菅が村から出て政治運動に身を投じてしまったのに対して、忠善は村に残って家を守る立場を取り、天狗党の乱に参加することはなかった。しかし、文久二年には近村一五ヶ村の代表として古河宿の助郷免除嘆願を行い、さらに翌年老中板倉勝静に対し幕政に関する意見書を提出するなど、政治的な活動も活発に行っている。天狗党の乱後父真菅が乱に参加したことや乱関係者を支援したということにより、関東取締出役によってとらえられ入牢させられたが、親類一統の嘆願により一〇ヵ月後の慶応元年五月に解き放ちになっている。

その後忠善は、親類連中とともに安政期から行っていた桑名・松山両藩との交易を再開したが、慶応二年九月第二次長州征伐失敗と同時に交易も中断し帰郷している。帰国後忠善は再び村政に力を入れ、慶応四年七月には新高免除嘆願に奔走している。一方近郷の百姓が大勢で一揆をおこすという世直しの動きに対しては、村民を率いて一揆百姓を召し捕らえ、その村々の役人に引き渡したり、「当村丈ハ徒党乱入之者共一手ニ防方一同相談取極……」というように、村民共同で防戦している。

明治に入ると忠善は名主役を息子七郎（忠行）に譲り、自らは俳諧に親しむなど自適の生活を送る一方、天狗党の乱で行方知れずになっていた父を捜していたが、明治二年二月十二日に父の死体を発見し葬っている。

以上大久保家の日記分析の前提として、菅谷村と大久保家の概要を明らかにしてきた。以下では、日記を分析することによって、大久保家の思想・意識の形成と人間関係とのかかわりを明らかにしたい。

二　大久保家をとりまく人間関係

ここでは、大久保家に残されている、弘化三年から明治三年にかけての公・私日記から、登場人物の諸相および年次別記載回数を見ることにより、幕末維新期における大久保家の人間関係を明らかにしたい。ただし、嘉永三年・安政二年は若干の記載がみられるが、記載の量がごくわずかであることから、検討の対象としなかった。安政三年から万延年間・文久元年の記録は今のところ見当たらない。

表4は、大久保家と日記に記載される関係をもった人物を、家族、親族、武家、在村の学者・医師・宗教者などの文化人、商人、運送業者、技能者、一般の百姓などに分けて集計したものである。この間の登場人物はおよそ八六二人、のべ登場回数は二九〇五回である。年平均でみると四八人、一六一回の記載がある。

この表から明らかなように、日記の期間は、弘化三年から嘉永七（安政元）の九ヶ年と、文久二年から明治三年に至る九ヶ年に大別される。従って、ここでは、弘化三年から嘉永七年の期間と、文久二年から明治三年に至る九年間に分けて集計してみた。

弘化から嘉永の期間は、異国船の出没が沿岸各地でみられ、異国船に対する関心が幕府・諸藩は勿論、各地の百姓の間でも深まりつつあった時期である。この時期は、異国船に対する対処の仕方も、海防の方針もいまだ確たるものはなく、出漁中に現実に異国船と遭遇している漁民の話を聞き、海防の方法を模索せざるをえない段階にあった。事実大久保家も第三編第三章で明らかにしたように、ペリー来航以降積極的に異国船に関する情報の収集を行っていた。また嘉永七年は、同六年に渡来したペリーとの間で日米和親条約（神奈川条約）が締結された年であった。従って、この間の大久保家の人間関係と思想・意識の形成は、開港前夜の異国船が現実の危機的状況を生み出しはじめた状況下におけるものである。これに対して、文久以降は、開港以降の社会状況の変化をふまえての大久保家の意識変化に伴う人間関係を示すものといえよう。こうした点を念頭に、表を検討したい。

表を一見して明らかなように、大久保家が幕府や自領の壬生藩を始め、諸藩の藩士や儒者と常に交流をもっていたこと、在村の学者・医師・文化人層と交わっていたことは、幕末期を通して変わらない。しかし、その内容は、弘化・嘉永年間と文久期以降では大きく変化している。まずこの点を見ることにしよう。

家族・親戚はさておき、まず注目したいのは武家・在村の学者・文化人・宗教者などの知識人層との付き合いである。弘化・嘉永年間の方が文久以降より多いのは、武家・在村の学者・宗教者である。これに対し、文久以降の方が多いのは商人・運送業者である。この事実は、大久保家の人間関係、従って大久保家の考え方、家政の機軸が大きく変化したことを予想させる。その点を最も端的に示しているのが、弘化・嘉永期において、自領の藩主である壬生藩との関係はともかくとして、他藩士との関係では、仙台藩の儒者新井雨窓・根本兵馬・桜井文二郎が最も多く日記に現れている点である。そのことは、この時期の大久保家が最も強い関係をこれらの仙台藩儒者との間で持っていたことを示している。

仙台藩儒者との交流に強い関心を示す大久保家が、嘉永期のほぼ同じ時期に常陸国行方郡土浦の在村の学者色川三中とその門下生らと関係を持ち始めることは、嘉永期以降大久保家の尊攘思想の形成が、この時期における仙台藩儒者・色川三中・更にそれをつなぐ沼森神主高橋との関係の深まりの中で行なわれたことを物語っている。

ところで、表でみると、武家との関係は嘉永期よりも前からも認められるのであるが、大久保家の国学や尊王攘夷思想への傾斜が、嘉永期よりも前からあったことを示す事実であるかどうかが問われなければならない。この点につ

小計			文久		元治	慶応				明治		小計			合計			
のべ回数	%	年平均回数	2	3	1	1	2	3	4	2	3	のべ回数	%	年平均回数	延べ回数	%	年平均回数	人数
229	36%	25	67	63	36	49	11	81	56	33	12	408	64%	45	637	100%	35	15
			27%	33%	29%	23%	4%	42%	43%	49%	28%				22%			2%
217			66	63	36	48	11	76	51	31	12	394			604			7
15									5	1		6			21			3
						1		5		1		7			7			3
4			1									1			5			2
173	37%	19	56	29	35	62	35	48	16	8	7	296	63%	33	469	100%	26	51
			22%	15%	28%	29%	14%	25%	12%	12%	16%				16%			6%
			1	1				1	1	2		6			6			3
1															1			1
2			2	3	4				1			10			12			3
8			7	3	3			1		2		16			24			1
0			7		1	5		1	1			15			15			1
8			15	7	2	6		11	2		3	46			54			7
7			7	2	9	27	1	15	5	1	1	68			75			6
19			3	1		5	4	4	1		1	19			38			7
			1						1			2			2			2
					1		10					11			11			1
76			9	11	13	15	15	13	4	3	2	85			16			11
19			3	1			1					5			24			2
27						4	3					7			34			2
1					1			1				2			3			1
5												0			5			1
			1		1		1					3			3			1
								1				1			1			1
146	55%	16	9	21	14	7	40	11	13	2	4	121	45%	13	267	100%	15	142
			4%	11%	11%	3%	16%	6%	10%	3%	9%				9%			16%
14			1		1		5					7			21			16
38			5	3	1	4	3	7	8	0	0	31			69			36
1															1			1
21															21			1
1									1			1			2			2
37			3	1	1							5			42			3
26			1	1								2						
11												0						
0			2		1							3						
11				1	2			2		2		7			18			11
3												0			3			3
5				1	2			2		2		7			12			7
3												0			3			1
0				3	3	2	6					14			14			9
1				1	1		9		2			13			14			13
0							2					2			2			2
0							1					1			1			1

表4　大久保家の人間関係

		弘化			嘉永					
		3	4	5	1	2	4	5	6	7
家族		2 3%	38 12%	12 10%	30 20%	31 17%	14 29%	47 16%	40 22%	15 21%
	下総国結城郡　菅谷　大久保家家族	2	37	12	30	26	12	43	39	9
	下男		1			5	2	1		6
	店子									
	日雇い							3	1	
親戚		17 21%	52 16%	20 17%	19 13%	16 9%	5 10%	24 8%	11 6%	9 13%
	下野国都賀郡　友沼　菅谷家									
	下総国岡田郡　尾崎　秋葉家			1						
	下総国岡田郡　馬場　秋葉家			2						
	下総国猿島郡　仁連町　鈴木家			1	1	2		2	1	1
	下総国豊田郡　石下町　新井家									
	下総国豊田郡　貝谷　杉山家		4			1		2	1	
	下総国豊田郡　川尻　赤松家						1	4	1	
	下総国豊田郡　三坂新田　猪瀬家	2	2	3	4	2	1	1	2	2
	常陸国多賀郡　石岡町　税所家									
	常陸国筑波郡　筑波町　広瀬家									
	常陸国真壁郡　村田(吉間)　尾見家	3	26	9	6	8	1	11	5	4
	常陸国真壁郡　吉田　尾見家	4	5		5	1	1	1		2
	常陸国真壁郡　谷貝　中原家	5	15	1		1	1	3	1	
	常陸国真壁郡　八丁　水書家			1						
	常陸国真壁郡　八丁　伯父(本名不明)			2	3					
	武蔵国　江戸八丁堀　堀田土佐守家臣									
	武蔵国　東海道川崎宿　さかた屋主人									
武士		17 21%	23 7%	10 8%	14 9%	26 15%	2 4%	22 8%	17 9%	15 21%
	幕府家臣	4		5				5		
	壬生藩	8	6	3	5	6	1	4	4	1
	結城藩		1							
	下館藩　藩士　衣笠兵太夫	3	10	2	2	2	1	1		
	下妻藩								1	
	仙台藩　儒者　合計				7	15		5	6	4
	新井雨窓				7	15		2	1	1
	根本兵馬							3	5	3
	桜井									
	水戸藩　合計								4	7
	郷士									3
	藩士								2	3
	砲術師範　福地広延								2	1
	老中板倉公家臣									
	桑名藩江戸屋敷　藩士							1		
	松山藩江戸屋敷　松山藩国産会所・藩士									
	旗本堀田公家臣									

4				8	4	1		2	1			16			20			12
4								1				1			5			1
0				3	2	1		1				7			7			4
0									1			1			1			1
0				5	2							7			7			6
2				1								1			3			3
3												0			3			1
0									1			1			1			2
13				3	1		14				4	22			35			29
60	79%	6.7	1	4	2	3	0	4	0	1	1	16	21%	1.8	76	100%	4.2	18
			0%	2%	2%	1%	0%	2%	0%	1%	2%				1%			2%
46			1									1			47			1
7															7			3
7				4	2	3		4		1	1	15			22			
21	66%	2.3	7	1	0	0	0	3	0	0	0	11	34%	1.2	32	100%	2	11
			3%	1%	0%	0%	0%	2%	0%	0%	0%				1%			1%
120	69%	13	23	8	4	14	5	1	0	0	0	55	31%	6.1	175	100%	10	26
			9%	4%	3%	7%	2%	1%	0%	0%	0%				6%			3%
13			2	1		7	5					15			28			8
95			18	6	4	5		2				35			130			11
85			8	6	1							15			100			5
5			9		3	5		2				19			24			3
5			1									1			6			3
12			3	1		2						6			18			7
3	30%	0.3	3	0	0	0	0	3	1	0	0	7	70%	0.8	10	100%	1	8
			1%	0%	0%	0%	0%	2%	1%	0%	0%				0%			1%
			2									2			2			2
									1			1			1			1
								3				3			3			1
2															2			2
1															1			1
			1									1			1			1
50	29%	5.6	3	6	0	5	97	2	6	1	2	122	71%	14	172	100%	10	113
			1%	3%	0%	2%	39%	1%	5%	1%	5%				6%			13%
10			0	0	0	1	60	0	2	1	2	66			75			
40			3	6		4	37	2	4			56			117			
9	33%	1		0	0	0	12	3	2	1	0	18	67%	2	27	100%	2	11
			0%	0%	0%	0%	5%	2%	2%	1%	0%				1%			1%
							2					2			2			2
							9					0			9			4
									1			1			1			1
							1					0			1			1
9								3	1	1		5			14			3
615	61%	68	80	54	31	74	40	37	35	22	17	390	39%	43	1005	100%	56	434
			32%	28%	25%	34%	16%	19%	27%	32%	40%				35%			50%
17	49%	1.9	0	4	2	1	10	0	1	0	0	18	51%	2	35	100%	2	33
			0%	2%	2%	0%	4%	0%	1%	0%	0%				1%			4%
1443	50%	160	249	190	124	215	250	193	130	68	43	1462	50%	162	2905	100%	161	862
			100%	100%	100%	100%	100%	100%	100%	100%	100%				100%			100%

	浪人　合計	1	1			1		1		
	元古河藩浪人　野州西沼村　斎藤勘兵衛	1	1			1		1		
	剣術修行人									
	徳川脱士									
	その他									
	剣術・砲術・柔術・槍術師範								1	1
	二宮先生家来・関係者	1	2							
	官軍									
	その他		3			2		5	1	2
在村の学者		0	0	0	1	1	2	23	29	4
		0%	0%	0%	1%	1%	4%	2%	4%	6%
	常陸国行方郡　土浦　色川三中*						1	19	24	2
	常陸国行方郡　土浦三中門人　土浦藩士							4	3	
	その他				1	1	1		2	2
医者					1	7	0	9	4	0
		0%	0%	0%	1%	4%	0%	3%	2%	0%
宗教者	小計	1	14	8	11	18	2	35	26	5
		1%	4%	7%	7%	10%	4%	12%	14%	7%
	僧侶		7	1		1		3	1	
	神主　合計		7	7	11	13	2	27	23	5
	沼森　高橋家		7	7	11	13	1	25	17	4
	野爪　大久保家						1	2	2	
	その他								4	1
	御師　富士御師・その他の御師	1				4		5	2	
技能者			2				0	1		0
		0%	1%	0%	0%	0%	0%	0%	0%	0%
	茶師									
	算術師									
	絵師									
	大工		2							
	盲人							1		
	仏師									
商人		2	10	7	6	3	5	11	4	2
		3%	3%	6%	4%	2%	10%	4%	2%	3%
	江戸	0	1	1	2	2	0	2	2	0
	その他	2	9	6	4	1	5	9	2	2
運送業			6				0	2	1	0
		0%	2%	0%	0%	0%	0%	1%	1%	0%
	廻船　尾張内海船									
	川舟　船頭									
	飛脚									
	車屋									
	馬士		6					2	1	
百姓		40	176	58	68	76	18	113	49	17
		50%	54%	49%	45%	42%	38%	39%	27%	24%
不明		1	4	3	1	1	0	3	1	3
		1%	1%	3%	1%	1%	0%	1%	1%	4%
合計		80	325	118	151	179	48	290	182	70
		100%	100%	100%	100%	100%	100%	100%	100%	100%

＊＝書状のやりとりは除外。逗留は日数で計算した。

いて現在検討可能な材料を持ち合わせてはいない。しかし、この表から推測する限り、それ以前の大久保家の思考・家政のあり様は、菅谷村周辺地域の百姓の登場回数が文久以降の三九〇回に対し、嘉永以前には六一五回と多く、しかも弘化から嘉永初年にかけて圧倒的に多いことからみても、この時期の大久保家は村方地主としての性格を持ち、この村の領主である壬生藩との関係も弘化年間に多いことも、その点を裏付けているといえよう。従って、嘉永以前の幕府家臣や藩士との関係は、嘉永期以降の大久保家の国学・尊攘思想への傾斜の前提を作るものの、大久保家の国学者的・尊攘思想の形成、異国船渡来・海防への強い関心を示す、直接の契機を与える人間関係ではないと考えられる。

ところで、嘉永期に形成された大久保家の国学的・尊攘的思想、海防に対する考えは、文久期以降も継承されていく。しかし、表4でみるかぎり、文久期には大久保家の家政の方向は大きく転換しているように思われる。文久期に入ると、仙台藩儒者との関係、色川三中との関係、沼森の神主高橋氏との関係はほとんど日記に現れなくなってくる。それに代わって、武家との関係では水戸藩の郷士、藩士との関係や老中板倉公家臣、桑名藩の江戸屋敷との関係が日記に登場してくる。何よりも、慶応期に川辺七番組炭薪問屋仲間を中心とする江戸商人をはじめ、伊勢桑名の商人・栃木河岸商人・筑波町和泉屋・同千年屋・桐ヶ瀬村油屋・関本大和屋などの関東各地の商人の名が現れるようになる。また、浜松町に出店している釜屋を介して横浜に茶を輸出したり、横浜の商人とも関わりをもつようになっている。その動きに連動して、尾州廻船・川船の船頭などの運送業者の名が日記に現れてくる。また、猿島郡長須・真壁郡村田出身の茶師、算術師、絵師といった技能者との関わりが既に文久期には日記に現れてくる。これは、大久保家が地域文化の担い手となりつつあることを示すと同時に、慶応期に入り大久保家の尊攘思想・尊攘意識の後退を示すものと考え得るのかもしれない。こうした点も含めて幕末維新期における大久保家の思想形成・意識の変化、家政の展開は、その時々の人々との関わりの中で形成され、変化したものであることを表から読み取ることができる。親戚関係すら、大久保家の考え方の変化によって変化していることが予想される。表でみると明らかに弘化から嘉永七年までと、文久以降とは日記に記録される親戚は違っているのである。

次節以降においては、大久保家の思想と行動に影響を与えたと思われる人物について、大久保家との関わりにおいて、関連史料も含めてやや詳しく検討することにしよう。尚、表5大久保家関係年表を参照されたい。

三　弘化・嘉永期の大久保家の思想形成

既に第二節で検討したように、大久保家の人間関係は、弘化・嘉永期と文久期以降では、大きな変化がみられた。ここではまず前半の弘化から嘉永期における人間関係の中から、大久保家の村方地主としての活動を支える弘化期を中心とする尊徳仕法の導入に関わる人間関係、嘉永期における思想形成に直接的に大きな影響を与えたと考えられる仙台藩儒学者との関係、及び土浦の国学者色川三中との関係についてみてみたい。

1　尊徳仕法導入と大久保家

弘化三年からの「真菅日記」の記載の中で、特に量が多く注目すべきは、尊徳仕法をめぐる記事である。常総地方における尊徳仕法の導入は文政四年（一八二一）小田原藩主大久保氏一族旗本宇津汎之助の知行所に適用されたのが最初で、以後天保期より北関東諸藩及び旗本領においてさかんに尊徳仕法の導入が試みられていた。弘化年間大久保家が自己の私有地（根ノ谷原）に仕法導入を試みるのもそういった社会的背景があったからである。当時積極的に仕法の導入を試みた大久保家の当主真菅は、天保年間名主になって間もなく大凶作及び「古来の家作不残焼失」[11]するという事件に遭遇するなどの経験を経たこともあって、家政の安定に力を尽くした人物である。弘化年間には先祖より伝来の広大な山林原野である根ノ谷原の開拓及び尊徳仕法の導入を試みている。表5を参照しながらその動きをみてみたい。

尊徳仕法の導入は大久保家自身の家政のたて直しのみならず親類一統、近隣の農民たちの要望もあわせて自発的な行為として始まっている。真菅は当初壬生藩を通して仕法の導入を試みたが藩が一向に願いを聞き入れないため、同じ頃積極的に仕法の導入を試みていた下館藩や西沼村の仕法関係者と直接接触し、民間の立場からの仕法導入を試みる（弘化三年四月二十五日、閏五月十五日、九月二十七日、十月十六日）。だが、この仕法導入も壬生藩が極めて消極的であったことや、尊徳の直接の指導が受けられなかったこと、また嘉永年間に入ってから真菅自身が尊徳に対する不信感を強めたこと等の理由によって、弘化四年以降話が進まなくなり結局実現しなかった（弘化四年一月、嘉永二年二月五日）。

ところで、大久保家が仕法導入に際してどのような人々とつながりをもっていったのかということについてみてみることにする。まず大久保家は、天保二年青木村の仕法が始まった時以来尊徳仕法普及のために各地を奔走している野州羽賀郡西沼村百姓丈八と、同じく西沼村に住むもと古河藩士井侯の臣で浪人の斎藤勘兵衛を菅谷村に招聘する。真菅が隣村の松本村名主青木代八とともに「原地」開発を頼みにいったのは、真菅が日記を記しはじめた弘化三年四月二十五日のことであり、丈八と対面するのは同年の閏五月十日である。西沼村丈八は、「二宮尊徳全集」巻二〇、二一[12]に詳述されている人物である。尊徳の日記によると、桜町仕法の始めから日光仕法に至るまでその名が見え、常に尊徳の陰の力となって働いてる。斎藤勘兵衛もこの丈八と知り合ってから仕法のために奔走した人物らしい。斎藤勘兵衛は丈八をつれて根ノ谷原を見廻ったり、真岡陣屋や後述の下館藩士衣笠兵太夫や町名主中村兵左衛門との交渉

表5　大久保家関係年表

	在方の動向	尊徳仕法関係	仙台藩儒者関係	色川三中関係	水戸藩関係	桑名・松山関係
正徳二	鳥居丹波守領分となる					
享和一	大久保真菅生まれる					
天保		真菅名主となる。大凶作。家作全焼。根ノ谷原開発、尊徳仕法導入を試みる。				
弘化三		四月二五日真菅、松本村名主青木代八とともに野州西沼村斎藤勘兵衛に根ノ谷原開発を依頼に行く。閏五月一五日忠善、西沼村丈八と対面、根ノ谷原絵図その他書類を認め開発の段取りをつける。真菅、大久保佐渡守家臣菅谷八郎左衛門方へも開発の相談をする。九月二七日真菅、斎藤勘兵衛ととも				

		に下館へ行き、下館藩御用達中村兵左衛門、下館藩士衣笠兵太夫に会う。一〇月一六日真菅、衣笠兵太夫に報徳訓を依頼。			
嘉永一		一月一一日下館藩士衣笠兵太夫方へ行く。尊徳仕法導入困難。	六月一三日、七月一六日新井雨窓来村。八月二日古河へ御出、八月三日依頼の件あり進物到来。八月一八日沼森、九月三〇日関本へ来村。		
嘉永二	（弘化から嘉永にかけて真菅村方一件の相談役として奔走）	二月五日衣笠兵太夫、菅谷村へ来る。真菅、二宮先生来村の可否を衣笠公に問う。真菅、この頃より二宮尊徳に対し不信を抱く。	一月七日-閏四月一九日雨窓来村。四月二三日江戸へ出発。六月四日雨窓、高橋氏と来村。		
嘉永四		一〇月一一日真菅、衣笠兵太夫と面談。（尊徳仕法導入を断念）	（この間雨窓と文通）	七月真菅色川三中に入門。九月二六日真菅土浦色川の使いと太田にて対面。	
嘉永五				一月一六日-七月二七日色川氏と、	

				沼森高橋氏を介して手紙の交換、八月六日真菅土浦色川宅へ行く。八月一七日-一九日、一〇月四日-七日、一一月四日-七日、一一月一八日-二〇日色川宅に滞在。一二月一日-四日真菅土浦へ高橋靱負殿身分一件につき行き逗留。		
嘉永六	六月一六日真菅、異国船渡来につき藩主に従軍願いを出す。一〇月一二日真菅、砲術師範関氏に入門、一〇月（藩より莫大な御用金）一二月名主役を忠善に譲る。		一月二四日根本兵馬、村田貞次郎・友助と来村。四月一一日真菅、江戸新井雨窓学講順造館へ行く。六月九日根本来村。六月一二日根本兵馬江戸へ出立。一一月四日根本来村。一一月五日根本先生逗留。西洋流砲術について語る。	一月七日靱負身分に付土浦より飛札一月一五日-二一日土浦逗留、二月一一日色川先生より靱負身分の件で書状来る。三月一二日-二一日、四月二七日-二九日真菅、土浦に逗留。〈九月二日真菅、色川宅を訪問。老中関宿藩主大砲鋳造など政治情報提供。〉九月一一日土浦より続日本紀等借用〈一〇月七日真菅、色川宅訪問。オロシアよりの書簡に関する情報を提供〉〈一〇月一二日真菅関氏に砲術入門の件を色川氏に伝える。〉一〇月二三日土浦より万国図・伊豆七島浦賀図を遣わされる。〈一〇月二三日真菅、三中に書状遣わし、出陣願書提出の旨を知らせる。三中真菅を賞賛する。〉一一月六日-一一月八日真菅、土浦色川宅に逗留。〈一一月六日真菅、天領にて御年貢三分増しの件は、二ノ宮金二郎の工夫より出たことを三中に伝える。〉〈一一月八日真菅、砲術修行のため水戸へ出発。〉〈一一月一二日真菅水戸より帰る。一一月一四	一一月八日真菅、水戸へ行く。一一月九日水戸藩士石井孝三郎に対面、一一月一二日神発流砲術師範福地広延に入門。一一月一三日水戸を出立、土浦へ向う。一二月二六日水戸松延定雄宅に行く。	六月一六日（従軍願いの中に、桑名藩との由緒を記す。色川三中とともに、桑名公の建白内容に感銘をうける。）

				日真菅、水戸藩で収集した情報を三中に伝える。一一月一八日三中宅訪問一二月一五日真菅三中宅訪問、情報提供一二月一六日真菅河原代村木村氏方へ行く。西洋流砲術にて出陣のつもり。一二月一八日真菅河原代村より木村氏同道にて土浦へ来る。一二月一九日真菅水戸藩へ書状認め遣わす。一二日月二一日真菅、蔵書売却し、家族一族の反対を振り切り、水戸府に移住の積もり。三中賞賛し、金三両貸し遣わす。一二月二四日真菅、水戸より三中宛て書状出す。〉		
嘉永七	一月一九日真菅、藩からの従軍要請を拒否		一月一三日忠善、根本兵馬に六尺棒を贈る。三月一〇日忠善、神奈川大黒屋にて根本兵馬と対面、黒船情報を得る。四月二四日根本が江戸より来る。四月二八日忠善、江戸順造館新井雨窓に金一両二〇〇文遣わす。四月二九日忠善、根本先生見送る。	一月二日真菅、土浦にて菅右京に会う。〈一月三日真菅、三中に水戸藩にて陪臣になるのは不本意の旨話す。一月二〇日大久保・木村両氏より三中宛書簡届く、水戸大砲十三挺江戸へ登る件、一月二三日砲術江戸に登る件につき福地先生は延引の旨、真菅子息が三中に伝える。〉一月二三日忠善、色川宅にて黒船の件を嘆く。〈五月二四日水戸真菅より三中宛書状来る。六月一日-三日水戸より真菅帰り三中宅訪問。六月三日水戸へ帰る。七月一四日真菅水戸より三中宅へ来る。閏七月六日真菅より三中宛書状来る。毎日砲術練習のこと。九月七日真菅水戸より帰る。砲術免許皆伝のこと。一一月六日-七	一月五日真菅、水戸藩郷士菊池忠右衛門に面会。河原代村木村氏同道砲術役所へ、一月一九日忠善、水戸へ出立、古鉄砲四挺持参。色川泊。一月二一日-二二日忠善、水戸へ出立。松延様見まい、石川様・福地先生へ見舞、鉄砲矢場拝見、水戸郷士菊池氏、川原代村木村藤左衛門と面談。父真菅のことを頼む。	

				日真菅三中宅に逗留。三中に新井雨窓の書簡の写しを見せる。砲術・鑓術のこと語る。一二月四日真菅、水戸より三中宅訪問。〉		
安政二				二月（高橋相模ら三中一門による農民武装計画）〈二月一九日真菅三中宅訪問三月一二日水戸真菅より三中宛て書状〉六月九日土浦より書状、色川先生大病。六月一九日忠善、沼森高橋相模と土浦へ行く。六月二三日色川三中死去。	四月一六日忠善、異国船渡来に付福地先生と港へ行く。	
安政三					四月二七日（水戸藩勘定奉行住谷長太夫より真菅宛書簡）	
安政二～四					真菅神発流砲術師範免許皆伝、水戸藩より砲門を下賜され、根谷原に砲台築き、弟子をとって砲術指南。	
安政六	（苅橋村と借金出入）					
文久一				（醤油取引ある）		
文久二	一月九日～若村御林境一件			二月二七日-三月一日真菅、土浦へ行。金子持参。四月二四日色川氏より五〇貫持参六月一九日-七月九日真菅土浦へ行く。閏八月七日真菅、野爪大久保一学方へ田令教授に行く。	四月五日真菅、鉄砲稽古につき稲葉氏方へ行く。九月二九日真菅、笹目館に呼ばれて行く。	二月一六日江戸御船蔵鹿野有一郎殿担当水書宗二郎殿へ炭五〇俵送る。三月二七日真菅、郡田村へ茶製法のことについて行く。四月二日茶蔵を建てる。四月八日境町へ茶を売りに行く。四月一三日藩より茶製の触が出る。四月二八日馬場村源二郎より茶についての書状が来る。五月一村田茶師

						より書状。六月二七日江戸より七郎帰る。茶荷作る。六月二八日茶荷忠善茶を江戸へ出荷。七月二日沼畑藤吉に頼んで、桑名藩への出入願いを堀田土佐守家臣園田忠兵衛に依頼。七月五日中山元成より板倉公よりの茶注文の依頼を受ける。九月一四日関本へ大豆買一件につき行く。
文久三	一月一九日~古河宿加助郷一件三月二八日~苅橋村一件		二月一一日仙台藩主御伴として新井雨窓他同勢凡三千人御着。新井氏供四人にて御着につき、酒・肴見舞、種々談ず。二月一三日忠善、真菅へ新井公歌・書画を遣わす。此日将軍御上洛御発輿。	一月一〇日真菅、大宝八幡宮古文書調査一二月一二日真菅土浦へ行く。	二月三日水戸藩北辰一刀流剣術渡辺惣左衛門門人来る。三月一二日-二〇日真菅、尾見氏よりの書状をみて俄かに出府。三月二九日-四月四日、五月六日-五月一七日真菅江戸へ行く。五月二九日、七月一七日真菅馬場へ行く。六月二日真菅木戸村へ行く。一〇月八日真菅諸川へ行く。一〇月一五日鑓術仲間来る。一〇月一六日木戸軍蔵、真菅一同来泊。一〇月一七日木戸軍蔵・真菅一同馬場へ行く。一〇月二三日砲術稽古人馬場喜六・若柳五三郎・木戸郡蔵・諸川三郎兵衛来る。一一月一八日真菅、長左衛門新田へ行く。一二月三日沼森高橋上総介来る。	一月七日真菅、松山侯一件につき仁連町へ行く。一月一五日真菅、桑名・板倉両公の件につき江戸へ行く。一月二八日真菅、江戸鈴木氏より帰宅。水野・板倉両公取りはからいにて、桑名御屋敷への出荷の首尾整う。二月三日忠善、桑名公一件につき仁連町へ内談に行く。二月七日忠善、西の丸下板倉公御屋敷に行く。桑名八丁堀屋敷石井軍助方へ行く。二月八日仁連町鈴木氏と桑名邸へ行く。二月九日忠善、石井軍助様御屋敷猪瀬兕を見舞う。二月一〇日石井軍助方より真木・炭注文。二月一六日北八丁堀桑名様内石井軍助方へ手紙出す。真木千二百束、川尻赤松氏へ出す。二月二四日忠善、殿様御屋敷に出る。それより桑名様へ行き、真木

						千二百束入船。七月五日忠善、桑名様・板倉様に暑中見舞する。一〇月一日桑名公より書状。一一月三日桑名公へ御目見え、訴状提出。割元に頼み、板倉周防守御用人方へ「愚意書」提出。
元治一	六月六日水戸浪士五〇〇人継立て、七月一九日京都大騒動の由風聞、九月忠善父子三人とも浮浪の徒一件につき入牢、一一月親類一統による赦免歎願		八月五日仙台藩桜井文二郎様泊。		二月八日直吉殿真菅に入門。馬場喜六・村田貞二郎・川尻新右衛門・総社の社人・諸川三郎兵衛来る。二月一一日‐二九日真菅、長左衛門新田へ行く。四月二日忠善、長左衛門新田へ行く。鉄砲届く。四月八日真菅宇都宮へ出立。四月一二日忠善、宇都宮へ出立。五月四日大平山より御鑓奉行宇佐美宗三郎・高橋上総介他来泊。五月一四日忠善、真菅へ砲台すべて遣わす。八月二三日筑波山より寅吉・栄吉帰宅。	一月一四日忠善、江戸桑名邸へ御目見え。二月一二日忠善、若村御林一件添簡歎願提出。二月二二日板倉公へ炭五三俵送る。三月六日桑名藩屋敷へ炭三〇俵送る。四月二九日忠善、八丁堀桑名屋敷・板倉国産会所へ行く。五月二日忠善、桑名藩石井方へ書状出す。
慶応一	五月一二日壬生表へ忠善召し出され、宿預けになる。閏五月七日七郎名主見習御免。腰縄御免。健次郎も同断。忠善名主役を辞す。五月二四日家事諸勘定始める。五月				閏五月一五日親真菅捜索日限三〇日目。一〇月五日親真菅捜索期限となる。	五月（炭・薪・醤油・大豆・茶など国元産物の品々桑名公ならびに御家中様方へ御用として納品願い出す。）一二月九日忠善、江戸へ行く。

	二六日親類で集会を開く。六月一六日小作帳ほか書類請戻し。七月二〇日-九月二七日小前取縺れ一件					
慶応二	六月三日市中打ちこわし流行。難渋の者へ金銭を施す。六月四日本所打ちこわし。					五月一二日江戸出店のため、桑名藩に借金を申し出る。閏五月一日村田より茶荷物届く。堀田土佐守長屋にて開店。五月三日村田よりの茶八櫃、板倉様国産会所へ積みいれる。五月九日国元より茶師二人来る。五月一四日木材木町六丁目に引き移る。六月九日横浜森屋に面談、六月一〇日中山伝右衛門来る。松浦武四郎来る。六月二二日桑名藩役所へ伊勢桑名に向けて馬大豆を送ることを提案する。七月二七日尾張へも馬大豆を輸送することを桑名藩に提案。七月二九日桑名藩へ味噌を売る。八月川辺七番組炭薪問屋仲間に入る。八月二八日真木売り方の儀残らず破談。九月二日一切差支える。九月六日堀田土佐守家臣園田氏へ借金返済。九月九日小石川屋敷へ金二〇両返済。
慶応三	一月一八日-三月				三月五日水戸藩士中沢蔵之助	二月三日桑名藩御納め味噌六

	二一日若村御林一件一二月一六日金四両二分高利御用金上納、一二月二二日上方大騒動の由、一二月二五日若村御林一件				と申す人来泊。亡父真菅の友人の由。	本境へ出す。
慶応四	一月一二日京都急変、三月二一日近郷百姓共大勢徒党致す。七月五日新高免除歎願。					三月九日桑名様御女中方お引越しの趣。三月一四日桑名御家来三人着。三月一九日桑名藩石井軍助様御陣屋へ出る。

＊大久保家の日記をもとに主要な動きを抜粋して作成。但し、〈　〉は、『片葉雑記』を参照した。（　）は、他の大久保家文書からわかる限りで記入したものである。

など実質的な面で大久保家を援助していた。その他尊徳関係者で大久保家が働きかけたのは、二宮尊徳との対面を願い出た尊徳の家来である亀蔵がいる。大久保家が尊徳と直接会ったかどうかは日記からでは判定できない。斎藤勘兵衛は嘉永五年九月二十二日以降、丈八は弘化三年八月十五日以降、亀蔵は弘化四年六月十日以降日記からその名が消えている。

大久保家が仕法導入の際に最も頼りにした人物として下館藩士衣笠兵太夫があげられる。下館藩では天保九年に同城下の御用商人中村兵左衛門ら八人の訴願によって藩を中心に仕法の導入を試みており(13)、衣笠兵太夫はその中心的役割を果たす御趣法頭取で、且報徳信友会のメンバーでもあり、二宮尊徳にも仕法にも精通した人物であった。真菅は日記でわかる範囲内でも弘化三年五月二十六日から嘉永五年二月五日までおよそ二一回衣笠氏へ足を運んでおり、弘化四年七月には二宮尊徳への取りなしを依頼する嘆願状(14)まで提出している。だが結局は成功しなかった。またその他真菅は天保七年より仕法導入を試みていた下野国烏山藩にも出入りし、烏山天正寺円応とともに仕法実現に努力した家老の菅谷八郎左衛門のもとへも度々足を運んだという記事が弘化三年閏五月二十八日の項にもみえている。

ところでこういった根ノ谷原への仕法導入の活動は単に大久保家一軒の問題ではなく、その親類関係や周辺村落をも含んだ地域活動として展開している点は重要である。日記に出てくる限りでは、弘化四年七月に真菅とともに衣笠兵太夫に嘆願を出した常州真壁郡谷貝村名主で真菅の伯父にあたる清右衛門と同州同郡吉田村名主で同じく叔父にあたる桂助、真菅の妻セイの父で弘化三年十一月十七日には息子の貞二郎を養子にやる村田村尾見家、同村伊右衛門等の親類関係や、隣村松本村名主青木代八、水口村名主房之丞等大久保家と関わりの深い近隣の村人もあわせて原地の見廻りや衣笠公を始めとする各方面への交渉に奔走しており、この原地開発と仕法導入が支配関係や身分関係を超えた地域あるいは人間関係の形成に大きな意味をもっていたことは確かである。

そしてこの時期の大久保家の人間関係は、以上にみたような村方地主としての活動を軸に形成されたものであった。

2　大久保家の尊攘意識の形成と仙台藩儒者

大久保家の日記に出てくる仙台藩士は、仙台藩儒者で国学者の新井雨窓、同じく仙台藩儒者でペリー来航時応接掛をつとめた松崎万太郎一門である根本兵馬、仙台藩士であること以外は全く不明な桜井文二郎の三名である。まず新井雨窓との関係からみていくことにしよう。

新井雨窓[15]は、諱は誼道、字は子浩・希中、通称三太夫・義右衛門といい、雨窓は号である。文化七年陸奥国登米郡石森で生まれており、真菅より九才年が若い。実父は戸坂俊直という医師であったが、天保五年仙台藩儒員で代々国学の教授をしている新井剛斎の養子となり新井家の跡を継いでいる。天保八年頃から藩命により江戸へ遊学し、幕府儒員増島蘭園や古賀洞庵に学び、文久二年には藩校養賢堂の副学頭に就任している。しかし、当時養賢堂の学頭は親露説を唱えた大槻磐渓であり、この磐渓の下で副学頭をしていた雨窓が海防についてどのような考えをもっていたかは不明であるが、彼が副学頭になって間もなく海防論を唱え、結社をつくったことによってその職を罷免されるという事件がおこっており、かなり急進的な尊攘思想の持ち主であったのではないかと思われる。根本兵馬・桜井文二郎もその結社のメンバーであった可能性が高い。特に根本兵馬は西洋科学の中心であった養賢堂で学び、洋式兵器についての知識はかなりあったことが、日記から伺える。雨窓はその後復帰し、慶応三年大槻磐渓の跡をついで学頭に昇進する。明治元年鳥羽伏見の戦いがおこり官軍より会津征伐の沙汰書が下った時に、仙台藩の建白書の起草にあたったのは大槻平次と新井雨窓であった。同年三月奥羽鎮撫総督府が養賢堂内に設置されたが、雨窓は猛烈な薩長反対論者であり、総督府の人間とは真向から対立し、閏四月の白石会盟における奥羽越列藩同盟の盟約書草案の起草にあたるなど奔走している。その後戊辰戦争で仙台藩が敗北したので、戦後すぐに投獄されている。出獄後は再び藩に仕えることなく、古川・佐沼・石森地方で学問を講じ、明治八年に七七歳で没している。

真菅の日記に最初に雨窓の名があらわれるのは嘉永元年六月十三日のことで、この日の記事に「奥州儒臣新井三太夫入来、権左衛門（忠善）随身」とある。嘉永元年六月頃の雨窓の行動の詳細は不明だが、天保年間より藩命をうけて江戸へ学問修行に頻繁に来遊していることからすると、これは江戸遊学の途中で雨窓が立ち寄った時の記事なのであろう。雨窓は嘉永元年六月から約一年間関東に滞在しており、この間頻繁に大久保家と交流があったらしく、翌嘉永二年六月までの間に二六回日記に登場している。ただし、これは大久保家に来訪した回数であり、それ以外に、雨窓は近くの宿場町（古河か、結城）に宿をとり、大久保家以外にも菅谷村近村の沼森村、関本村、大久保家親類一族のいる村田村や菅谷村内北原村へも足を運んでいる。

雨窓来村の目的や交流の実態、大久保家をはじめとする人々に与えた影響については日記の記事からではその詳細は不明である。だが幸い雨窓が大久保家に宛て出した書簡が数点残っており、[16] その内容から雨窓の様子や、彼が大久保家をはじめとする人々とどう関わっていたかを知ることができる。

〔1〕……（前欠）……者尤寒ニとふされやすく、こだつ中にかしみ居候、漸これ□□着たく不申候、若御便り被下候ハヽ仙台城下良覚丁住居ニ御座候間右之肩書ニて御下し被下度候、猶御便之節ニて者用事のミ如此ニ御座候　頓首

十二月九日　　雨窓

峯作様
定次郎様

其御地御熟意の御人方江よろしく書中之趣御取なし是祈候

この書翰はいつごろ出されたものかは不明だが、嘉永二年に国元に帰り六年に再遊するまでの間に仙台にて記されたものであることには違いないだろう。手紙の内容から、大久保家からもさかんに仙台にむけて手紙が出されたことがわかる。峯作とは真菅の息子忠善のことである。定次郎とは真菅の次男で、弘化三年に村田村尾見氏に養子に行った貞次（二）郎のことではないかと思われる。御地御熟意の人とは、後述の如く雨窓が関東滞在中に交遊をかわした菅谷村近辺の人々である。

〔2〕寒中ニ御座候処皆様御揃□□無、小生無異ニ罷在申候間御省慮奉願上候、偖当義下り後再遊願さし出候処済不申、其ゟ種々手ヲ替願申候得共迚も不相済よしニ付、不得止先々再遊相ひかへ、当年ゟ来秋迄は国元奉公いたさねば不叶事ニ御座候、来秋は是非々々重返モウ一さし王郎一曲相奏可申念願ニ御座候間、其節者何分御とりはやし不相替奉願候、於国元も手模ひろまり申候間御安堵奉願候、北原御同姓様始村田辺諸君子へよろしく奉願候、

無間違来秋ハ出陣の積りニ御座候、それニ付カノ願置候四書正解十六本何卒其節迄御待被成度奉願上候、五郎君へよろしく御申訳所冀ニ御座候、国元ニ罷在候而者何事多端酒もゆる〳〵のめ不申、奉一曲の方も怠りがち歎しき事ニ御座候、御賢察奉願候、扨外封二通九十九里の康哉老父より被頼候所、前文之通再遊相止候故急ニ届候便宜も無御座候ハヽ当惑罷申候、右ヲ御序も被為有候ハヽ何卒相届候様一重ニ御働之程奉願候、実ニ便り不宜敷ニ而致方無御座大困りニ御座候間、乍繰言御心倒願上候、モウ一封者真岡の塚田楊園が方江御届被成下度此又奉願候、是ハ村田ゟ大泉か門井江相出し被成下候ハヽ無間違相届可申候間、左様御取計奉願候、此手紙相達候ハヽ一寸御返書之程是又奉願候、猶近日ゆる〳〵相認可申上、此度者用事のミ如此ニ御座候……

十一月廿一日

新井三太夫　謙造（花押）

この書翰も年代は不詳だが仙台から発したものであることには違いない。雨窓は再遊を願っているが国元の公務が忙しく来遊が延期になったと報じている。そしてもう一度「王郎」を奏でたいといっている。「王郎」がどういうものかは全く不明である。だが、差出人が不明だがおそらく嘉永三年頃に書かれたと思われる雨窓あてのつぎの書翰によると、「……新春之美翰天与理降候哉地ゟ湧候やト……殊ニ新板之王郎曲とかいへる摺画見事なるを御贈り被下友人早速相聚開筐之上無曲相試候得共、ヤボ天神之連如何にも習得候事無覚束候……昨年先生一去候ゟ黒騰之夜国の心地御座候、何卒再び雨家の岩戸を御開き被下候ハヽ友人等不残相［　］無此御神酒沢山御備神楽ニ王郎曲一舞懸御目可申候……早々御光臨奉祈候」とあり、「王郎」が何か国学的発想に基づくもので、神前で酒を呑みながら舞うものであろうことが想像できる。そしてこの「王郎」を複数の人間が集まって楽しむという文化的サークルが、この雨窓を中心に形成されていたのであろうことがわかる。そのサークルに集まった連中とは、史料〔3〕で具体的に出てくるが、ここでは大久保家をはじめとする「北原御同姓様始村田辺諸君子」と記されている人たちであり、また真岡の塚田楊園[17]も何らかの関わりをもっていたようである。彼らは「王郎」のみではなく、雨窓より「四書正解」一六冊を借りて廻し読みをする仲でもあったのである。

〔3〕　暖和ニ相成候処愈御安全ニ御座候、扨五年前江戸表江供登りいたし少し品柄有之国元相下り候処、又以役儀被申付廿二日上屋敷南門通用順造館と申学校所詰壱ヶ年勤番ニ而相登り候、今廿三日古河太田屋と申宿屋ニ止宿いたし候ニ付江戸町浅屋義兵衛方江手紙相頼御便りいたし候、来三月始迄江戸表江罷在候間、御出府之節者御尋被下度候、猶又村田尾見君、菅谷御同姓五郎子兄弟、村田伊藤謙斎、同所油重等江も御便り候節よろしく願候、菅谷高橋神職江も同様願上候、旅中早々相認申候、頓首

三月廿三日　　三太夫事

義右衛門

御馳走ハ仙台流御酒同干魚可さし上候事

七郎兵衛様

峯作様

雨窓は嘉永六年に、嘉永元年来遊以来五ヵ年ぶりで再び江戸へ来るのだが、今度は江戸の仙台藩の学校順造館に一年の勤務であった。日記によると真菅は四月十一日十二日十三日と順造館に雨窓を訪ねている。村田尾見・五郎・伊藤・油屋重兵衛・高橋氏はいずれも大久保家と関係の深いこの地域の文化人たちであり、「王郎」をしたり書籍会をする雨窓をかこむサークルのメンバーでもあった。

〔4〕　……（前欠）……地江当十月ハ出かけ候［　］為仕候間其節岐度上申度候、其前にもよき便りニ而も候ハヽさし上申候、御連中方の中御登りも候ハヽ何卒御立より願上候、其間金子弐歩之所御連中方御申合御立かひ御つく

のい被指置被下度候、其かわり江戸名家の書画ハ御好ニまかせ、屏風なりかけものなり額なりいくらもしたためさせさし上可申候、惟新軒君御望の磐渓扇面ハ御安き事なから実便ニ而無之候而ハ損し候由どうも不成由ニ付……」

〔5〕先日者北原丈八郎殿御登り之節御両君より御熟書辱候、合致拝見候、先達而者峯作君ゟ絹地四枚御遣し之処、先以弐枚出来仕候間御届申上候、アト弐枚近々出来次第さし上可申候、惟新軒君磐渓之書御好之由不遠出来早便も候ハヽさし上可申候、于時毎度御面倒且御迷惑之義恐入候得共、北原へ置候正解十六本空不成由いたし候間、早便之節為御登偏ニ奉願上候……根本生事何分願候、北臺残りたき事仕故おしき人物なくいたし申候、私も来月御番あぎ尓て下るつもりの処、半ヶ年のつめまし［　］被申付よわり仕申候、十月上旬には下り申候間御尋可申候、その節馳走ニ御酒ハもとよりそばとろろ汁尓御座候、御ミやハ如山たつさへ可申候、……乍繰言カノ四書正解者橋月君惟新軒君江願候間為御登被下候様偏ニ願候、御連中方の御厚志返す〳〵祈ところに候……

　三月廿六日

　　橋月君　　　　　雨窓

　　五井君　　　　　　拝

伊東君・油屋十君・高橋靱負君・五郎君・丈八郎君江よろしく願候、谷貝江もよろしく御序ニ而願候、先日関本の浜名元知君より石印相届ヶくれられ申候、御序も候ハヽよろしく願候

史料〔4・5〕はいずれも江戸から出したものであろう。雨窓は来月四日に御番があいて帰国できるはずであったのが半年先に延び苦情をもらしている。また雨窓が菅谷近辺の文化人の連中に書画や書物の世話をしていたのがわかる。

〔6〕　寒中ニ御座候處益御清栄愛度候、小生事も当春中蝦夷地騒尓付主命ヲ受松前迄罷下り、当六月上旬帰国仕候所、間もなく温般症相患去月始迄病気ニ而罷在候処頃日本復者仕……御尊父も定而御堅祥と奉存候、水府御出張之由承り候処只今ニ而者御帰り尓相成候哉御床敷候、偖当夏中根本生下り之節者御手書并金壱両二朱と代《ママ》二百文貫物御下し被下御難有拝受いたし候、病中貧苦心無敷折柄故、誠ニ以身にしミうれしく一方助り申候、関本御連中江御序之砌よろしく御礼是祈候、其御地の楽ミ抔思ひ出し再遊の心志きりに御座候得共、此節学校出勤君前講訳等被申付日々日間なしにて、飲方も思ふよふに出来不申身合ニ而よわり仕申候、王郎も殊の外下手ニ相成申候、再遊いたし一曲御相手仕度候、臨叩（ママ）ケンなんと遊し候哉玄亀大人死去後者とふニも衰の方と被察候、門井連中者如何ニ候哉一円ニ便りも無之床鋪候、惟新軒君の御手ニ而御聞配被成下様子為被知被成度候……（後欠）

この書状は、時期は、真菅が水戸へ修行にいっていることや、仙台藩が軍艦の造船に力をいれていることからして、安政二・三年頃かと思われる。雨窓はその年の春から主命により蝦夷へ出張、六月頃帰国したが病気になり、十二月現在でまだ全快していないようである。

以上にみた書状の内容もあわせてみると、新井雨窓との関係ではつぎのようなことがわかる。

まず交流の実態についてであるが、新井雨窓は藩命により仙台と江戸藩邸を往来する間、大久保家やその一族をはじめとしてこの地域の上層農民・知識人たちと交流をもち、「王郎社中」を結成している。この社中は「王郎曲」を奏で神前で舞いを舞い、酒を飲むというものであった。またその他に雨窓から「四書正解」などの書物を借りたり著名な学者の書画の世話をしてもらったりといった文化的サークルとしてまた情報交換の場としても機能していた。だが、手紙の内容からすると「王郎」とは国学的発想に基づくものであり、また雨窓自身独自の海防論をもつ人物であったので、この社中を通じてメンバーたちが尊攘思想をはじめとする何らかの政治的刺激をうけたことはまちがいあるまい。ただし、この社中がそのまま政治活動をすることはなかったと考えられる。「王郎」のメンバーは大久保真菅・忠善父子、村田村の尾見定次郎・伊藤謙斎・油屋重吉等の「村田辺諸君子」、「菅谷御同姓五郎子兄弟」あるいは「北原御同姓様」といわれる連中、高橋神職、谷貝村名主清右衛門、「門井連中」、関本の浜名元知などの大久保家にとって「御地御熟意の人々」であったことがわかり、大久保家の親類や近隣の文化人など大久保家とは密接な関わりをもつ人々であった。

つぎに、そのような社中を結成していく雨窓の意図（それは彼の来村の目的と同じなのだが）が問題となる。「真菅日記」嘉永元年八月の項に雨窓が大久保家に進物を届けて何かを依頼している記事があり、さらに嘉永七年四月に忠善が金子を届けていること、文久二年には江戸の順造館に綿や白木綿を届けていること等からして、大久保家に対して自己の政治活動に対する何らかの援助を依頼したものであると考えられ、即ち雨窓の来村の意図、社中結成の意図が極めて政治的なものであった可能性が強い。

ところで、雨窓が政治的意図をもって大久保家及び大久保家と関わりの深い周辺村民を訪れたとすれば、それ以外の他の地域の豪農商層とも大久保家同様に交流していたことは当然考えられる。それは雨窓が真岡の塚田春山とも交流があったことからも明らかであり、且つその塚田春山が坂下門外の変の関係者であり、新井雨窓は関東の尊攘運動の動きに全く無関係な人物ではなかった。また、そうした水戸浪士を中心とする初期の政治事件に真菅が参加する可能性も充分あったと考えられる。これらのことからすると、雨窓の仙台と江戸を往来する途中で常総の上層農民や神主等の農村知識人たちとともに社中をつくり懇意にしていくという行為は、そうすることによって雨窓たちが政治的意図のもとに常総の農村知識人たちとの交流をひろげ、彼らを組織化していこうとする動きであった可能性もある。これらの動きは、安政期雨窓が海防論を唱え結社をつくり仙台藩校の副学頭を罷免されたことからして、それに関連した運動であった可能性も否定できない。

根本兵馬は、雨窓と同じく仙台藩儒者であり、日記では嘉永五年九月よりその記事がみえておりその後の大久保家との交流は頻繁であり、真菅とは幕末政治情勢や武備、西洋流砲術についても話し合う仲であった。真菅は、嘉永六年六月三日ペリーが来航した数日後の六月十八日には、壬生藩に御供人足としての従軍願書を提出し、それが聞き入れられないとなると十月には自ら砲術師範関八左衛門に入門しているが、こういった真菅に対して、今や西洋流砲術でないと役にたたぬことを教えたのはこの根本兵馬であった。真菅は彼のすすめで水戸藩への砲術修行を決意したのであり、政治的影響を与えた重要人物の一人である。

また、根本兵馬はペリー来航以来応接掛を命ぜられている松崎万太郎の一門であったことからその筋の詳細な情報を入手しており、忠善はこの根本と浦賀にて接触することによって黒船に関する極秘情報を得ている。その時の様子は次のように記されている。

嘉永七寅年正月ゟ同三月迄日記、応接之様躰荒増如此、是松崎君之近士某之記所之書也、……同三月七日宿所出立、八日夜品川ニ着ス、同九日神奈川松崎公止宿、大黒屋へ午時着ス、根本君ニ対面ス、十日雨天昼ゟ是ヲ写ス、

秘書　忠善(18)

この時筆写した情報は「浦賀紀行・応接之噺・角力」と題された情報集に記されているが、それには浦賀における応接の詳細な様子、異船渡来の節の聞き書き、応接場の絵図や応接の人数、進献の品や馳走の品などが詳細に記されている。この時以外でも根本から多くの情報を入手しており、大久保家にとっては貴重な情報源であった。

根本からの書簡も一点残されている。

寒中に御座候処御家内様御揃珍重ニ奉存候、然者其御地遊歴中万事御世話筆紙ニも難述、帰国以後早速可申達之

処知行所罷下り、其故御不沙汰不悪御思召被成下度奉存候、野生事去九日軍船幷大筒かかり被申付、此節養賢堂寄宿罷在候間先々御安意被下度奉存候、雨窓事去夏より大病相煩、此節も本服とハ乍申、然とも不仕候故書面もよほどものうしく候とて文略仕候間、是又不悪御思召被下度奉存候、国許ニても尤秋軍船弐艘出来、明春又大軍艦造成可仕候、野生事明年中ニハ炮術稽古之為出府いたし可申候、其節ハ万々可申述候

十二月十三日　根本兵馬

大窪七郎兵衛様

尾見定次郎様

この書状は、雨窓の病気について触れていることから、先にみた新井雨窓の書状〔6〕とおそらく同時期に届いたものと思われる。このような、書状のやりとりを通じても情報交換を行っていた。

以上交流の実態と仙台藩士たちの意図についてみてきたが、ここでも問題となってくるのは、それら仙台藩士たちを積極的にうけ入れていく大久保家とその周辺の人々の意識である。大久保家の場合仙台と江戸を往来している新井雨窓の「王郎社中」を通して、仙台と江戸の両方の文化を吸収し、書籍を借りたり書画の世話をしてもらうなど文化的な満足を得ていた。さらに文化面のみではなく異国船情報も得ていた。既にみたように、大久保家は弘化三年にはアメリカ船来航の報を衣笠氏からうけており、黒船来航には早くから危惧の念をいだいていた。そうした大久保家であっただけに、安政期より蝦夷地警備のために軍備を整えていた仙台藩の動きについては強い興味をいだいていたと思われる。事実、前述の如く根本兵馬から黒船に関する極秘情報も得ているのである。

以上にみられるように、幕末政情に関する情報[19]を積極的に入手していこうとする意識が大久保家とその周辺の人々にあったと考えられる。そして雨窓たちの意図もあいまって大久保家は結果的に大きく政治的影響をうけていくこと

になる。

仙台藩士と大久保家との関係は元治元年まで日記に登場する。だが、文久期以降は嘉永期以前と比べると、その登場回数は激減する。元治元年天狗党の乱以降は交流が途絶えたと考えられる。

3　国学者色川三中と大久保家

大久保家に思想的影響を与えた人物に土浦の国学者色川三中[20]がいる。仙台藩儒者たちとは異なり、色川三中との関係は、大久保家から積極的に教えをうけに土浦へ出向いていることからみても、より強い思想的影響をうけたと考えられる。

日記の記載によると、大久保真菅が色川三中に入門したのは嘉永四年のことである。大久保家と色川三中との交流は菅谷村隣村の沼森村鷲神社の神主高橋上総介・相模・靫負等高橋一族との交流を媒介として始まっている。高橋氏と大久保家との関係は、その地理的な近さからしても嘉永期以前からあったと思われ、その内容も弘化四年十月十五日上総介が立院の金談に来たり、同年十月二十七日には「種々物語之内香取谷原売度申候ニ付権左衛門同道ニ而右地所見廻……」といった金銭上の交流や、嘉永元年一月七日の記事に「沼森高橋君短冊之句写」とあるような文化的交流などごく身近な関係であったといえる。だが、高橋氏は、神主という比較的行動が自由で、他の神主連中との横のつながりがあり、幅広い人間関係を形成するのに有利な立場にあって、早くから色川三中等の国学塾に入門し、地域の文化人や仙台藩士新井雨窓のような外来の学者等とも交流をもち、政治に対する関心も身につけていたようである。大久保家はこういった高橋相模のような人物に導かれて色川三中に入門し政治への関心を広げていく。それ以降高橋氏と大久保家とは常に政治的に密接な関わりをもち、例えば嘉永期高橋相模は三中一門として農民武装計画[21]の中心となっていくが、大久保家父子もこの運動に協力しており、また上総介は真菅とともに天狗党の乱に参加して討ち死にしている。

大久保家が色川三中に入門してしばらくの間は、沼森村神主高橋氏を介して三中との手紙の交換が頻繁に行われている。(22)日記でわかる限りでは、嘉永五年一月から七月までの間に一三回のやりとりがあり、以降は土浦の色川家に逗留することが多くなっている。また、後述するように水戸藩へ砲術修行に出かけている間も頻繁に色川三中を訪ねていることが、三中の日記『片葉雑記』(23)から知ることができる。

ところで大久保家特に真菅は何を意図して三中に入門したのであろうか。そして具体的には何を学びどんな影響をうけたのであろうか。まず、何を学習し何を行っていたのかについてみてみたい。

一つは「古訓古事記」・「日本紀」・「続日本紀」・「万葉考」・「東鑑」・「祝詞考」・「古事記伝」等の古典の研究である。三中はこれらの書物を江戸からわざわざ真菅のために取り寄せている。この古典の研究は三中自身の田制の研究に繫がるものであると思われ、真菅にも協力させたのであろう。安政二年には三中門人たちによって「制地図解抄」が、翌年には「田令図解抄」が筆記され完成されている。(24)

二つ目は、三中が特に慫慂したところの郷土史研究ことに在地での史料探訪である。これも第一に通ずるものであるが、真菅は暇をみつけては多くの古文書や遺物を発掘して三中に贈っており、これは三中死後も、真菅が天狗党の乱に参加する直前まで続けられている。このことは、真菅にとって史料調査や郷土史の研究・及びそれによって培われている歴史意識が、現実の政治活動・政治意識と密接に関わっていることをしめしている。また、幕末の政治運動が、歴史性に規定されて行われていたこともこのことからあらためて確認することができる。

三つ目は稀少な書物の筆写である。三中が真菅に与えた最初の課題は「東国無上の至宝にて、実々此書によらず候ては近古東国戦争の始末は決して知れ兼ね候」[25]といって嘉永五年二月に託した「関東古戦録」全二〇巻の筆写である。真菅はこれを自分一人の手に負えないので、瀬戸井村名主郷助に応援を頼んで短期間のうちに写し終えている。こうした筆写及び校合は、三中蔵書を使っておそらく何冊も行われたのであろうが、現在大久保家文書中に色川蔵本の筆写と明記して残っているのは、「鎌倉大草紙」・「承久記」・「系図元本中山信名集」のみである。これらの書物の最後には、真菅のみでなく忠善のサインもあり、忠善も父や三中の影響をうけてともに筆写作業を行っていたことがわかる。大久保家文書にはそうした筆写本もあわせて真菅と忠善が幕末に集めたと思われる蔵書が全部で約一六四冊[26]も残されている。

では真菅が三中門人となり、以上のような学問をしたことの意味は何であろうか。それは大久保真菅の入門の意図にもかかわってくることである。まずいえることは、入門の時期が、私有地根ノ谷原への尊徳仕法導入の中止の時期にあったことから入門の目的の第一は三中による田制すなわち農政研究を学ぶためである。これは、おそらく原地開発の原動力である真菅の村方地主としての意識に基づくものである。また、郷土史研究や古典ことに「関東古戦録」等の筆写研究は三中の研究の援助となる他に、大久保家の祖先の偉業を明らかにすることにも繋がっている。

上記のこと以外で大久保家が色川三中から得たものとしてさらに二点指摘できる。ひとつは、色川宅には多くの学者・諸藩士・志士・町人たちが集まってきており、情報源としての機能をもっていたので、色川家に出入りすることによって真菅も人間関係が拡大し、政治・経済・社会の動向に関する情報を入手することができたことである。色川家の交流範囲については中井信彦による色川三中の情報集や日記などからその情報提供者を整理された研究があるが[27]、それによると木原行蔵・五頭玄中・長島尉信といった土浦藩士、土浦及び周辺町村民、水戸の色川家の縁者や高田与清門下の歌人たち、津和野の国学者大国隆正、後に足利三代木像梟首事件をおこす平田門下の三和田綱丸、香取神宮の神官香取左織、佐原の清宮秀堅・伊能頴則、潮来の宮本水雲、伊予大三島神宮で温古堂（和学講談所）に留学中であった菅右京、その他府中の医師小沼貞斎、山崎知雄、黒川春村ら著名な考証派の江戸の和学者、そして大久保真菅や神官高橋相模等も加わって、非常に広大な人間関係を有していた。また色川家が商人としても特権的立場にあり、幕府御用達であったことから、その筋からの情報も多かったと思われる。

大久保家と色川家との情報交換の実際は三中の日記『片葉雑記』や書簡からその一片を明らかにすることができる。三中の情報集『草之片葉』[28]中には大久保家が提供したと明示されている情報が四点記載されている。即ち「不可和十ヶ条海防愚存別紙（水府公）」「随足建言之内　丑七月」という水戸で仕入れた情報や、「横浜応接聞書写」・「嘉永七寅三月茅野福次郎手簡写」である。これらのうち「随足建言之内　丑七月」「横浜応接聞書写」は現在のこる大久保家の情報集に同じものが記録されている。逆に大久保家が集めた情報の中には色川家から入手したと思われるものが記録されている。[29]またこういった政治情報のみでなく、相場の変動や社会情勢に関する情報も交換されている。例えば嘉永四年七月三中宛の書翰[30]には古河町境町の大豆・小豆・小麦・米の相場を書き送り、その返事と思われる真菅宛の三中書簡にも土浦地方の米相場と社会情勢について記されている。

このように大久保家にとって色川家に出入りし政治的・経済的・社会的情報を得ることは、めまぐるしく変動する幕末政情下にあって村落上層民が生き残るために必要なことであった。同時に大久保家自身の人間関係をも拡大し多くの人々から政治的な刺激をうけることによって、政治への関心を深めていったのである。

もうひとつは、真菅が色川三中から武士批判を含めた世の中に対する批判的な見方を学んだということである。即ち三中は武士階級に対して「大名は扨置ぬ、今の世に旗本といへるものぞいと心得ぬものなりける……」[31]という見方をしているが、真菅はそういった三中の話をきいて「此間は昇堂仕、世上の有形御教諭被成下置殆徹身胆有難仕合奉存候(32)」と記し、自分自身も「誠に申上兼候得共、（壬生藩は）具足一領も用立不申由、鉄砲は不残ふけ筒に相成、歎ヶ敷次第、残念此事ニ御座候、君の禄をむさぼり妻子を養育仕居候御家来、壱人として心付不申段誠に家運も傾く哉と歎息仕候、其上陣所取締の御役是又危急存亡之義と奉存候(33)……」と激しい武士批判を展開しているのである。三中は真菅の政治的行動に対しては全面的に協力し、例えば黒船再来を期しての武器の準備、従軍願い等に対しては「誠に不勘涙雀躍の仕合奉存候(34)」とまでいっている。そして嘉永七年真菅の水戸行きの際には経済的援助も惜しまなかった。

以上の如く色川三中が真菅に与えた影響は大きかったのであるが、一方経済面での、商人としての色川家との関係はどうであったろうか。それについては、前述の如く相場や社会経済情勢に関する情報交換は行っていたが、少なくとも三中存生中はあくまでも国学の師と弟子の関係であったと思われ、商業上の取引を示す史料は残っていない。だが三中死後の文久期に色川家と大久保家との間で醤油と干鰯の取引があったことが史料からわかる(35)。ただし、これは一方的に大久保家が色川家から購入するのみでしかも史料も文久二年一年間のものしか残っていないので、真菅の入門の目的が当初から色川との商取引にあったとは考えがたい。

色川家との関係は、安政二年三中没後も続き、大久保家は引き続き土浦の色川宅にも出入りし、文久二年までは日記に現れている。だがそれ以後の交流は日記には全く記録されていない。このことは、色川家と大久保家との関係が、嘉永期という異国船問題の発生、黒船来航という特殊な社会的状況下において形成されたものであることを物語っている。それは、同時に尊徳仕法の導入を断念した大久保家が、家政の機軸の転換を模索する時期でもあったと考えられる。

四　文久期以降の諸藩と大久保家

文久期以降大久保家の人間関係は大きく変化する。中でも元治期を境として大きく二分される。文久から元治にかけては、いまだ仙台藩士・水戸藩士との関わりが色濃くのこっている時期で、剣術修行人などの浪人が多数立ち寄っている。神主との交流もまだ多く記録されている。この動きは、大久保真菅が参加した元治元年の天狗党の乱との関わりであることはいうまでもない。慶応期に入ると登場する人物にも変化がみられる。この時期に特徴的なのは、桑名・松山藩との交易の本格化と江戸への進出である。以下、文久期以降に特徴的な、水戸藩との関係、桑名・松山藩との関係について詳しくみてみたい。

1　政治運動への参加と水戸藩

嘉永六年九月大久保真菅は仙台藩儒者根本兵馬のすすめにより、また色川三中の許しも得て水戸へ西洋流砲術の修行にゆく。この間の様子を「真菅日記」は次のように記している。「(嘉永六年) 十一月五日火除ニ付帰路之砌仙台根本先生入来終夜物語、西洋流炮術相初申候趣ニ而色々之談事有之一日二夜物語之」とある。この時根本兵馬はこれからの砲術は西洋流でなければとても外国にはたちうちできないことを力説したに違いない。翌六日真菅はさっそく入門の相談のために土浦へ行き、「色川御氏へ西洋流稽古致べく旨談候処、同月八日水戸へ罷出可申旨ニ而出立」する。翌日水戸藩士で三中と旧知の仲である石川孝三郎と対面し、同人の世話で同十二日水戸藩砲術師範福地広延に入門している。この時の水戸行は入門のみが目的であったらしく二日間の滞在で帰宅しているが、帰宅後四度目に出した壬生藩への従軍願いが否定されたことで真菅の意は決したらしく「依之領主之義者倅七郎兵衛相続致し差支無之」とし、家のことは一切息子の忠善にまかせて自らは水戸へ本格的に砲術修行に出ていくのである。

嘉永七年ペリー再来の時にようやく壬生藩が真菅に郷足軽人足としての従軍を求めてきた時には、従軍はかねてより出願していたが現在は水戸で砲術修行をしており、今郷足軽組に入れられては「困窮ながら折角入用相掛稽古致候術」が「何の御用にも相立ち申さず、……御上様において若し右砲術御用い相成らず候節は、神発流熟し候上何方なりとも罷出、闔国の御用にも相立候様との志願」であると申立、その徴用を拒否している。

水戸藩での砲術修行の間には真菅と同じように水戸藩郷校神勢館に出入りし砲術修行をしている豪農や神官連中との交際もあったようで、日記に「久慈郡下宮ノ近津陸奥守殿に面謁ス、御朱印三十六石と言、支配者人九人有之、是も炮術修行之由頼敷人柄也、又袋田村桜岡源二郎と云人ニ別而懇志を結ぶ、種々物語之上再会を約す」とあり、後日桜田門外の変をおこす水戸浪士の背後にいたと思われる豪農との交流もさかんであったらしい。また真菅は積極的に近隣の豪農宅を歩きまわって炮術修行の仲間を募った。例えば、河原代村の木村藤左衛門は真菅のすすめで水戸に修行に出ている。その他水戸の郷士で後に天狗党の乱に参加する菊池忠右衛門とも菅谷村近村水口村の砲術役所にて会い懇志を結んでおり、真菅は彼の紹介で鎗術師範里見鉄之助に入門している。一方水戸藩尊攘改革派の藩士と大久保真菅との関わりであるが、安政期のものと思われる天狗派の水戸藩勘定奉行住谷長太夫とその子寅之介からの書簡(36)が残っており、その内容からすると極秘に近い情報も記されており、真菅が水戸藩尊攘運動の深い部分に関わっていたことを示している。それは書中にみえる住谷長太夫長男寅之介が文久元年東禅寺英国公使館襲撃事件後の圧力により老中安藤襲撃を計画し、慶応三年に暗殺されるという経歴の持ち主であることからもわかる。また真菅の同志には塚田楊園などの水戸藩尊攘派がおこした諸事件関係者が多くいたのであって、真菅がそれらの事件に参画する可能性が十分にあったということからもわかるのである。またこれらの書中には真菅の次男で村田村尾見家に養子にいった貞二郎の名もみえており、彼もまた水戸藩に出入りしていたことがわかる。

ところでこういった人々との交流が、大久保家の親戚関係や近隣の村人との交流関係を含み込むかたちで展開している点にこの時期の特徴がある。例えば嘉永七年に真菅の協力のもとに三中一門が中心に行った武器製造・農兵部隊結成計画においては高橋相模や忠善も活動しており、安政二年四月七日には「水戸鳥狩有之候、四立ニ而行」とあって、倅の忠善・親類の村田村尾見貞二（定次）郎・清三郎・久五郎・吉田村桂助も水戸まで真菅に同行している。また前述の如く尾見貞二郎は水戸藩尊攘派との交流もあった。その真菅以外の大久保家の人間も、寅之助の手紙に「児孫今皆成長御察候、依而ハ江府へ為御登可被成候、何分御引立文武修業為致可申候」とあるように、水戸藩士との交流がうかがえる。さらに真菅が安政年間神発流の免許皆伝となって帰宅してから、その技術を活かして弟子をとったり、近隣諸藩に招かれて砲術指南をする他、近隣の村々を歩き廻り、砲術修行の仲間を集め、しばしば集会を開くなど組織的な行動をとっていたことは既述のとおりであるが、その砲術修行仲間には、木戸村飯田軍蔵・馬場村喜六・若柳村五三郎・諸川町寄場組合大惣代三郎兵衛・「惣社の社人」・親類の村田村尾見貞二郎と川尻村赤松新右衛門などがいた。彼らは基本的には決起に走ることは本意ではなく、結局彼らの中で天狗党の乱に参加したのは飯田軍蔵と大久保真菅のみであったが、この時期このように政治運動に参加するしないにかかわらず、支配領域を越えた横の交流が想像以上に頻繁であったということは注目すべきことであろう。

文久期に入ると尊攘運動の中心舞台が京都に移り、文久二年坂下門外の変以降水戸藩内の尊攘運動が停滞したせいもあり、真菅自身も際だった動きは示さず、しかしながらあいかわらず同志を募り砲術修行をしていたようである。

一方この時期大久保家では製茶業の開始及び茶・炭・真木等の諸商品の江戸への出荷を開始するなど家政の面で新

たな展開がおこっている。真菅は取引の段取りをつけたり、真菅園と名付けた茶園を経営するなど家業にも力を入れ、また親類の嫁の世話や村方一件の仲介人など村の雑事にも追われていた。だが文久三年三月前年度におきた生麦事件に対する賠償請求のために英国が神奈川に来航し、事態が切迫したのを親類尾見氏からの手紙で知り、にわかに真菅の行動は活発化する。急遽江戸へ出立し、かねてより江戸に出て大久保家とともに交易の仕事にたずさわっていた江連村の鈴木善右衛門江戸店を拠点に情報を集めまわった。五月十七日帰宅後は砲術修行の仲間を廻村、同志を糾合、十月大久保宅へ集合、十一月には鉄砲製造所のある長左衛門新田へと皆でむかっている。翌年四月にかけてこういった行動が繰り返され、四月二日武器が長左衛門新田より大久保家に届けられ、四月七日水戸浪士の出した差紙をうけとりさっそく翌日宇都宮に出立し、そのまま砲術仲間である木戸村名主飯田軍蔵、沼森村神主高橋上総介らとともに天狗党に入隊する。そして九月天狗党が敗走を続ける中、茨城県矢之下村にて農兵隊に囲まれ自刃している。

忠善父子は同年九月真菅が天狗党に参加した咎により慶応元年五月までの一〇ヵ月間壬生藩に身柄をあずけられ入牢させられるが、親類一族の嘆願によって無事出牢することができた。

2　開港以降における家政の機軸の転換—桑名藩・松山藩との関係

桑名藩と大久保家との関係は近世初頭慶長期に遡ることは前述したとおりであるが、その後大久保家の家政の困窮によりその関係は途絶えていた。しかし、嘉永六年ペリーが来航した時、大久保家が壬生藩に対して出した従軍願いに、その願いを出す理由として大坂の陣で桑名公の家臣として従軍し、戦功があったこと、その恩賞として根ノ谷原を賜ったということがあげられたのを最初に、文久二年から関係が本格的に再開する。そしてそれは大久保家一家のみではなく近隣の豪農商層をも含み込む形で展開していく。この文久二年を境に、大久保家の経営は大きな転換期を迎えることになる。もちろんこの動きの背景には安政期における開港があったことはいうまでもない。

ところで、文久二年というこの時期に桑名・松山両藩との交流が再開される理由が他にもみられる。大久保家が桑名・松山両藩と交易を開始した文久二年には村では三つの問題が持ち上がっていた。ひとつは安政六年よりたたかわれてきた苅橋村との借金出入、(37)ひとつは文久初年より若村との間で生じた御林と根ノ谷原との地境争論、(38)今ひとつは文久二年十一月の古河宿助郷免除嘆願(39)であった。これらのうち若村の一件では、相手の若村のものが御林であることを理由に強硬な態度を示しているのに対して、大久保家の方は根ノ谷原と桑名公との関係を持ち出して対抗したようで、文久二年七月三日に壬生藩領代官山本又助に若村一件について願書を提出しているが、その前日の二日に桑名藩に対する交易再開願いが出されている。そして文久四年二月十二日には「若村御林一件添簡嘆願出ス」とあり、桑名公に添簡を依頼していることがわかる。また古河宿助郷嘆願では忠善が嘆願の惣代にたつが、日記に十一月三日「松平越中守様へ御目見之訴書出ス　割元頼」とあり、桑名公に対して古河宿助郷嘆願の添簡を頼んでいるのである。おそらく在地における共通の問題があって、豪農・村役人たちが幕府に対峙しうる権力として桑名公に結びついていこうとしたのだと考えられる。(40)

松山藩の方も文久二年の同じ頃から取引が始まるが、その発端は既に茶商人として活躍し、海外輸出にも成功した中山伝右衛門(41)を介して始まったことがわかる。(42)伝右衛門が大久保家にこの話をもちかけてきたのは、松山藩主で老中の板倉公が、桑名公の息子であることと無関係ではあるまい。こうして桑名・松山両侯との交流が開始するが、文久段階ではまだそれほど取引は活発ではなかった。

ところで日記の記載からすると、この桑名・松山両藩(43)との取引が大久保家のみの行為ではなく、その背後には仁連町鈴木家・川尻村赤松新右衛門・三坂新田猪瀬家等の大久保家の親類の豪農層が多く関わりをもっていたと考えられる。例えば「江戸御舟蔵鹿野有一郎辰当水書宗二郎・老中内藤豊後守辰当新井」といった記録があるように、取引相手には大久保家の親戚関係にある菅谷村近隣の豪農がそれぞれ担当者になっている。また、鈴木善右衛門は既に江戸に店を構えており、大久保家も文久期には鈴木氏の江戸店を拠点に活動しており、桑名・板倉両侯との取引も多くはこの鈴木氏との相談ですすめられていた。また大久保家の親類のみでなく、辻七郎左衛門等を始めとする郷里の豪農も数人この交易に関わっていた。これらのことから、大久保家が桑名・板倉両侯との交渉をもつにあたっては、親類連中をはじめとする郷里の豪農の要望が背後にあったということが予想される。

文久期における大久保家の取引相手としては、桑名・板倉両公以外では、大久保家の親類中原清右衛門が名主をする谷貝村の領主堀田土佐守家臣園田忠兵衛や老中板倉公との関係で水野出羽守がいる。また前述のように老中内藤豊後守や江戸御船蔵鹿野有一郎などの幕府関係者の名も取引相手として日記に登場している。

これらのことからすると、大久保家を中心とするこの地域の豪農層は幕閣関係者と経済上密接に関係していたことがわかる。しかも仁連町の親類鈴木家の江戸店が文久二年大名帰国令が出たときに水野家の奥方女中衆が水野家の菩提寺山川万松等にひきうつっていく時の中継地点であったこと、また真菅がこの鈴木家の江戸店に寄留して政治情報を集めていたこと、さらに文久三年十一月に老中板倉に対して幕政改革に対する意見書を提出していること[44]からもわかるとおり、幕府関係者とは政治上のつながりもあったということができる。

さて、文久期より始まった桑名・松山両藩との交易は元治元年天狗党の乱がおこり、父真菅が乱に参加したかどで忠善父子もとらえられたためにいっさいが中断してしまうが、親類一統の嘆願により無事出牢することができ[45]、その直後慶応二年五月再び親類一統による桑名公への交易再開嘆願によって交易が再開されることになる。一方忠善が出牢した慶応元年五月はちょうど第二次長州征伐の時期にあたっており、幕府方は大量の軍事物資を必要としていた時期でもあった。特に桑名藩では馬の餌である大豆が不足していたこともあって、桑名・松山両藩にとっても大久保家との交易の再開は必要であったと思われる。忠善らが無事出牢することが出来たのも、彼らが幕府軍の重要な軍事物資の供給者であったこととも関係があると思われる。大久保家とその親類連中はこの機に乗じて家政の再建をはかったのであろう。

　交易が再開されて本格化してきたのは慶応二年に入ってからである。文久期の交易では既に江戸に出て商売をしていた仁連町の鈴木善右衛門の江戸店を拠点としていたが、慶応期の取引では忠善自身も村政は息子の七郎にまかせ自ら江戸に出て奔走するため大久保屋江戸店を設けた。当初は堀田讃岐守の長屋をかりて商売をしていたがそのうち手狭になったため桑名藩に頼んで桑名藩の長屋を借りて新しい居宅として商売をすることになる。その際「広瀬様（桑名藩士）罷出、右一件御内談申上候事、金廿五両也御勘定所ニ而受取」とあり、居宅を移るに際しては桑名藩から経済的援助があったことがわかる。慶応二年五月の「奉拝借金子証文之事」によると桑名藩勘定所から居宅資金として一五〇両も借りている。その他日記に出てくる金額をあわせると、大久保屋の桑名藩勘定所からの借金は総額二三六五両にものぼっており、その経済的援助が一部分ではなく、ほとんど全面にわたっていることが予想される。そのことは、大久保家の江戸における桑名藩との取引が単に大久保家からの要望にのみによるのではなく、桑名藩側も強く希望していたことを示していると思われる。大久保家は五月十四日桑名藩の世話により本材木町六丁目に移転し、八月には店支配人を別にたて川辺七番組炭薪問屋仲間加入の願書を提出して聞き入れられている。桑名藩との交易は、日記でみる限りその主なものは大豆であり、大久保家が大量の大豆を買い込みそれを伊勢国の桑名藩の方に送っており、慶応二年のみで四一七七俵にものぼっている。さらに桑名表の大豆が十分になったら尾張国の方にも大豆をまわしてくれるようにと桑名藩に願い出てもいるのである。その他軍事物資として味噌や薪・炭等も取引していた。

松山藩との取引は、もともとその発端が中山伝右衛門の誘いで始めたせいもあって、松山藩産物会所を中心とする茶交易が中心であった。この取引に奔走したのは商人では中山伝右衛門の他、横浜で茶交易を行っている森屋、大久保屋が茶の買い付けに利用した浅草の伊勢屋、小鹿原屋などがいる。国元からはお茶のみではなく真木・炭等も送ってきた弓田村藤蔵や、桐ヶ瀬村小兵次、川尻村中山孝兵衛等が出府して活動しており、また国元においては大久保家の真菅園・谷貝村中原氏の清国園等の茶園が、文久期茶製の触が出て以来さかんにつくられており、江戸の大久保屋へお茶が運ばれている。お茶はいったん江戸大久保屋のもとに集まり、松山侯産物会所へと運ばれた。そしてその一部は横浜の森屋へと輸送されている。この時期桑名・松山両藩以外で大久保が取引をもった相手は、他に四月一八日に記録のある御鎗奉行である本多邦之輔の臣小川東馬・中山清治郎、六月十日、二十二日、二十七日、七月十七日とその名がみえる三橋国之介内松浦武四郎等がいる。また文久期以来の旗本堀田氏の臣園田忠兵衛とも取引があり、大久保家に対して経済的援助も行っていた。

このように一見順調にすすんでいたかにみえた取引も第二次長征に幕府方が失敗すると同時に雲行きがあやしくなり、八月二十八日には「不残破談」、九月二日には「一切差支申」す状態となり、日記も慶応二年の九月十七日で途絶えている。翌慶応三年の日記をみるとすでに国元にひきあげていることからすると、この七月から十二月に後始末をして引き上げたものと思われる。桑名藩との関係はその後も慶応四年段階まで続いていたようであり、二月三日「桑名様御納味噌六本境へ出シ」、三月九日「桑名様御女中御引越之趣……」、三月十四日「桑名御家来三人着致し……」、三月十九日「石井軍助様御陣屋へ出」、三月二十六日「石井様大宝辺へ主人同道行」などと記事がみえている。

大久保家が慶応期に幕府方に加担したせいもあってか、明治以降少なくとも三年までの日記に見る限りでは、大久保家の人間関係はその精彩を失い、家族を中心とする日記に変貌している。大久保家の日記もその点を反映してか、維新政府や壬生藩からの触書の日記に占める割合が増加している。

五　大久保家の親戚関係

大久保家の親戚関係については、既に表4で検討したように、広い地域にわたって存在している。だが、この親戚関係も弘化から嘉永期までと、文久期以降では、その特徴が分かれる。親戚関係の記載の割合は、尊徳仕法導入が試みられた弘化三・四年が多く、それ以降徐々に減少し、文久期桑名藩・松山藩らとの茶交易が開始されたころから増加をはじめ、天狗党の乱での親戚一同による大久保一家の免除歎願を経て、江戸に出店した慶応期にピークを迎える。全体としてみると、文久期以降に登場回数が増加してくるのが特徴である。これは、この時期から付き合いの回数が増加するものや、いままであまり付き合いの無かった親戚さえもが、大久保家と関わりを持つようになったこととも関係する。

このように、時期によって、同じ親戚関係でも付き合いのあり方が異なっている。以下ではその点をみてみよう。例えば、吉間村尾見家、谷貝村中原家は、弘化・嘉永期に多く登場する。これは尊徳仕法導入の際に積極的に関わりをもった親戚である。一方、友沼村菅谷家・石下町新井家・石岡町税所家・筑波町広瀬家・江戸八丁堀旗本家臣・川崎宿さかたや主人など、文久期以降から登場し、それ以前には出てこない親戚は、大久保家が江戸に出店し、本格的に商売を始めた時期に大久保家とかかわりをもつようになった親戚である。

仁連町鈴木家・貝谷村杉山家・川尻村赤松家・八丁水垣家・馬場村秋葉家などは、弘化・嘉永期から日記に登場するが、圧倒的に文久期以降の登場回数が多い親戚である。彼らは、争論の相談・年始・見舞い・金談・縁談など日常的に交流のある親戚であるが、茶交易、江戸への出店の際には特別協力した親戚たちである。また馬場村秋葉家の喜六は、大久保真菅とともに砲術修行をする仲間でもあった。

村田村尾見家・三坂新田猪瀬家は、通年で登場する親戚である。特に通年で登場する親戚の中でも、村田村尾見家は圧倒的に登場回数が多く、大久保家との関係が密接であることがわかる。尾見家の中でも特に深い関わりをもったのは、尾見貞二郎である。貞二郎は、真菅の次男で、尾見家に養子にいったものであり、養子にいってからも、大久保家との関係は密接であった。仙台藩士・水戸藩士・色川三中・桑名・松山藩などとの諸関係すべてに深い関わりをもち、真菅や忠善と行動をともにした人物である。

このように、同じ親戚関係でもいくつかの類型がみられる。これらの付き合い方の違いは、それぞれの時期における大久保家の意識と行動の変化によるものである。しかし全体的に文久期以降親戚関係との付き合いが増加していることは、開港期以降の、弘化期以来の原地の開発といった村方地主としての活動から、茶・薪炭の販売といった商業活動に力点を置くという大久保家の家政の転換が大きく影響していると考えられる。さらにそのことは、大久保家の経済活動が、親戚関係を中心とする地域の経済活動と密接に関わっていることをあらわしている。

ところで、大久保家と親戚関係にある家々は、どのような特徴をもっているのであろうか。大久保家の親戚関係の内特に大久保家との関わりの深かった三坂新田猪瀬家、川尻村赤松家、貝谷村杉山家、村田尾見家、馬場村秋葉家についてみてみたい。

三坂新田猪瀬家は、その先祖については不明であるが、一説には、始め下野に居住し徳川家康関東入国の後、伊奈備前が関東治水に奔走していたころ下総に移住しその麾下となって石下村南方荒地の開拓にあたり、そこに代々名主として居住したのが最初であるといわれている。(46) 猪瀬家と大久保家との間で婚姻関係が結ばれたのは、記録に残る限りでは幕末期猪瀬豊城の娘が大久保家に入嫁したその一回限りである。ちなみにその妹は、貝谷村杉山家へ嫁いでおり、従って大久保家と杉山家は親戚関係となっている。猪瀬家の村内外におけるつきあいをみてみると、まず猪瀬豊城の八十歳を祝った時の記録である「万延元年十月十日八十翁賀莚連名記」[47]によると、この日祝いに来たのは、下栗村平石家、下妻町稲葉家、貝谷村杉山家、岩井村間中家、同門人、鯨村国府田家、左平太新田稲葉家、崎房村秋葉家、三坂村猪瀬家、上代谷村飯塚家、真瀬村飯田家、水海道村鍋屋・釜屋・江戸屋・滝川家・秋葉家・慶長家、菅谷村大久保家、石下町新井家、川尻村赤松家、馬場村秋葉家、尾崎村秋葉家、豊田村荒川家、浜野辺村坂野家、村方連中等であり、大久保家もその中に入っている。また猪瀬家のつきあい関係ではあるが、杉山家・秋葉家・新井家・赤松家等大久保家の親戚関係も多く含まれている。また嘉永元年猪瀬家の家政立て直しの際に資金集めのために催された報徳会の記録によると[48]、この時出資したのは、真瀬村飯田三郎左衛門、水海道村慶長半兵衛、中妻宮川八手司、水海道秋葉謙吉・釜屋利兵衛、作谷村飯塚新右衛門、水海道秋葉嘉吉、貝谷村杉山瀬兵衛、菅谷村大久保七郎兵衛、馬場村秋葉源治郎、同猪瀬利八であり、やはり大久保家が親類として名を連ねている。また猪瀬家に今に伝わる御蔵の棟札によると、その御蔵は明治十一年菅谷村大久保七郎兵衛主宰の頼母子講の猪瀬家の当り金と、三坂村猪瀬清兵衛、水海道村滝川安蔵の当り金をあわせて建てられたものであることがわかる。このように地域における慶弔時といった日常的なつき合いや、報徳会のような家政立て直し等家の存続に関わるような場合には必ず親類縁者が多く集まり、大久保家もまたそういうつき合いの中にあり、一定のコミュニケーションを保っていた。このような日常的に形成された人的交流は文化面においても大いに発揮されている。例えば、明治三年猪瀬東寧が東両国中村楼において開催した画会の会費の収納簿[49]によると、国元において会員の斡旋や取次を行ったのは秋葉杢之助・大久保七郎兵衛・飯塚新右衛門・秋葉源二郎・杉山瀬兵衛・猪瀬太右衛門・滝川小兵衛等であり、いずれも猪瀬家の近しい縁者であった。

猪瀬家からは豊城・好古・愛竹・東寧・猗堂といった多くの学者たちが生まれている。彼らもまた学者として多くの学者・文人たちと幅広い交流を行っていた。豊城は、水戸藩立原翠軒、江戸の亀田鵬斎に学び、結城藩水野侯・下館藩石川侯の侍講にもなったことがある。[50]大久保忠善はその娘を妻にもらっている。好古の子愛竹は、漢詩に長け、保科九（涯）に師事した。同じく好古の子で、豊城の孫にあたる東寧は書画を好み、上洛して南画の大家日根対山に師事したり、水海道の儒者で豊城の弟子でもある秋葉桂園や五弓久文等に漢文を、また後に天誅組の主将となる藤本鉄石に国論・経史を学んだ。[51]

猪瀬猗堂は同じく好古の子で、幼名は猪瀬喜六といい後に猪瀬家と最も関係の深い親類秋葉家に養子にいって猗堂と改名した。喜六の名は大久保家の日記にもよく出てきており、幕末期ペリー再来を契機に大久保家等と共に砲術を修行する仲間でもあった。猗堂は漢詩文にも長け、国学者五弓久文・秋葉桂園に学び、また小野湖山・大沼沈山・鷲津毅堂・菊池三渓・大沢順軒・坂野耕雨等多くの文人等とも交流があった。またその親戚からも学者が出ており、岩井村間中氏の間中雲帆は、大生郷村坂野耕雨・水海道秋葉桂園等とともに北総の三詩人といわれていた。[52]

秋葉家[53]の遠祖は美濃国土岐氏の士族饗庭氏であるといわれている。その後一部が遠江国秋葉郷に移り、またその一部が下総国郡山郷大山村に移住し古河公方足利政氏に仕え、その後結城氏・多賀谷氏に属した。この系統が北総秋葉一族の源流であるといわれている。以後子孫が居地を分け、秋葉家は崎房村・水海道村・尾崎村・馬場村の四家に分かれ、代々各村の名主を勤めているということである。この四家は近世を通じて深いかかわりを持ち、享保の新田開発の折りには大生郷村坂野家も交え開発の頭取として活躍している。大久保家と親類関係があるのは馬場村と尾崎村の秋葉家であり、代々前者は源二郎を、後者は左平太を名乗っている。大久保家との婚姻関係は、系図の上では馬場村の方には確認できないが、尾崎村の秋葉家の方は、真菅の祖母にあたる人の実家にあたっている。ここでは、馬場村秋葉家の史料しか見いだせなかったので猪瀬家と深い関わりをもった馬場村秋葉家についてみてみたい。秋葉家の系図をたよりにその婚姻関係をみてみると、崎房村秋葉家、下館町中村家、岩井村中村家、三坂新田猪瀬家、大生郷村坂野家、関本村浜名家、川尻村赤松家、貝谷村杉山家、坂手村長塚家、菅谷村大久保家があげられる。秋葉家も猪瀬家同様多くの文人を出している。秋葉雪窓は、小野湖山・大沼沈山・中井乾斎・大生郷村坂野耕雨・猪瀬愛竹等、俳諧・書画をはじめとする学芸に秀でた多くの文人たちと交流し、自らも俳諧・書画をはじめとする学芸に秀でた文人たちであった。彼の父は大生郷村坂野家、母は猪瀬家の出身であり、妻は関本の濱名家の出であった。いずれも多くの文人を出した家であった。雪窓は子がなく三坂新田の猪瀬霞古の娘とくを養女にもらいとくの夫となったのが霞丘である。霞丘は儒学俳諧を学び特に漢詩に長じていた。霞丘にも子が無く養子としたのが猪瀬家から来たとくの弟喜六のちの猗堂であった。猗堂は晩年病気のため家政が執れないので、貝谷村杉山類助と坂手村長塚家の娘を夫婦養子としてむかえた(54)。霞丘は、漢詩を猪瀬家と婚姻関係にある間中家出身の間中雲帆から学んでいる。

川尻村赤松家(55)は播州赤松家の権律師祐弁が直接の祖であるといわれている。観応の擾乱に際し直義党に属して戦った罪が許され川尻に居住したということである。祐俊の代に古河公方成氏に奉仕し後に多賀谷氏の旗下に入る。近世初め多賀谷家の去った後川尻村で帰農したと伝えられており、関東移住後は秋葉家と類似の系譜を持っている(56)。赤松家の近世を通しての経営は他家同様史料が少ないため不明な点が多いが、明和年間になると河岸経営に乗り出し、明和七年には奥羽地方からの船積み荷物の取り扱いを始めた。明和・安永期から会津藩との関係が始まり、天保六年には再三の願いが聞き入れられ同藩の廻米売捌所再興にあたり廻米蔵元方に任命された(57)。赤松家の婚姻関係(58)をみると、貝谷村杉山家、鎌庭村人見家、上谷井村海老原家、大生郷村坂野家、下妻海老原家、沼森村古沢家、下館村中村家、高崎中久喜家、下谷井田村小川家、若村高徳家、菅谷村大久保家、花島村石塚家、吉田村尾見家があげられる。大久保家との関係でみると、寛永頃俊満の娘が大久保家に嫁いでいることが系図からわかる。その娘の孫の伊右衛門は吉田村尾見家を継いでいる。文化面では、赤松家では条之助・新右衛門（星橋）の二名が俳人として著名であり、嘉永元年刊句集「梅の雫」（雪窓主人編）[59]にもその名が見えている。大久保家の日記にも赤松星橋の名は頻出しており、日常的交流もさかんであった。文久四年八月の項には、星橋が大久保家に護身用の刀を借りに来ている記事がみられ[60]、その他村方出入が発生した時の調停者としてもよく出てくる。また嘉永期の砲術修行仲間として大久保・秋葉とともにその名が見えている。

杉山家[61]は、もとは静岡県近郷の平氏の流れをくむ豪族であったが、杉山大隅守の代に貝谷村に移り住んだのが始まりといわれる。現在杉山家に伝わる過去帳によると最も古い記録として「永正十六卯年十月久晶禅定定門　平氏紀行年六十四才」の記載がある。所持高は幕末期において村高二四一石中一〇一石余を有し、「名字帯刀御免」の家柄であった。職樹（寛永元年没）の代に「御鷹方野廻役」を仰せ付けられ二人扶持を給わっており、領主階級との関わりも密接であった。杉山家の婚姻関係について同家の過去帳から江戸時代のもののみをみてみると、大久保家の親類も多く混ざっているが、特に注目できるのは、八丁堀同心との婚姻関係である。またこの他慶弔時につきあいのある家として、猪瀬家と親しい水海道滝川家、同じく水海道の秋葉桂園を生んだ秋葉家、下妻大串家、沼森村石川家、若村赤松家、福田新田福田家、苅橋村十右衛門、結城町伊沢家、菅谷村大久保家、逆井村逆井家、古河町加茂家、水海道糀屋、沼森村高橋家、古河町坂本屋、川尻村中山家があげられる。杉山家については、大久保家の日記では、近村の村方一件の内談に、また見舞い・慶弔時のつきあい等で頻出している。

尾見家の祖先についてもはっきりしないが、一説に藤原秀郷の流れを汲む小山政光の長男朝政が尾見家の祖先でありその直系が代々村田四保城に居住したという[62]。尾見家は近世に入ってから吉田村の尾見家と吉間村の尾見家に分かれた。吉田村の尾見家の親戚関係を、系図上から江戸時代のものをみてみると、幕末期気象卓見所にあって大久保家に情報をもたらす木綿仲買人でもあった横根村横瀬家、下妻の野尻家、稲葉家、下谷貝村市村家、吉間村尾見家、江戸八丁堀の堀田公の臣園田忠兵衛、高道祖村吉原家、菅谷村大久保家がいる[63]。これらのうち江戸八丁堀に住む旗本堀田讃岐守の臣園田忠兵衛は、尾見家一三代である半蔵（天保十一年没）の娘屋以を娶っており、その屋以の妹勢以が大久保真菅の妻である。従って園田忠兵衛と大久保真菅とは義理の兄弟の関係にあったことがわかる。園田忠兵衛は、黒船が渡来したときに大久保家に多くの情報をもたらした人物であり、また文久期から大久保家が桑名・松山両藩と交易関係をもつ際にその仲介役となり、交易が本格化した時には荷物の受け渡し、販売にも関与し、さらに慶応二年大久保家が江戸に店を出すに際し、堀田公の長屋を斡旋したのもこの園田であった。また大久保家が園田より金子を借用している記事もみられる。幕末のこの時期大久保家や尾見家といった上層民が、園田忠兵衛のような旗本家臣と婚姻関係を結んで行くところにその政治的意図が見えてくる。一四代桂助は、大久保家の日記[64]にもその名がよく見え、弘化期の原地開発の折りには大久保家と行動を共にし協力している。一方吉間村尾見家については系図などの詳細は明らかではないが、大久保真菅の次男定次（貞二）郎が弘化三年十一月十七日吉間村尾見三郎右衛門方へ養子として入っていることがわかる。この定次（貞二）郎は尾見家に入婿した後も大久保家とは密接な関わりをもっていく。

吉間村の尾見家はいつごろからか不明だが「天保十一子ノ四月仲買衆へ渡し候廻状之覚」によると[65]既に木綿仲買人としてその名が見えており、また「嘉永五年木綿仲買人一覧表」[66]にも、村田村の仲買人として尾見周平・長吉、近江屋市右衛門の名がみえている。近江屋の名は大久保家の日記にも頻出しており、江戸や上方の往来の途中に大久保家に立ち寄ったりしている。さらに天保九年「醤油勘定帳」によると、下館の中村平左衛門家から尾見周助が九両で醤油を購入している[67]。また明治三十一年「尾見宗家履歴略記」によると「天保十一庚子年十一月醤油仕込蔵を新築シ醤油営業ヲ開始ス」とあることから吉間村尾見家がかなり手広く醬油醸造販売・木綿仲買業商売を行っていたことがわかる。[68]また江戸に店を持っていたのではないかと思われ、尾見定次（貞二）郎はしばしば近江屋とともに江戸へ出かけていることが日記からもわかる。彼は弘化期の原地開発の際には、下館藩衣笠兵太夫や二宮尊徳との交渉にあたっており、また嘉永六年には仙台藩儒者根本兵馬や新井雨窓などをつれて大久保家を訪問したり、大久保真菅とともに水戸藩にも出入りするなどその行動力は真菅に匹敵するものがあった。婿入り先の商売の関係からか情報の入手も早く、大久保家との書状のやりとりは最も多く、多くの政治・経済情報をもたらしたのも彼であった。

以上に見ただけでも大久保家の親類関係は何重にも絡みあっていたことがまずわかる。特に大生郷村坂野家・馬場村秋葉家・尾崎村秋葉家・鎌庭村人見家・貝谷村杉山家・友沼村菅谷家・川尻村赤松家・三坂新田猪瀬家・村田村尾見家・水海道村富村家・仁連町鈴木家の各家は、大久保家の親戚関係と複数の婚姻関係を持っており、それぞれが慶弔時をはじめとする日常的なつきあいの輪を持っていた。そこには大久保家を中心として見た場合広大な婚姻関係のネットワークが形成されていたのであり、それが情報網となる可能性をもっていた。

また、大久保家の親戚関係の特徴として、極めて政治的・文化的・経済的に同質な家々との間で婚姻関係が結ばれているということがいえる。それはひとつには、彼らの大半が、中世末期からの武家の系譜をもち、近世初頭土着帰農して村の指導者となったという由緒を保持している点である。彼らはいずれも郷士意識を所持しており、文化・学問の方面でも当初からいわゆる武士の文化に近い文化を所持し伝来しているものもいた。例えば川尻村赤松家は代々弓道を家業とする家柄で、弓道場を開き近隣の郷士子弟の教育にもあたっていた。[69]また俳諧でも近世初頭から著名な人物を出している。

二つ目の特徴は、彼らはいずれも幕藩体制支配機構の最末端に位置づけられているために領主階級とは密接な関わりを持っていた点である。いずれも各村々の名主であることはいうまでもないが、例えば貝谷村杉山家は寛政期頃より「御鷹方野廻役」を仰せ付けられており、御鷹匠とは密接なつながりを持っており、川尻村赤松家は天保期より会津藩の「廻米蔵元方」に任命されているのである。

三つ目は、彼ら自身の家系から多くの学者を輩出している点である。彼らの中には藩の侍講となるものまで出てきており、学問という点からすると領主階級との間にある壁はそれほど厚くはなかった。彼らは多くの学者・文人たちと交流し、藩校や私塾とのとながりも持っていた。またそれぞれの家が学者・文人を出していたので、親戚同志でその子弟の教育を依頼しあうということもあった。

四つ目は、彼らは同様な経済状況にあると思われ、大久保家の経済活動に協力する動きがみられる点である。例えば弘化年間の原地開発時に大久保家と関わりをもった人々は、下館藩士衣笠兵太夫・仕法導入のため各地を廻っている野州芳賀郡西沼村丈八、古河藩浪人斎藤勘兵衛、隣村松本村名主青木代八、谷貝村中原清右衛門、吉田村尾見桂助、吉間村尾見定次郎、同伊右衛門等であったが、このうち中原・尾見は大久保家の親類であった。特に開港という政治・経済の変化の中で、大久保家の親戚関係が新たな協力関係を持つということは当然予測出来る動きである。文久期よりの桑名・松山両藩との交易では川尻村赤松家・三坂新田猪瀬家・谷貝村中原家・石下町新井家・菅谷村水書家・仁連町鈴木家・筑波町広瀬家・村田尾見家・江戸八丁堀堀田土佐守臣園田忠兵衛等多くの親類が関わりをもっていた。このうち石下町新井家は江戸浅草平右衛門町に店を構えており、大久保家から出荷する荷物を江戸で受け取っていた。また文久二年四月八日の記録によると、老中内藤豊後守の家来が新井良助方に使者を送ってきている記事がみえる。仁連町鈴木家は大久保家が桑名・松山藩向けの茶・炭・真木販売のため江戸店を出す前に江戸における拠点としての役割を果たしていた。文久期には、鈴木家の江戸店が大久保家の江戸における商売上の拠点となると同時に情報収集の拠点でもあった。筑波町広瀬家も慶応二年の日記に「右同人持ち金百両也真木引当金拝借ニ成」[70]とあるように江戸での商売に際して大久保家が借金を申し出ているのである。さらに、天狗党の乱で一時桑名・松山両藩との交易が途絶えた後慶応期に入ってその再開の嘆願書を提出したのもこれら親類関係だったのである。

このように大久保家の幕末期における経済的諸活動は親類縁者を中心とした地域全体の動きとして展開していたのである。彼らは家政が傾けば親類一同で講を設けて出金し合うなど、お互いの家の存続のために互助的な活動を行っているのである。

五つ目は、こういった共通した経済活動の上に立って、幕府政治に対する意見も共通するものを持っていた点である。そのひとつのあらわれが、文久三年における老中板倉周防守に提出された大久保忠善による意見書である。[71]これは、改革組合村と大小総代による弊害、役人の不正や乞食問題等当時の社会問題の対策、及び新田開発の奨励・黒船襲来に備えての流通網拡大などの意見を述べたものであるが、大久保家個人の意見として書かれたものでありながら、その内容は明らかに大久保家と同様な北関東上層農民の利害・意見を反映したものであった。

六つ目は、彼らの中には、尾見家や杉山家にみられるような下級ではあるが武士階級と婚姻関係を結ぶ家があった点である。中でも堀田土佐守臣園田忠兵衛との婚姻は、大久保・尾見両家の経済活動・情報収集活動にとって大きな意味を持った。

以上みたように、大久保家の親戚関係は、大久保家の生産・流通・文化的・政治的諸活動の背後に存在し、大久保家の意識や行動を決定する上でも極めて基本的な意味をもつ存在であったといえよう。

おわりに

本章では、幕末維新期における大久保家の「日記」をもとに、そこに登場する人物を検討することによって、大久保家の意識の変化と人間関係の特徴を明らかにした。大久保家は、親戚関係を中心に、身分制の枠を越えて、幅広い人的ネットワークをを形成し、それ自体が大久保家を性格づけるものであった。しかしその人間関係も、開港以降文久期を境として大きく二分され、弘化・嘉永期と文久期以降では大きな変化がみられた。弘化・嘉永期には、弘化期における尊徳仕法導入にかける村方地主としての行動、嘉永期における異国船来航問題と尊攘思想への傾倒、尊攘思想の影響による国学への関心の深まりと、仕法導入の断念による家政の転換の模索を契機とした国学者色川三中への入門がこの時期の大きな特徴であった。

安政期の日記がほとんど見られないためその時期の詳細は不明であるが、おそらく安政から文久にかけて大久保家の人間関係に大きな転換があったと考えられる。そこには開港という大きな動きがあったことは見逃せない。文久期以降においては、このころから開始された茶交易を始めとする商売の試み、慶応期からの桑名・松山両藩との薪炭の取引など、江戸における商売へと家政の中心を転換させた。また、その間水戸藩との関係、大久保真菅の天狗党の乱への参加による大久保一家の逮捕、親戚一同による免除歎願、新たに積極的に関わりを持ち始めたものも含めた親戚一同の団結による商業活動の展開がこの時期の大きな特徴であった。

このように、大久保家の人間関係は、その思想形成、意識の変化、行動の変化及び家政の展開と密接な関わりをもっていたのであり、幕末期においても少なくとも開港前と後では、大きな変化があったことが明らかになった。

文久期以降の新たな人間関係の展開は、地域内部における村方騒動の存在、あるいはより広域にわたる社会問題の発生、開港など、旧来の村方地主としてのみでは生き残れないという、村落上層民としての政治的・経済的地位が不安定になってくる時代の到来にあった。大久保家としてはそのような社会情勢に対応するために新たな質をもってその人間関係を展開し、地域の外にネットワークを広げていった。それが、幕藩体制を崩壊に導いたひとつの原動力となったのである。

註

（1）八千代町歴史民俗資料館寄託大久保荘司家所蔵文書。尚佐野俊正編著『天狗党に荷担した名主日記』上・中（ふるさと文庫、筑波書林、一九八四年）、同編著『水府紀行――真菅老人日記』下（ふるさと文庫、筑波書林、一九八八年）が刊行されている。

（2）八千代町は現在西豊田・川西・中結城・安静・下結城の五地区からなっているが、このうち西豊田・川西は東部稲作型、安静・下結城（含菅ノ谷）は西部畑作型に大きく分かれている。（『茨城県史　近世編』一九八六年参照）。

（3）菅谷村の領主支配の変遷を略記すると次のようである。天正期は山川讃岐守領分、慶長六年伊奈肥前守が入部、慶長十三年松平越中守定綱（後の桑名侯）三万石入部、そして元禄期より相給化がすすみ、正徳二年には壬生藩鳥居丹波守領分、旗本山本氏、榊原氏知行所、天領に分かれ、幕末まで変わらない。大久保家は壬生藩領に属している。

（4）大久保家文書「慶応二年　桑名侯ニ差上候書付」。以下特にことわらない限り引用文書はすべて大久保家文書である。

（5）大久保家文書中には「家来」という言葉でしばしば表現されている。また同じく結城郡上山川村の岩岡家の日記をみても譜代の系譜をひく奉公人達のことを「家臣」誰々と記している。

（6）「乍恐以書付欠込御訴訟奉申上候」。

（7）大久保家文書「小前所持高調帳」。

（8）「真菅大久保翁家伝」には「百余町」とあり根ノ谷原の広さについては必ずしも記述が一致していない。

（9）「慶応二年　桑名侯ニ差上候書付　下書」による。

（10）大久保真菅の村方一件に関する相談役としての活動は非常に幅広く且つ頻繁であり、その内には他村の村役人連中が相談に来る場合の他真菅の方から相談に行く場合も多少含まれるが、弘化三年から嘉永六年までの間にのべ一〇四件もの問題について奔走しているのである。そのうちの三分の一は、家の相続や家内不和、出奔欠落などの家の問題で占めているのが特徴である。

（11）「慶応二年　桑名侯ニ差上候書付　下書」

（12）『二宮尊徳全集』巻二〇・二一（龍渓書舎、一九七七年）

（13）下館藩の仕法導入については、林玲子「下館藩における尊徳趣法の背景」（『茨城県史研究』六号、一九六六年）、竹中瑞子「天保改革の片鱗」（『お茶の水史学』一九六一―四）を参照。

（14）この嘆願状には親類の堀田土佐守知行所常州真壁郡谷貝村中原清右衛門と同じく親類の松前八兵衛知行所同州同郡吉田村名主桂助が連署しており、鳥居丹波守領分同国同郡瀬戸井村名主郷助が奥書をつけている。

（15）新井雨窓については『仙台市史四』（一九五〇年～五六年）一八頁、『宮城県史二　近世史』行宮城県史編纂委員会、一九八七年）四〇二頁、小川貫道著「漢学者伝記及び著述集覧」（名著刊行会、一九七〇年）、関儀一郎・関義直共著『近世漢学者著述目録大成』（東洋図書刊行会、一九四一年）等を参照。雨窓の著書には、「雨窓詩文集」・「雨窓和歌集」・「海防事宜」・「海防策」・「家譜書上抜書」・「言行類証」・「皇統歌」・「地震考」・「和漢証例」などがあり幅広い興味と教養が窺える。これらのうち「家譜書上抜記」は、宮城県立図書館養賢堂文庫に筆写本が現存するが他はいずれも所在不明である。

（16）いずれも大久保荘司家所蔵。

（17）塚田楊園は真岡木綿買次問屋を家業としたが、医師でもあった。文久二年の坂下門外の変に関わりを持ち、息子は天狗党の乱に参画している。日本歴史学会編『明治維新人名辞典』（吉川弘文館、一九八一年）参照。

（18）この記事は、情報集「浦賀紀行・応接之話・角力」中に記されている。

（19）大久保家が幕末に収集した情報については、第三編第三章を参照。

（20）色川三中については、中井信彦「色川三中の黒船一件記録について」（『史学』第五〇・五一巻、一九八〇年～八一年）・鈴木暎一「国学者色川三中の生活と思想」（『地方史研究』七五号、一九六五年）・水野柳太郎「色川三中管見」（『茨城県史研究』第四二号、一九七九年）、中井信彦「色川三中の香取文書調査について」（『古文書研究』二三号、一九八四年）、中井信彦『色川三中の研究　伝記編』（塙書房、一九八八年）・同『色川三中の研究　学問と思想編』（塙書房、一九九三年）・『片葉雑記――色川三中黒船風聞日記』（慶友社、一九八六年）・盛本昌広「地域史と地誌編さん」（『龍ヶ崎市史研究』九号、一九九六年）同「大久保真菅の史料収集」(『茨城県史研究』第80号(一九九八年)などがある。
(21) 色川一門の農民武装計画については、中井氏前掲論文参照。
(22) これらについては「真菅日記」に記されている他、色川三中が集めた書簡集である「来翰集」(色川家文書、静嘉堂文庫所蔵)中の大久保真菅から三中に宛てられた手紙からもその内容を知ることができる。また『八千代町史　資料編II』(一九八八年)に収録されている。
(23) 「片葉雑記」には大久保真菅に関する記載が頻出している。その詳細については年表を参照されたい。
(24) 水野氏前掲論文参照。
(25) 「来翰集」より。
(26) 現在確認出来るこの一六四冊のジャンル別内訳をみてみると、軍記物一三冊、宗教に関するもの三冊、雑史一六冊、漢学二〇冊、経済四冊、紀行二冊、書道二冊、古典を含めた国学に関するもの三〇冊、海防・軍事に関するもの一五冊、外国に関するもの一冊、刊行されたものではなく幕末の政治動向に関する資料を筆写して冊子にしたもの一四冊、読本四冊、医学関係五冊、教訓二冊、新聞二冊、地誌六冊、随筆三冊、辞書三冊、物理一冊、農業関係三冊、系譜三冊、その他一四冊となっており、非常に幅が広いがこのうちやはり国学関係の書物が多いのが特徴である。これらのうち年代の判明するものは、およそ七六冊で、その内少なくとも五一冊は弘化以降に収集されたものである。
(27) 前掲中井論文参照。
(28) 前掲中井論文参照。
(29) 第三編第三章参照。
(30) 「来翰集」所収
(31) 「風聞日記」安政元年十二月十九日条(「色川家文書」)。
(32) 「来翰集」十月二十日付真菅書翰。
(33) 註(33)に同じ。
(34) 「真菅日記」所収三中書翰。
(35) 文久元年「醬油之通」(大久保家所蔵文書)

（36）　大久保家所蔵文書。

水戸藩勘定奉行住谷長太夫から真菅にあてた手紙は左のとおりである。

「（前欠）……尾見氏被参御状披見御病悩中屢々御細書幾附之至奉存候、時行之御煩と存今様御全愈ニ被相成候哉時々御噂申居候処、御重症ニ而無《ママ》用不宜候由扨々驚入申候、併例之気象ニ候得ハ御持張ニ相なり上々御快方と存候間随分御気長ニ御加まへ□御専一可被成候、忰共之儀寅之介義ハ六月初ナラテハ下りニ不相成、当時鎌倉江相詰居源八郎義ハ、昨日発足江戸へ引越と申候、何れも達者御休念可被下候、要略弐冊御返シ慥ニ落手、尤恭介ゟ之分者漸昨日手元へ相廻り一同拝見申候、折角御認之書状延着不能是非候、御手写之要録一冊幷［　］三冊御廻申候、御落掌可被成候、御慰にも可相成哉と有合候菓子懸御目申候、御笑留可被下候、偖初姦党大処置昨廿四日夜評定所ニ而申渡相済、多年之本懐御祝可被下候、此上ハ攘夷之大号掲候由之事ニ御座候、……尚御様子承り度如此御座候、以上

四月廿七日　　　住谷長太夫

大久保七郎左衛門様

尚々御家中へも宜敷御申伝可被下候、二月廿九日御様子承之書状だんだん認土浦へ指出候処相違候哉……何分御気象ニ御養生御早様御平快相祈候　以上」

この書状は、安政三年のものであると思われる。その理由は文中に「姦党大処置……」とあり、これが水戸藩における天保改革以来の藩内における改革派と保守派の対立の中で、安政三年四月門閥派の元家老結城寅寿が処刑、その他連累十余名も処罰された事件をさしていると思われるからである。文中「忰共」というのは長太夫の息子で同じく天狗派の寅之介と悌之介のことである。悌之介は長太夫の五男で万延元年十二月徳川斉昭なきあと藩地で事を為すことは不可能であるとみて脱藩し入京をはかったが、幕吏に捕らえられて文久期に獄死している。手紙の内容から書物の貸借、情報交換などもしていたことがわかる。手紙はいったん土浦に送られてから大久保家に伝えられたらしく、三中なきあとも色川家は志士のたまり場となっていたのであろう。住谷長太夫からの書状はこの他十二月五日付真菅宛のものが一通ある。また次のような手紙もある。

去十月本月両度之御状相届致披見候、不順之気候ニ候処先以御揃愈安康珍重存候、当方一同無事御安意可被下候、扨御不快□様御快方過日者尾見氏迄御尋訪之よし承り大安心此事ニ御座候、此度御同志壱人遠路訪来福地先生江御入門被成度、則家父書

状指添遣相済候、拙者も一子様御下り御供ニ而去十六日御国へ着、折悪敷尾見氏へ面会不致候へ共委細家父ゟ承り候事可御申候、扨殊ニ貴書之趣忝存候、悌之介は鳴物之儀ニ付行違延引之儀入御念御取調之趣忝存候、此節留守居方江府ニ而逗留罷在候間委細下り之上可申入候、外酒料御持恵是又忝存候、毎度御熟志忝候、併痛心此方ニ如申候、将又御同志集会御初之よし為国家可賀事候、随分御引立可被成候、此節江府模様兎角引立不申候、外夷通船之取沙汰逐々承り申候、左候へハ大変革之政令出不申候而ハ是非不相成勢眼前候間、不日ニ一新ニも可相成（中略）今之内呼散仰興専要候故、是非拙者も尋訪致度兼々存居候へ共、公務多事遺憾千万御座候、此度登りにハ是非御尋申度心組いたし候所、又も御姫御登り御供被仰付、不遂宿志残念千万ニ御座候、賢孫今頃ハ御成長御察候、依而ハ江府へ為御登可被成候、何分御引立文武修業為致可申候、拙者も江戸勤ハ両三年ニ而御国罷下り候つもりニ候間、帰国之節是非〳〵御尋方々御地申候へハ随分集様養生国家万天気□大切ニ望候、万々申入度儀有之候へ共……

三月廿二日認　　寅之介

七郎左衛門様

これは、長太夫の息子寅之介が真菅にあてたものであるが、この書状も悌之介がまだ生存していることからして、安政期のもので、しかも真菅の病気が快癒したということから、前掲長太夫よりの書状よりも後に発したものである可能性が高い。手紙の内容から真菅が自分の同志を師の福地広延に紹介して入門させていたこともわかる。

(37) 苅橋村一件は、安政六年苅橋村重右衛門から十数年来大久保家ほか菅谷村一同が借金した金子の返金を迫られた一件である。この一件は元治元年になっても解決しなかったようで、真菅は乱に参加する直前までこの一件のために奔走している。（大久保家文書四八四）

(38) 若村一件は、文久二年に起きた若村御林と大久保家所有地との境争論である。大久保家が所有地に火除けを行ったところ、若村の村役人が「御林」内にまで侵入してきた件を訴えてきた事件である。大久保家は桑名侯に援助を依頼したらしい。

(39) 文久二年、交通量の増加に伴い村々にかかる負担が大きくなってきたため、大久保家は、周辺村々を代表して古河宿助郷免除歎願に奔走している。最終的には、十一月三日桑名侯に訴状を提出している

(40) ただし桑名藩側がこうした大久保家側の要求をうけいれた事情については不明であり今後の課題である。

(41) 中山伝右衛門は、関宿藩領下総国猿嶋郡辺田村の名主である。製茶業を村の産業の中心とするのに力を尽くした豪農であった。

天保五年頃か宇治の茶師を招き技術指導をうけ、安政開港に際してはいちはやく猿島茶の輸出に奔走し、安政五年十月に我国ではじめて緑茶輸出に成功した人物である。明治期には茶製組合を結成し、地域産業の育成につとめた人物である。大久保家もこの茶製組合のメンバーであった。『茨城県史料　近代産業編一』（茨城県、一九六七年）、前掲『明治維新人名辞典』参照。

(42)　これはその発端を示すと思われる書翰である。

以便□得貴意、さて其後ハ打絶と不音打過候処、此間中江戸表に而御賢父様御会話、其後日々物語も行候、誠ニ旧因縁と奉大悦候、先以所其御地に而も御一統様御安養奉大賀候、然者此度者板倉侯に而急に茶御買入之思召有之、五十嵐公御出張に付僕御案内仕一昨夜帰宅仕候、利根大水に付兆中大混雑殊に□□水防旁無人形今日御案内申上候、御手透も候ハヽ明日にも御入来奉祈望、尤御賢父ゟも先封有之候間差上申候、御落手可被下候、何分書中に而ハ難行届候間委細ハ拝顔に申残候、草々頓首

七月五日　　中山伝蔵

大久保七郎様

尚々村田尾見氏エ之状何卒御地ゟ急飛脚御届被下候様奉願上候

(43)　桑名藩の方は藩主は松平越中守定敬、定敬は元治元年京都所司代となり、慶応二年大政奉還後までその職にあった。松山藩は、藩主は板倉周防守勝静（嘉永二年〜明治元年）。勝静は文久二年三月十五日から元治元年六月十八日まで老中をつとめている。

(44)　この意見書は、日記の文久三年十一月三日の項に「松平越中守様へ御目見之訴書出ス、割元頼、板倉周防守様御用人様へ愚意書取書差出君□江御内覧之由被申聞候」とある、「愚意書」にあたるものであると思われ、この日古河宿助郷免除嘆願の添簡願いを桑名侯へ出したのと同時にその意見書を老中板倉に提出したのである。この意見書の内容は多岐にわたるが、特色としていえることは第一に、改革組合村と大小惣代による弊害、用水普請における用水組合と定掛り役人との不正の問題・乞食問題等、幕府がかかえていた社会的・経済的・政治的諸問題を村落支配者の立場にたって考え批判し対策をねっていることである。第二に、新田開発の奨励・黒船襲来に備えての流通網の拡大・整備、軍艦製造の奨励等概して地主・商人たる豪農の利害を大きく反映したものであること、第三に、全体を通しての印象として、豪農が自己の村落に限らず関東全体について、政治・社会・経済の問題に至るまで幅広い視野の下に改革案を打ち出しているということがいえる。これは大久保家が商業活動等を通して予想以上に幅広いコミュニケーションを行い多くの人々と交流し新しい思想や多くの情報にふれることによって磨かれた能力なのであろう。

(45)　元治二年の嘆願書に名を連ねているのは、北条平治郎代官所下総国豊田郡川尻村名主赤松新右衛門、同代官所下総国結城郡菅谷

村林右衛門、同代官所下総国岡田郡馬場村名主秋葉源二郎、山本縫殿知行所下総国結城郡菅谷村清左衛門、飯塚帯刀知行所常陸国真壁郡吉田村名主清三郎、同知行所同国同郡同村名主定二郎、松前八太郎知行所同国同郡同村名主桂助、北条平治郎代官所下総国猿嶋郡仁連町名主鈴木善右衛門、土井大熕守領分下野国都賀郡友沼村名主角左衛門、石谷安芸守知行所下総国豊田郡三坂新田名主猪瀬多右衛門、蜷川左衛門尉知行所下総国豊田郡貝谷村名主杉山瀬兵衛の一一名である。また慶応二年の嘆願では、菅谷村林右衛門、貝谷村瀬兵衛、三坂新田太右衛門、友沼村覚左衛門、馬場村源次郎、仁連町善右衛門、吉田村半蔵、村田村清三郎、以上親類総代として川尻村新右衛門、村田村定（貞）二郎が名をつらねている。

(46)　秋葉犄堂著・富村太郎編『歳寒堂文鈔』（笠間書院、一九八五年）、また猪瀬家の系図については猪瀬家の方に御教示を得た。

(47)～(49)　猪瀬貢家文書。

(50)　『水海道市史　上巻』（一九八三年）五〇二頁。

(51)～(54)　秋葉犄堂著・富村太郎編『歳寒堂文鈔』を参照。

(55)　赤松家文書（八千代町歴史民俗資料館寄託）。尚、史料閲覧に際し、資料館の方々、沼森小祝勇氏の協力を得た。

(56)　『八千代町史』昭和六二年刊行四三二～三三三頁。

(57)　同右六四一～六四四頁。

(58)　赤松家文書。

(59)　『八千代町史』六六四頁。

(60)　「文久四年日記」（大久保家文書）。

(61)　杉山家については、内田和義「農村荒廃と杉山瀬兵衛――荒村の思想――」（『北下総地方誌』創刊号、一九八四年）参照。なお、以下で使用している史料はいずれも杉山家所蔵文書である。

(62)　斎藤寛弌氏のご教示による。

(63)　尾見恒夫氏のご教示による。

(64)　「真菅日記」（大久保荘司家蔵）。

(65)(66)　『茨城県史資料』近世社会経済編Ⅰ（一九六七年）

(67)(68)　尾見家については『明野町史』（一九八五年）参照。

(69) 赤松家文書。なお、高橋敏著『民衆と豪農』(未来社、一九八五年)参照。

(70)「慶応三年　日記」(大久保家文書)

(71)「乍恐以書付愚意申上候」(大久保家文書)

第二編　幕末の政治情勢と村落上層民の行動

第一章　幕末期関東豪農の政治意識の形成

――武州入間郡平山村斎藤家の場合――

はじめに

豪農に関する研究は、服部之総・藤田五郎らの研究からはじまり現在に至るまで政治的・経済的・文化的に深められてきた。この中で、莫大な土地集積や商品生産などによってその地位を築いてきた豪農は、近代化の担い手として経済的に評価されてきた(1)。しかし、一方では、幕末の世直し状況下においては、世直しの変革のエネルギーを吸収しえず、世直し一揆に対しては農兵を組織することで対抗する等、逆に真の変革者たる世直し層と決定的に対立することでその歴史的役割を果たしえなかったとされた(2)。また、政治史では、幕末における豪農層を維新の変革主体＝草莽としてとらえ、その中から指導的な志士を輩出するなど、政治史上積極的な役割を果たしたと評価される一方(3)、尊攘思想に凝り固まった存在としてその意識や政治行動における限界性も主張されている(4)。近年では、豪農層を「公論」的世界の形成者として民衆の代表としての評価も現れている(5)。このように豪農の活動は、進歩性と限界性の両側面から評価されてきたが、この両者をいかに統一的に理解していくかが、豪農層の性格を把握する上での重要なポイントとなる。

本章においては、幕末の政治情勢の中で豪農の果たした役割を検討したい。その際豪農の政治に対する姿勢・政治意識がまず問題とされることは、言うまでもない。

豪農の政治意識といった場合、従来は自ら村を出て政治活動を行う豪農＝草莽に分析の対象が限定されるのが常であった。高木俊輔は、「草莽としての運動主体の一般的基盤を、農村において存立基盤の弱い層、発展形態にない豪農層に求め、多くの例外を認めながらも村落内からは世直し層のつきあげをうけ、在村的基盤を失いつつあった豪農層が、経営打開、市場拡大を託す形で幕末の政治につながった、それが草莽である。」(6)としている

しかし、高木俊輔によれば、「豪農層の政治化とは、生産者的立場からの遊離あるいは自己否定による根無し草化という点において一般化できるとすれば、志士化しない豪農層の解明が欠落してしまうことになる。」(7)として、従来の豪農層の政治との関わり方について新しい視点を与えられた。豪農の中で実際の政治活動をしたものはおそらく一部にすぎず、大半は村にあって志士化しない豪農であった。だが、志士化しなかったからといって、政治に無関心であったわけではなく、幕末世直し状況下において、自己の存立基盤を脅かされた豪農にとって、その経済的危機は政治情勢への関心と地続きであった。

高木も指摘するごとく豪農と政治の問題は、幕末期のいわゆる政治活動にとどまらない。豪農は村落上層民として村内外における地位を維持していくために、常に政治性を必要としていたのである。彼らの政治史上における位置づけ、あるいは政治性・政治化・政治意識の意味の追求が、なお要請されているゆえんである。むしろ、幕末の変動期において、さまざまな情報を収集しながら、自己の取るべき道を模索する姿それ自体に豪農の政治性があらわれているように思われる。この点からも豪農層の再検討は必要であろう。

本章では、関東の一豪農を例にとり、その豪農の、幕末の村落における立場、経営状態、政治主体との結合の契機、などを明らかにすることで、豪農の幕末期における政治意識の形成に関して考察を加えたい。

本章でとりあげる豪農は、武蔵国入間郡平山村名主の斎藤家(8)である。特に、名主左司馬の息子実平は、村にありな

がらも平田国学者として名を広め、幕末期に多くの志士と交流をもった青年である。彼の政治意識の形成には、幕末における斎藤家の経営状態、村における立場が関係していることはいうまでもない。従って、まず斎藤家の経営と村における立場を検討することにしたい。

一　斎藤家の経済的背景——平山村における斎藤家の位置

1　平山村の概況

平山村（現在埼玉県入間郡毛呂山町岩井）は、江戸より十四里の距離にあり、武蔵国入間郡西部山麓にほど近く、荒川の支流である越辺川南方に位置していた。近世初期には、毛呂本郷一一六二石七斗六升の内にあったが、寛文十二年（一六七二）、毛呂本郷が七村（毛呂本郷・小田谷・長瀬・前久保・馬場・平山・堀込）に分かれた時に分村し、村高は一二五石一斗一升九合に確定していた。[9]これは七ヶ村のうちで最も低いものであった。この七ヶ村は、もとは一村であったことから、経済的にも互いに非常に密接な関係をもっており、村と村との交流も盛んに行われていた。一方この七ヶ村の領主支配は、二給知二ヶ村を含む旗本領として複雑に分断されており、関東特有の入り組み支配地の様相を呈していた。[10]

平山村の近世における領主支配は、江戸開幕より天領で、元禄十三年（一七〇〇）には松平美濃守領、宝永元年（一七〇四）には旗本長崎壱岐守領、宝永六年（一七〇九）に再び天領となり、宝永七年（一七一〇）より幕末に至るまで、旗本三枝氏によって世襲支配された。[11]平山村の田畑の比率は、田一八・七％、畑八一・三％と畑地が圧倒的に多く、田でも下田が一一・六％、畑では下畑が三三・八％とその大半を占めていた。

つぎに、戸数・人口についてみてみよう。平山村は、檀那寺が、真言宗上野村多門寺、真言宗法眼寺、禅宗小田谷村長栄寺の三つに分かれており、宗門人別帳も、多門寺・法眼寺分と、長栄寺分の二冊に分けて作成されたが、長栄寺に属すのは平均して四から五戸とわずかであり、平山村民のほとんどが多門寺・法眼寺分に属していた。[12] 戸数・人口ともにわかるのは天明四年以降である。表6によれば、天明・寛政期以降人口は減少傾向にある。

表7は平山村の階層構成の変化を見たものである。[13] まずわかることは、宝暦四年と天明二年の間で変化が読み取れる。このころから上・中層が減少、下層・零細層が増加している。天明期以降も階層分解は徐々に進行するが、寛政年間には分解が停滞してきたようである。だが、戸数は確実に減少し、上・中層には変化がなく、下・零細層の全体に占める割合が増加していることからすると、下層・零細層はさらに分解が進んだことを示している。ところが、文政期に入ると様相が一変し、新たに、下層から中層へ、中層から上層へと上昇してくる層がある。また、一方で、中層から下層へ、下層から零細層へ、あるいは村外へと出ていく村民が増加しているのがわかる。これは、宝暦・天明期に始まった階層分解が、最上層と中・下層とを分けるものであったのに対し、文政期以降になると、主として中・下層内部を中心に分解が生じていることを示している。

この時期の階層分解の様子をより詳しくみてみたい。最上層の斎藤家は依然としてトップにあり、表7にみられるようにその所持高も増加の傾向にある。五石〜九石台の中層の変化をみると、文政期

表6　平山村戸数人口変化表

年次	戸数	人口	史料
宝暦4	39		石高覚帳
天明2	48		平山村百姓持高覚帳
天明4	41	178	人別帳
寛政3	51		平山村百姓持高帳
寛政8	38	145	人別帳
寛政9	40		人別帳
文化4	37	167	人別帳
文政4	35	150	人別帳
文政10	38		村入用帳
文政12	35	152	人別帳
天保4	37		村入用帳
慶応2	33		村入用帳
明治3	28	145	神祇道人別書上帳

寛政９年		文政10年		天保４年		慶応２年		明治３年	
戸数	%	戸数	%	戸数	%	戸数	%	戸数	%
1	2.4	1	2.6	1	2.7	1	3	1	3.6
25石8斗1升9合		25石1斗2升9合		25石3斗6升4合		18石5斗1升3合		24石5斗1升5合	
		1	2.6	1 2	8.1	2 1	9.1	2 1	10.7
1 1	4.9	2	5.1	1	2.7	2 1	9.1	2 1	10.7
3 2 8 12	61	1 6 3 11	53.8	3 4 2 9	48.7	2 2 4 8	48.5	2 2 4 8	57.1
13	31.7	14	35.9	14	37.8	10	30.3	5	17.9
41	100	39	100	37	100	33	100	28	100

八年正月「持高順次第并ニ他村入作高帳」・明治三年三月「神祇道人別書上帳」(但し、文政十年天保四年慶応

を境としてほとんどのものが石高を減少させているにもかかわらず、健五郎・久左衛門のように五石未満の下層から中層へ、久内のように中層から十石台の上層へと石高を増加させたものが存在している。久内・健五郎は斎藤家の分家筋にあたっており、久内は代々組頭格であった。久左衛門も斎藤家の同族で、組頭格であった。下層のものも、ほとんどが石高を減少させているが、林蔵・幸次郎のように、一部石高を増加させているものが存在する。しかし、一石未満層になるとほとんどが文政期を境に村外に放出されている。この傾向は、天保期に向かって徐々に進行してきたものと思われる。文政・天保・慶応と進むにつれ、今述べた一部のものはさらに中層から上層へ、下層から中層へと所持高を伸ばしてゆく。

　平山村の宝暦から天明期にかけての分化は、斎藤家による土地集積が最高潮に達した時であ

表7　宝暦4〜明治3年の平山村階層別構成一覧

年代	宝暦4年		天明2年		寛政3年		寛政8年	
石高	戸数	%	戸数	%	戸数	%	戸数	%
13石以上〜26石未	1	2.5	1	2.1	1	2.4	1	2.4
斎藤家所持高（村内分）	17石8斗9升9合		19石5斗3升5合		24石3斗1升3合		25石8斗1升9合	
	1							
9〜11	1	5						
8〜9	1							
7〜8							1	
6〜7	1		1		2		1	
5〜6	2	10	2	6.4		4.8		4.9
4〜5	3		3		4		3	
3〜4	2		4		2		2	
2〜3	4		4		7		8	
1〜2	12	52.5	15	55.3	11	57.1	10	56.1
1石未満	12	30	17	36.2	15	35.7	15	36.6
合計	40	100	47	100	42	100	41	100

＊前掲馬場氏論文参照

史料：宝暦四年二月「石高覚帳」・天明二年九月・寛政三年三月・同九月「平山村百姓持高帳」・寛政二年は、各年次村入用帳より逆算して筆者が作成した。）

った。斎藤家では、のちにみるように宝暦年間より養蚕業を始め、寛政期に至っては酒造経営にも乗り出している。宝暦期を境にして、斎藤家は豪農として成長していくことになる。

文化・文政期は商品生産の展開の上で新しい局面を迎える。この頃より貨幣経済は農村全体に行き渡り、従来の商品流通統制内ではとらえきれない在郷商人が活発に活動するようになり、豪農の経営を圧迫し始め、豪農経営は新たな展開が要求されるようになる。中・下層農民の中には、貨幣経済の浸透の動きに乗じて上昇してくるものも出てくる。例えば前述の林蔵は、慶応二年の武州一揆で打毀をうけた村役人格のものであるが、当時の記録[14]によると、彼は、農業の他に質屋も営んでいたことが知られる。また、文政期以降石高を増加させたもののうち、上層に位置する三戸のうち二戸が斎藤家の分家筋にあたる。斎藤家の分家筋は、本家に次いで村内において力を持ち、組頭役を勤めている者はすべて斎藤家に関わりのあるものであった。[15]後に見るように親戚筋の組頭役のものが名主役斎藤家の不正を訴え出た事件も、このような動向との関わりで見る必要がある。

2　斎藤家の概要

斎藤家は、その出自ははっきりしないが、藤原氏の出で斎藤実臣の流れをくみ、戦国時代には上杉氏に属していたらしい。冨永→冨盛→冨治→冨賀→冨世→冨栄→冨秀と代々開発に努め、天明の初めに、覚右衛門冨吉が島田氏にかわって名主となり、以後、文内英秀→左司馬易富→左二馬富樹（幼名・実平）と世襲して名主役を勤め明治に至った。[16]文内・左司馬は、毛呂本郷寄場組合の大惣代も勤め、左司馬妻みのは、年貢取役を勤めたことがあり、[17]幕藩体制機構の最末端として村内の取締に力があった。また、村落における指導者・責任者としても奔走し、天明から文化・文政期に相次ぐ水害や飢饉に際しては、村民のために救恤活動をしたという記録が残っている。[18]

斎藤家の持高や土地集積に関しては馬場憲一による分析があるが、[19]ここでは、それに依拠しながらも、新たな史料を加えて検討してみることにしよう。

斎藤家の平山村内における所持高は、表7に示すように、宝暦期から寛政期にかけて順調に上昇しており、寛政八年及び九年の二五石八斗一升九合というのが、史料に残る限り最高の所持高である。これは、「高利貸的機能を通じての土地の集中分散において、関東農村の階層分化は余り激しいものではなく、そこに生じた地主階層は大体二〇～五〇石程度の中小地主が一般的である。[20]」というのにあてはまる。その後、文政期に至って、石高は僅かに減少している。天保期に至って一時回復するが、幕末に向かって多くの石高を放出しており、この頃豪農経営が転機を迎えていたことがわかる。これは、後に検討するように、万延から文久期にかけて、斎藤家に数度の質金滞出入などの村方出入りがあったこと、また多大な御用金を賦課されていること、開港の影響なども考え合わせるべきであろう。

斎藤家の土地の集積状況は、表8に示したとおりである。[21]史料の関係上、延宝元年（一六七三）から享和元年（一八〇一）は質流地並びに購入地を含み、享和二年から明治にかけては質流地のみを集計しており、おのずからその性格は異なるものであるが、一応並べて参考にしたい。これによると、斎藤家の土地集積は延宝年間前後に始まっており、それも初期は自村内に限っていた。元禄頃より、自村を中心にして周辺の近村へと、同心円状にその集積の輪をひろげてゆき、延享年間、田畑永代売買が事実上黙認の形となってからは、徐々に集積を重ね、宝暦から天明にかけて、その筆数は莫大な数に上っている。この頃に、斎藤家の豪農としての地位が確立されたと思われる。そのことは、斎藤家における養蚕の開始が宝暦年間にあたっていることからも裏づけられる。[22]そして、その経済力を背景に、天明期には名主役に就任している。[23]享和二年以降にみられる特徴は、小田谷村・如意村・阿諏訪村などのように割合隔たった村からの質流地が多く、自村内からの質流地が一筆もないことである。実際、幕末の段階で、平山村民で斎藤家の小作人であるものは、三三戸中最下層の六戸のみであった。[24]表9は、万延元年における斎藤家の小作人の所属する村名と小作地所在地との相関をみたものである。この表をみても、斎藤家の小作地及び小作人が平山村以外の村々に拡大していることを知ることができる。特に小田谷村との小作関係が斎藤家の地主経営上重要な意味をもっていたことがこの表からも明らかである。幕末期における質地集積状況をみてみると、文政六年に一つの山を迎え、その後、天保・弘化と減少し、嘉永から安政にかけて再び増加し、以後減少し、文久から慶応にかけてはゼロとなっている。また、集積した土地は畑、しかも下畑が大半を占めていた。

以上にみた地主経営を背景として斎藤家では酒造経営、養蚕・桑の栽培、村方金融などを行っていた。

斎藤家の酒造経営については、既に馬場氏によって、その展開過程が報告されている。[25]氏によれば、斎藤家は、そ

小田谷	上野	箕和田	川角	如意	滝之入	葛貫	阿諏訪	今市	不明	合計筆数	史料
										4	A
									1	8	
	2								1	6	
	2								1	11	
									3	21	
										5	
									1	5	
										17	
	1			2						15	
3					1	6			5	58	
2										16	
2					7				3	39	
									1	15	
10	5			18		1	10			75	B
6							1			13	
15		2						2		31	
6		4								11	
	3	2	2				2			16	
		3		1	2		11			24	
	1				3					6	
44	14	11	2	21	13	7	24	2	16	396	

年「当家所持高田畑屋敷改下書帳」

表8　斎藤家土地集積表

年代＼村名	平山	毛呂本郷	馬場	堀込	前久保	長瀬
延宝1～天和2	4					
天和3～元禄5	7					
元禄6～15	3					
元禄16～正徳2	8					
正徳3～享保7	5	11	1	1		
享保8～17	3	2				
享保18～寛保2	2	2				
寛保3～宝暦2	16		1			
宝暦3～12	12					
宝暦13～安永1	24	15	1	3		
安永2～天明2	10	4				
天明3～寛政4	24		3			
寛政5～享和1	10	3		1		
享和2～文化9		8	12	5	6	
文化10～文政5			1	1	4	
文政6～天保3			12			
天保4～13				1		
天保14～嘉永5			2	1		4
嘉永6～文久2				7		
文久3～明治5		2				
合計	128	47	33	20	10	4

＊A：延宝１～享和１までは、明和３年「田畑山林家土地所持覚帳」寛政10
＊B：享和２～明治５までは、文化２年「田畑山林覚帳」

の蓄積した巨大な富を背景にして寛政八年から酒造業に関与し、寛政十二年以降には、自家において本格的に経営を始めている。しかし、酒造人は文化八年以降より、一人あるいはなしの場合もあり、このころより、その経営規模は縮小されていることがわかる。表10から明らかなように、酒造道具を文化五年には他からも借用して営業しているが、嘉永七年にはすべて貸し出している。

堀込	前久保	長瀬	小田谷	上野	箕和田	川角	如意	滝之入	葛貫	合計筆数
							2			20
		1	7							8
2				1						20
9										15
	4									4
		3	4							7
			30							34
				3						4
					3					3
										4
										0
								2		2
									5	5
			2							2
	4	4	43	4	3	0	2	2	5	128

表10　酒造道具からみた斎藤家の酒造経営の動向

	文化5年		天保2年	嘉永7年
	自前	牛沢村新五郎より借用	自前	吉兵衛へ貸出し分
桶類	30本	13	39	31
秤台	5本	4	6	6
半切類	42枚	9	46	46
釜	2口	1		2
ひしゃく類	10本	5	6	5
麹ふた	200枚	43	187	187

史料：文化5年10月「酒造道具覚」、天保2年8月「酒造諸道具改帳」、嘉永7年3月「酒造諸道具改帳」

　また、幕末の村方金融に関する史料はほとんどみられないが、僅かに参考となるものに「貸シ金質物利足帳」[26]がある（表11）。これによると、金融対象のほとんどが近村の農民で、村方のものは一割に満たないのがわかる。例えば、弘化元年では、債務者の延べ件数五一件の内、村方のものは僅かに一件であった。また、金銭貸借による収入は、各年によって斑があるが、斎藤家にとっては、かなりの収入源であったと思われる。利率は、天保年間には一割二分五厘であったのが、弘化二年には一割五分六厘と引き上げられたことがわかる。この「貸シ金質物利足帳」は、文久三年以降の史料を欠いているが、慶応期の金子借用証文もいくつか

表９　万延元年田畑小作表

小作地所在地／小作人村名	平山	毛呂本郷	馬場
平山	11	4	3
毛呂本郷			
馬場	8	3	6
堀込		4	2
前久保			
長瀬			
小田谷	4		
上野	1		
箕和田			
川角		4	
如意			
滝之入			
葛貫			
大谷木			
合計	24	15	11

註：万延元年11月「申年田畑小作覚帳」より作成

表11　金銭貸借利息合計表

年号	のべ件数（うち平山村民）		利息 両	分	朱	貫	文	利率
天保 8	224	(109)	33	2	0	110	3	1割2分5厘～1割3分
12	71		20	0	1	134	646	1割2分5厘
15	63		48	3	0	27	931	
弘化 1	51	(1)	35	0	2	13	121	
2	62	(3)	61	1	1	13	32	1割5分6厘
3	55		31	2	2	7	777	
嘉永 1	59		43	1	0	13	884	
万延 2	37		28	1	1	13	818	
文久 2	24		0	0	0	6	337	

史料：各年次「貸シ金質物利息帳」

表12　絹及び織物類売上高

	絹					織物類				合計				
	両	分	朱	貫	文	両	分	貫	文	両	分	朱	貫	文
宝暦 9	6				150				564	6	0		0	714
10						10	2		624	10	2		0	624
明和 5	6	3			250		2		272	7	1		0	522
6	5				150			7	76	5	0		7	226
7	7	1			624		2	1	604	7	3		2	228
8	3	2			350		1	3	32	3	3		3	382
安永 2	6			6	276		3	3	404	6	3		9	680
天保14	1	2	2	2	300	1	2	3	252	3	0	2	5	552
文久 1	15	2	2	3	650	8	1	3	150	23	3	2	6	800

史料：文久元年「辛酉繭絹売高覚帳」「繭商売上ケ幷ニ貸シ覚帳」

残っており、[27]金融業は、幕末に至っても続けられていたようである。

農間余業として行った養蚕は、先にも記したように、斎藤家では宝暦期から開始されたようだが、それほど大規模な経営ではなかったようである。しかし、注目すべきは、天保十四年と文久元年の両年における、絹と織物類の売上額をそれぞれ比較した場合（表12）、前者（絹）の売り上げは、一両二分二朱と銭二貫三〇〇文から、一五両二分二朱と銭三貫六五〇文へ、後者（織物）が、一両二分と銭三貫二五二文から、八両一分と銭三貫一五〇文へ、と売上額を上昇させていることであり、開港の影響がこの地にも表れていることがわかる。おそらく、開港を契機として斎藤家の経営の有り方に、大きな変化があったと考えられる。

斎藤家の経営の幕末における史料は極めて断片的でその実態をつかむにはほど遠いが、以上のことから斎藤家の経営についてまとめてみるとつぎのようになるであろう。すなわち、斎藤家は、宝暦・天明期には莫大な土地を集積し、また、その経済的な力を背景として興した養蚕業や穀物売買[28]等の商業活動によって豪農としての地位を築き、その勢力を周辺村落にまで及ぼしていった。寛政期からは、酒造経営にも乗り出したが嘉永期には規模を縮小し、酒造道具も貸し出していた。しかし、安政開港以降、斎藤家は養蚕業において売上額を上昇させており、このころ、斎藤家の経営の有り方に変化があったと考えられる。この点についての詳細は、今後検討が必要である。

小作経営をみると、享和二年以降、斎藤家の集積する土地は、村内から周辺の村々へと地域を拡大していった。また借金関係でみても同様な傾向がみられるように、幕末の史料では、村内における小作人よりも他村農民への貸し金関係が多かった。このことはつぎに検討するように、小作関係の出入りが、村内よりも他村の小作人との間で多く行われる結果を招いている。他村の小作人との出入りは、必然的に他村の名主や領主を通じて行われるため、手続きの困難さ、莫大な費用、名主の不協力等もあって、多くの負担を強いられるが、にもかかわらずこの時期小作米を積極的に取り集めようとする斎藤家の行動は、この時期の斎藤家がおかれている状況が大きく関係するであろう。しかも次節で見るように、村内においては、時勢にのって、新しく経済力をつけて上昇してくる中農層があり、それらの村人によって斎藤家はその地位が脅かされるという事態も発生してくるのである。

いずれにせよ、斎藤家は、幕末期において、経営面でも、村内における地位についてみても、大きな転機をむかえていたことは確かであり、新たな方向性をもとめて模索しつつあったといえる。

二　斎藤家と村方出入——政治意識形成の社会的背景

1　作徳金滞出入

前項でみたように、斎藤家の小作人は、幕末では同村民の小作人よりも他村に多い。従って、小作米徴収強化による抵抗は他村の農民から生じてくることになる。ここにみる総兵衛一件は、幕末における前後三回に及ぶ借金及び作徳米滞り出入である。まず、それらの経過をたどってみることにしよう。

斎藤家は、安政四年、安政五年、万延元年と三回にわたって訴訟を起こしたが、それらはいずれも小田谷村組頭総兵衛を相手どったものであった。安政四年三月の質金出入りは、「乍恐以書付御訴訟奉申上候」によると、斎藤左司馬は、天保十五年正月に金四両を小田谷村総兵衛に貸したが、その後期限がきても利息の金二両銭六四〇文の他は一切払わず、小田谷村の村役人に掛け合っても埒があかず、やむをえず小田谷村領主仙石播磨守へ訴訟に出たという一件である。この一件はこのときには解決はしなかったらしく、翌年の安政五年三月には、斎藤家は再び総兵衛と作徳米滞出入を起こしている。斎藤家側の訴状によると、斎藤家では、古来より前書にある小田谷村の田方を所持していたところ「相手総兵衛儀小作ニ控知旨申之ニ付貸遣候処、最初者取極通作徳米持参仕候義之処、嘉永四亥年・安政三辰年迄ニ米弐石六斗相滞候ニ付、度々及催促候得共、兎角閑置済可申不仕、新作徳米者勿論、地所も難相返様不当之儀」ばかり申し、「余り法外之義ニ付、無余儀村役人江申出、済方之義及掛合候得共是以埒明不申、難儀至極候間」やむをえず訴訟に踏み切ったというものであった。これについてもその後のことは不明である。しかし、つぎの出入の内容を見ると、これらの出入の性格も察しがつく。

万延元年の小作出入に関しては、「乍恐以書付御訴訟奉申上候」と題した、両方の言い分を含んだ冊子が残っており、この一件の経過を詳しく物語っている。

まず、万延元年五月付「右訴訟人名主左司馬煩ニ付代悴実平奉申上候」で始まる斎藤家側の訴状がある。斎藤実平は、後に検討するように斎藤左司馬の息子で、平田国学者である。安政四・五年の訴訟は、父左司馬が行ったが、この万延元年の出入では、実平が父親にかわって訴訟に出ている点は注目される。

右訴訟人名主左司馬煩ニ付、代悴実平奉申上候、左司馬儀、相手村方ニ而所持出作地之内、中田五畝三歩、上畑壱畝三歩、相手総兵衛小作為致呉候様達而頼ニ付、難黙止年貢諸役私方ニ而相勤、壱ヶ年小作米六斗づつ可請取筈ニ取極、嘉永二酉年ゟ小作為致置候処、去々午年ゟ未年まで両年小作米壱石弐斗相滞候ニ付、追々取詰及催促候得共、等閑置済方可仕不当申張候間、以来小作難為致置地所相返候様、精々及掛合候処、前同様申張居候ニ付、無拠同村名主伊左衛門方江罷出、何連ニも事柄相訳ヶ呉候様相頼候得共、総兵衛江相泥ミ是以更ニ取敢不申私方ニ而年貢諸役相勤、従来所持致来候地所無謂被掠取候様ニ而者難渋至極仕候間、難捨置左司馬ゟ可奉出訴之処、久々病気ニ而取臥居、急速全快之体無御座、私代与して無是非御訴訟奉申上候……

この訴状は、五月二十四日に奉行所の山口丹波守(29)に提出されたが、なかなか目安糺がなされず、結局本目安決定となったのは六月二十八日のことであった。七月一日より奉行所御用人の承認印をもらい正式に訴えた。そして、七月五日その旨を相手方に伝えた。それに応じて、相手総兵衛は、同年七月二十五日「乍恐以返答書奉申上候」でつぎのように弁駁した。

……実平申立候義者全相違之儀ニて、前書二筆之地所、嘉永二酉年中私より左司馬方江頼入小作致候義ニ者曽而無御座、元来右地所之儀者水不足勝之場所ニ而小作可致もの無之……荒地ニ相成居候処、弘化二巳年春中、実平親左司馬儀、私方江罷越……私方ニ而永小作ニ引受呉可申、尤引合ニ相成候様作徳米可相渡旨申之作付いたし呉候様達而相頼……左司馬任頼十六ヶ年前巳然ゟ引受作付致し罷在候処、同年年貢取立之節、当村役人幷左司馬一同立会諸勘定之砌、右弐筆之作徳米四斗づつと差極相渡呉候様申之候得共、四斗ニ而者引合ニ不相成地所ニ者候得共、同人とは懇意、殊当村田畑合高拾五石所持罷在候得者、相互ニ睦敷突合致度存意ニ付、左司馬任申、去ル巳ゟ巳迄十三ヶ年之間米四斗づつ年々作徳米相渡来候得者、右体懇意ニ付請取書不取置、左司馬方ニ而も小作証文不請取候程之間柄ニ而、去々午年之儀も前同様米四斗持参いたし候処、六斗ならでは難請取旨申之驚入……午未両年不相済、然処当四月中実平儀御地頭三枝宗四郎様ゟ御奉札を以私共地頭江願出候ニ付、則罷出調請候砌、実平手控帳ニ米六斗づつ請取来候姿ニ書記有之趣私方地頭所江申立候ニ付、是迄四斗づつ渡来候を何故六斗づつ請取候趣ニ認置候哉之旨取詰懸合候処……不取留儀而巳申之罷在候中、扱人立入掛合之上前々之通前四斗つつ弐ヶ年分米八斗請取渡可致筈示談相整済口証文相認印形いたし候場合ニ至り候処、実平儀俄約定異変いたし、不軽　御尊判頂戴被相附奉恐入候一件、実平儀出入好之ものニ而、右体左司馬ゟ頼請永小作ニ引請候地所可引渡抔不実之儀申立、殊親左司馬儀聊病気ニ無之、専農業出精罷在候を、久々病気ニ而急速全快之体無御座抔全偽之儀訴状ニ書飾奉御尊労掛私江難渋相懸ヶ候段残念至極ニ付……

このように、総兵衛は、実平の訴訟に対して全面的に否定している。両方の言い分の食い違う点は、まず、実平が問題の地所について、総兵衛が頼むので、小作に出したとしているが、総兵衛は、元来荒れ地だったのを左司馬に依頼されたので小作をしているとする点、また左司馬の方は、最初から小作料六斗の契約であったように文書に記しているが、総兵衛によると、最初は四斗であったのが、安政五年から急に六斗になり、しかも小作証文を取り交わさなかったのを良いことに、訴訟の証拠文書を捏造し、はじめから六斗払っていたように記したのだといっている点、またこの訴訟は、一度は四斗ぎめで内済になったのを、実平が父親に代わって約定を翻して再び訴訟を起こしたもので、且つ左司馬が病であるというのは偽りであり、これらのことは、出入好きの実平が企てたことであるといっている点などである。この出入は、結局裁判に及ぶ前に内済となり、実平側の言い分が通されることになった。

この訴訟を通して言えることは、万延元年の出入のところでもふれたように、斎藤家がかなり強気で貸金徴収、小作料の獲得に奔走していることである。他領の村との訴訟は、多額の費用を要するにもかかわらず安政四年・五年・万延元年と毎年、しかも他村の同一人物に対して執拗に繰り返しているのはなぜであろうか。

その理由のひとつは、小田谷村自体が斎藤家の経営にとってかなり重要な意味を持っていたからである。前項において表9でみたように、小田谷村の村民に、斎藤家の小田谷村への出作地を小作させている田畑が三〇筆と群を抜いていた。しかも、万延元年十一月の「田畑小作覚帳」をさらに詳細にみると、平山村の村民を小作人とした平山村在の小作地がほとんど中・下畑地であるのに対し、小田谷村は、上田五筆・中田四筆・下田六筆・上畑五筆・中畑三筆・下畑六筆となっており、斎藤家の全小作地のうち生産性の高い田畑がほとんど小田谷村に集中していた。また、前節でみたように、平山村の農民で斎藤家の小作人となっているのは僅か六戸であったが、斎藤家の小作人は小田谷村を中心とする他村へと広がっていた。つまり、幕末における斎藤家の質地地主としての経営基盤は自村にはなく、むしろ小田谷村を中心とする他村におかれていたのである。

また、この出入の時期が安政の開港期における家政の転換の時期にあたっていること、また、つぎにみる御用金問題がもちあがっている時期に重なっている点も注意する必要があろう。

2　安政四年御用金問題と旗本不信

以上のような小作出入の最中に、斎藤家では、もうひとつ問題がもちあがっていた。それは、安政五年三月の訴訟の時に、地頭所より五〇両の御用金を仰せつかったことである。

安政五午年七月証文

一、金五十両也

当三月二十六日小田谷村組頭総兵衛相手取り、小作出入奉出訴申候処、右金被　仰付申候、尤内金二十両也ハ、四月二十一日持参、残金三十両ハ六月二十一日持参、合金五十両の証文被下、奥印借主高崎観吾様・緑川健五郎様・緑川勘二様(30)

この後、安政五年十二月二十二日、安政六年十二月二十日、万延元年十二月二十二日、文久元年とお下げ金があったが、結局完了しなかったようである。

さらに、まだ五〇両の上納金のお下げ金が返済されていない万延二年には、それに上乗せする形で、平山村・馬場村・葛袋村三ヶ村に対して一〇〇両という御用金を命じられる。斎藤家はもとより他二ヶ村の名主も、これには困却したらしく、村方難渋を理由に辞退したが聞き入れられず、結局一年で返済するという地頭所役人の言葉を信じて男衾郡立原村名主登平から借用して上納した。しかし、約束の期限までにお下げ金はなく、村方は難渋する一方であった。そのため、名主代実平と、他二名の名主を代表として返済願いが地頭所に出されることとなった。この嘆願書は、文久元年と二年の二点残っており、この間の村方の事情をよく物語っている。まず、文久元年のものは、上納金について男衾村登平に借金した旨を述べた後、「付而ハ、近来打続　御上様格別御物入被為在候趣ニ付、残金之儀三ヶ村引受、割合勘定可致候哉ニ心組小前相談仕候得共、世上御用水之場者豊作之由御座候得共、御知行所之儀者高田ニ而水不足事訳五十余日旱魃、稲作丈生立不申、以前之五分之一位之出来方ニ而難渋之折柄、別紙書面之通被申懸一統心痛仕候、殊ニ道中御奉行酒井隠岐守様ゟ　和宮様御下向之節人馬多分御用ニ付、村方石高・家数・人別可書上之旨中山道上尾宿ゟ御沙汰ニ付、早速罷出右帳面書調差上申候、今ニも御伝馬之御沙汰哉ニ心配罷在候」と、農作物の不作や和宮降嫁による助郷賦課によって村方は難渋するばかりであると訴え、次いでなんとかして返済してもらいたいと、「何卒以御慈悲登平方江当暮御年貢御収納米三ヶ村合而九十二俵之内、奉申上候も奉恐入候得共、当節御年貢米之三分壱之割合ヲ以三拾俵江戸以相場金高ニ積り、返済方為手当御下ヶ被下置候様偏ニ奉願上候」(31)と懇願している。つまり、登平への返金の手段として、年貢の中から差引勘定にして返済したいと頼んだのである。しかし、年貢からの差引勘定といっても僅かばかりで一向に一〇〇両の返済を済ませてくれない。困窮した村役人たちは再び嘆願書を提出した。(32)それによると、まず、一向に御用金の返済がなされないのを訴え、さらに、貸し金が返済されず困窮した登平は、「私共相手取可奉出訴旨」を言ってきたので、登平方には追々返金するということで説得し、訴訟にまでは至らなかった。それにしても、村々の者は難渋しているので、とにかく早く返済するように、ということであった。この三ヶ村に割り当てられた御用金一〇〇両は、結局幕末に至るまで完全には返済されなかった。

以上、二件の御用金問題をみてわかるのは、農村の不作や伝馬役等の上にさらに御用金を負わされて難渋している幕末における、斎藤家をはじめとする平山村ないしは近村の村人の姿であったが、斎藤家の場合、それは自己の経営不振や総兵衛一件に上乗せする形で起こっていた。こういった経験が、斎藤家就中斎藤実平の旗本をはじめとする領主階級に対する考え方に大きな影響を与えたと考えられる。実平は、安政六年七月に平田門人となっているが、その背景には、これら一連の事件があったのである。実平が、平田門入門以降、万延元年三度目の総兵衛一件以来、常に父左司馬にかわり、実質的な名主役として村政の中心となって活動し、且つ豪農経営のたて直しに奔走しているということは、実平の平田門入門の意味を示唆するものであると思える。

3 村内の秩序変化——慶応元年名主役不正一件

文久二・三年から元治年間まで村政に関する史料は残されておらず、その間における村内の動きは不明であるが、慶応元年十二月二十一日に至って、平山村小前一統によって、名主斎藤左司馬、実平父子の不行跡一〇余ヶ条を記した地頭所役人宛の書面が「不容易場所」に貼り出されるという事件が起きた。この事件については、平山家文書中に、斎藤家（おそらく筆跡から判断すると実平が記したと思われる。）による、小前一統があげた名主不行跡の一条一条に対する弁明の記録[33]が残っているので、その内容について小前一統の訴訟と斎藤家の弁明とを整理して検討することにする。

①小前一統の訴訟　「去ル十ヶ年前、加賀中納言様猶亦御分家松平備後守様当御屋敷様江差上候御用御餝松[34]……今宿村次郎左衛門持地之山江忍入、御餝松盗取……」

斎藤家の弁明　「此段私持分如意村字谷平与申場所に小松山壱ヶ所有之候ニ、引続キ今宿村次郎左衛門持分之小松山有之候所、山野之事故更ニ境界不相分……尤見通し中ニ有之申候小松壱本伐木仕候所、右源次郎儀罷越、見通し境ニ無之入犯有之候場所柄之趣絶而申募候、右者地主ニ無之事好之者ニ御座候、……些細之境論境界入込候場所異論ニ及候事抔山中間々可有之……私身ニ取左程ニ私欲与も相心得不申、又村方小前之者共迚私共ニ而次郎左衛門与境界争論有之候迚迷惑仕候筋柄とも無之哉と奉存候……」

②小前一統の訴訟　「平山村百姓佐伝二儀、祖父豊八より字河原ニ而下畑五畝歩余之荒畑左司馬父文内方江質地ニ入置候所、年季明出金ヲ以請戻しニ参り候得共、私欲ヲ以本書見当リ不申相返し不申……其上同村孫七父久兵衛方江質地ニ入置……」

斎藤家の弁明　「此段左伝二父豊八より私祖父文内存生中字河原ニ而荒畑六畝廿歩之地所元金三分ニ而質地ニ受取申候所、村方百姓久兵衛方ニ譲り地ニ相流し可申候対談行届……誠ニ当然之事と相心得申候、然ルニ讒訴人ハ別段趣意も御座候趣ニ書綴り申候得共、金子貸借り行違之筋　異論出来候儀是又世間ニ折々承及申候事ニ相心得申候……」

③小前一統の訴訟　「同村小前百姓諸祝儀之節、役儀之威光ヲ以種々故障猶亦難題申懸ヶ、兎角差支り相好一同難儀仕候義……去亥年二月廿七日同村百姓小七聟取新客之節、彼是難題申懸ヶ連判ニ及、組合栄五郎ニ左司馬非分之事ニ被談……」

斎藤家の弁明　「此段小七・栄五郎軒並居候得共殊之外不和合……ニ付、酒狂之上憤りを他人ニ移シ申候、……小七祝儀之儀者熟縁ニ而男女共弐人出産ニ御座候故障之筋無御座候と奉存候」

④小前一統の訴訟　「先年村方百姓幸蔵娘ちよ幷久貝相模守様御知行所隣村長瀬村百姓勝右衛門方ニ嫁ニ差遣し候節も、格外ニ難題申懸ヶ……其外孫重二男久八郎を分家致し、同人女房之節云々同村百姓伴蔵・伊右衛門嫁取云々」

斎藤家の弁明　「此段幸蔵・伴蔵・伊右衛門娵取之祝儀之節も兎角妨ヲ申責……此三人ハ久内組合ニ御座候ハバ、久内了簡ニ而事柄取斗申候事、且三家嫁共之儀一同熟縁ニ而……故障妨とも相心得不申内……此讒訴人義、些少事なり共名主共にて口を開き申候之縁談故障又ハ迷惑可致候抔書加申候得共、名主にても口耳も御座候ニ不相聞不見無言にて世を経難く御座候、……久八郎女房くらは同人の姉之子ニ御座候故眼前之姪ニ御座候、……然ルヲ、今般迎取り久内仲人ニ而立祝言為致申候、右様之義ニ御座候ハバ、眼前伯父姪夫婦与申すもの餘り世間ニ数無之夫婦ニ御座候……」

⑤小前一統の訴訟　「同村百姓健五郎忰左源太義実子無之候ニ付、同人数馬義ヲ順養子ニ相定、左源太女房親類ニ而……大塚村幸右衛門方より去ル亥年三月中嫁貰受……左司馬方ニ而故障ヲ申、娵披露出来兼……相続妨……彼左司馬忰実平義実子大勢有候故分家相続不相成様云々」

斎藤家の弁明　「……数馬……今以順養子之披露無之、且亥年三月中嫁貰請候様申成候得共、大塚村幸右衛門方ニ下女奉公勤居候女子左源太女房自身ニ而連来り、下女同様ニ召遣候所、尤家督相続取究、嫁ニも可致相応之ものニ御座候ハバ、右健五郎義左司馬従弟ニ御座候ハバ、万事相談之上取計可申候義当然之所、其沙汰無之、己勝手ニ召仕置今ニ以無事ニ御座候、……文面中分家相続不相成候様実平大勢子供有之分家相続相妨云々申候得共、相続人無之候上者本家相続も世間有之候得共、右女嫁同様ニ取扱申候噂ニ御座候ハバ相続相違無御座候……」

⑥小前一統の訴訟　「同村左文二義子供大勢有之養育成兼候ニ付、……姉娘ふミ義を（親類比企郡熊井村名主周助に）世話相頼、幼少之砌遣し養育致候所、持高廿石斗持所相応成者へ娵遣候筈ニ而……左司馬夫婦ニ而申候ニ者、惣領相続人猶亦不義ニ而馴合抔故障有之……破談趣相断候ニ付……左文二家内親類迄不睦義者左司馬夫婦より事起り誠ニ相歎ヶ敷義……」

斎藤家の弁明　「此段左文二と申者ハ……兎角博奕数寄ニ而、親林蔵（組頭）手元ニ不罷在度々不宜場所ニ立廻り候……（久内は、左文二の）博奕渡世抔書綴り、右御取締御出役様ニ御訴申候所……御召捕ニ相成、……毛呂本郷寄場役人大小惣代共ゟ御歎願仕候處格別以御慈悲御免除ニ相成……依之左文二今ニおゐて左司馬父子意趣ニ差含候廉無之……然ル所左文二女房キン昨丑十二月十五日難産ニて死失仕候ハバ、同人娘ふミ先般呉渡し申候ハバ、壱軒退転ニも相成可申姿且惣領相続者、世間之通例ニて有之、猶又ふみ義熊井村縁談之噂今初而此文面ニ而初而聞及申候……」

⑦小前一統の訴訟　「去ル戌年十一月十二日同村太市女房とミ幷小七女房多ツ、猶亦仙石播磨守様御知行所毛呂本郷百姓伊太郎女房等之右両人引連越生宿ニ参り酒店ニ上り云々帰路之所八州御取締御出役様御通越酩酊之慮外云々」

斎藤家の弁明　「此段太市女房とミ幷小七女房多つ何レも酒数寄女ニ御座候ハバ、御出役様御通行にも相心得不申途中御叱受候事有之候噂承り候処、直ニ御免ニ相成……且、女人共途中之慮外有之候得共、名主迄越度相成候様申成候得共、是又其人々ニ附程々之過チ無之候者世間ニ数稀ニ御座候」

⑧小前一統の訴訟　「左司馬女房みの義、是迄数度云々御上様ニ被置御賢慮云々三ヶ村取立役被　仰付候所云々右役義被召上云々村内共不取締ニ御座候故、一同難儀仕候事」

斎藤家の弁明　「此段左司馬義当寅六十三歳みの義五十八歳無銘之箇條書添讒訴仕候、乍併金銭無体ニ押領仕無筋ニ小前共ゟ貪り取候箇条無之候間、先ニ休意仕候得共私慾と申勝手と申候、其意相分り不申如何様之義目当テに致し讒訴仕候歟難心得……」

⑨小前一統の訴訟　「当丑夏中御上様より御用馬左司馬方へ御預ヶ云々御名馬落死之御届申上、然ル処、御上様より御見分御出役被遊候趣被仰付……」

斎藤家の弁明　「此段去丑閏五月中御預り申上候御馬……廿七日夜死失仕……馬場村名主東馬（他三名）……立会

御見分相済候右四人……調印シテ病死ニ相違無之……聊相違無御座候」

まず、小前一統の訴訟内容について検討してみると、それは、大きく三つに分けられる。

一、他人所有の山地への浸入、又質地請け戻しの拒否等の経済面に関する訴訟→①②

二、名主の小前百姓の婚姻・家督相続の妨害に関する訴訟→③④⑤⑥

三、名主役としての役儀怠慢に関する訴訟→⑦⑧⑨

これらの内容について特徴的なのは、まず文中にも「金銭無体ニ押領仕、無筋ニ小前共ヨリ貪り取候箇条無之候間、先ニ休意仕候」と実平が記していることからもわかるように、斎藤家の経済的な収奪に関する訴訟、例えば小作料や高利貸しに関する訴えが一件あるとはいえ、ほとんど問題になっていないということである。むしろ、斎藤家が、村民の婚姻や相続などプライベートな面に干渉してくること、また名主が本来勤めるべき村民保護と治安の維持、その他職務において抜かりがあるということに対して批判が向けられているのである。質地や小作料に関する訴えがほとんどなかったことは、先にみたように、平山村内における斎藤家の小作人がわずかであったということとも関係していると思われる。また訴訟の主体が村民の下・零細層にあったのではなく、比較的中・上層の村民であったことにもよるものであると考えられる。

さて以上のような小前一統からの訴えに対する斎藤家の弁明をみてみると、そこには村人に対する経済的側面だけではなく、生活の諸側面における干渉の姿が散見している。例えば斎藤家の村民の婚姻・相続への干渉に関する批判に対する弁明が最も多いのは、豪農の存在基盤である村落の治安維持と村民の掌握、また村民の家の維持という点(→⑥)の他、本家による分家の相続(→⑤)など、直接斎藤家の村内における地位やそれに基づく発言権に関わることが多かったためであると思われる。

さらに、実平の弁明で気が付くことは、村民ことに組頭久内に対する讒言が非常に多く記されていることで、実平が弁明するために抜粋した箇条の内容も、ほとんどが久内と関連がある。久内に対する讒言をいくつか抜粋してみると、例えば②の弁明中では、「一体此左伝二と申者ハ、村方組頭久内抔は存外熟懇ニ御座候得共、心立甚不宜者ニ而……（ゆすりや盗みを数々働いた程の）不束ものを、久内儀殊之外懇意致し、……、就中二拾ヶ年前《天保十二年》、村方百姓幸次郎方ニ日待御座候節、左司馬隣家一族ニ金作と申百姓御座候、久内・左伝次日頃仲合宜敷を常々酒犯之上ニ而嘲笑遂異論欲候議有之、然を久内悪レ之、同年二月廿五日夜久内方所持脇差左伝二ニ貸渡し、右幸次郎宅ゟ金作義宿元ニ立帰り申候後ゟ無二無三ニ切懸ヶ、眉間数ヶ所手ニ三ヶ所疵為負請、其身既ニ危キ所毛呂本郷医師直助立越……」とか、④では、「……久内方武州大里郡甲山村百姓銕蔵と申者同村ニ而人之女房を奪取候ニ付、居村ニ居住難相成、無余儀久内方ニ参り奉公同様ニ罷在候所、久内義右銕蔵奪取来り候女ニ手を附候所……右様之事共取上ニ人ニ難渋為仕傍ニ楽ニ居候者村方ニ者多無御座候……」、⑤では、「……一躰左司馬方分家久内・健五郎両人本家を軽蔑仕、久内義ハ大望之企仕健五郎義とて分家仕より漸雄次郎・健五郎ニ而二代、久内方代次郎・親久内・当久内ニ僅三代互ニ睦敷可仕候処、……両家共身上向追々宜敷相成、久内義ハ左司馬方ニ少し劣り候位之事、乍併運性宜敷、追々金持相成、毎度御用金之節迚都度々々相外し左司馬方のみ相勤申候次第、依之立身を相好讒訴致し、大ニ役義相成申度存念ニ而讒訴仕候事共ニ御座候」等々、要するにこの弁明書の中心になっているのが久内に対する批判であり、そのことは、実平自身「この訴状の張本人久内」とまでいっていることからもわかるのである。

では、なぜ実平はこのように久内を批判したのか。逆に、久内はなぜ斎藤家を訴えたのか。その点については、今引用した⑤の弁明中の久内に対する批判に端的に示されていると思われる。つまり、久内・健五郎の近年における経済的上昇と斎藤家の御用金賦課と経営不振による村内における相対的地位の低下ということが問題となってくる。第一節でみたように、天保から慶応にかけて、斎藤家は大きく石高を減少させているのに対し、久内・健五郎は石高を徐々に上昇させていたのである。しかも久内・健五郎は、斎藤家の分家筋にあたる。[35]久内の祖父代治郎は安永七年五石六斗八升で分家、健五郎の父雄治郎は、文政一〇年頃分家しており、村内においてはもともと有利な位置にあったといえる。彼らは農間渡世の他に質屋を営んでおり、養蚕業にも従事することでその力を伸ばしてきていた。

これらのことから判断して、この村方騒動が斎藤本家に対する、分家筋の家の経済的上昇に伴う発言権の強化を背景にもっていることがまず伺えるのである。

だが、もちろんこの讒訴状が久内の指導によるものであったにしても、本家分家関係に伴う久内一人の私怨から出来ることではなく、訴訟①にみられるように、一〇年も以前のことがこの時期になって取沙汰されるということを考えてみても、やはり、村内における斎藤家に対する小前層全体の不満が、慶応期の世直し状況とともに高まっていたということは見逃すべきではあるまい。

慶応二年、この地域も名栗一揆に始まる武州世直し一揆[36]の渦の中に巻き込まれることとなる。この時、斎藤家ではいち早く情報をキャッチし、門を開いて一揆衆に食料等を振る舞ったため打ちこわしを免れたが、同村の林蔵宅は農業の他質屋を営んでいたため打ちこわされている。[37]林蔵は村役人を勤めており、慶応二年段階の所持高は五石代に達し、村内の中層に位置していた。

おわりに

以上のように、村内における上昇層との対立、村外に拡大した小作経営の不振や、慶応期における世直し一揆等で、豪農斎藤家の村内外における立場は非常に不安定なものとなっていた。この場合豪農の立場の不安定さは、豪農自身の経済的不安定のみでなく、従来村の秩序維持に努め、村民の婚姻・相続の世話や、争論の仲裁など、名主がその立場上村の公務としてきたことが、もはや村民にとって不要のものとされるようになってきたことにもみられる。そこには明らかに村内部における秩序の変化の現れとしてとらえることができる。

そしてそれが、開港という時期と重なっていることも、偶然ではあるまい。開港は斎藤家に新たな経営の方向性を見出させている。また、同時に平田国学との積極的なかかわりも現れてくるのであり、次章でみるように、志士との結合あるいは政治活動への援助及び情報収集活動を行うことになるのである。

また、慶応四年四月、官軍東海道大総督府様御執事様あてに書かれた入間郡・高麗郡・比企郡の三郡農民による懇願書によると、「高麗郡・入間郡・比企郡三郡者旗本小給之知行所にて主宰之者無之、不束致候共取捌人無之ニ付迷惑之者間々有之、忍侯・川越侯被為在御座候得共何レ十余里之懸隔なれば、土民勝手次第昼夜盗賊徒党仕、夫々農業相妨ヶ万民困窮之基ニ相成、上下之分無之……」とし、さらに、「一、旗本御旁々民土を自身開拓仕候積りヲ以、妻子家族等知行所ニ仮住居致し迷惑仕候御仕法之事、一、旗本衆中之知行取締として巡撫御下知、徒党乱暴禁制御沙汰之事、一、火附盗賊人殺之者召捕候上者、□之御役所江申上御裁判所之事」[38]等をあげて、すぐに布告することを嘆願している。この内容をみても、百姓の生活を守れない幕府、殊に旗本に対する失望がいかに大きなものであったかがわかる。特に斎藤家の場合安政期の御用金問題でも、旗本の自分勝手な行動と頼りなさを実感していた。幕末、自己の村内外における地位の動揺、新たな方向性の模索に加えて、こういった支配領主に対する失望も、豪農の政治に対する意識を強くさせたと考えられる。

註

（1）服部之総「明治維新における指導と同盟」（『服部之総著作集』第五巻『明治の革命』理論社、一九五五年、所収）二〇一頁。

（2）佐々木潤之介『幕末社会論』（塙書房、一九六九年）二九〇頁。

（3）服部之総前掲論文。豪農層に一定の変革性を認める立場をとる論文に、沼田哲「変革期における一豪農の思想形成――三河北設楽・古橋暉児の場合――」（『青山史学』三号、一九七三年）、鎌田道隆「村落指導者層の歴史的意義」（『日本史研究』一〇三号、一九六九年）などがある。

（4）大江信夫「維新政府について」（東大出版会『日本歴史講座』第五巻、一九五六年）四〇頁。原口清『戊辰戦争』（塙書房、一九六三年）一一五頁。

（5）宮地正人『幕末維新期における文化と情報』（名著刊行会、一九九四年）などがある。

（6）高木俊輔『明治維新草莽運動史』（勁草書房、一九七四年）三五二頁。

（7）高木俊輔「幕末政情と豪農」（芳賀登編『豪農古橋家の研究』雄山閣、一九七九年　所収）二七四～二七五頁。

（8）斎藤家についての研究は、馬場憲一「一豪農にみる酒造業開業過程の様相――武蔵国入間郡平山村斎藤家の場合」（『地方史研究』一四五号、一九七七年）などがある。本稿は、斎藤家の経営分析において、馬場の論文に依るところが多かった。

（9）『平山家文書目録』（埼玉県立図書館、一九六八年、復刻版・埼玉県立文書館、一九八四年）

（10）『毛呂山町史』（毛呂山町史編纂委員会、一九七八年）参照。

（11）『平山家文書目録』（埼玉県立図書館）

（12）平山家文書「（各年次）宗門人別御改帳」（埼玉県立文書館所蔵）。以下特に断らない限り史料は平山家文書である。

（13）馬場前掲論文参照。尚、文政十年・天保四年・慶応二年については平山家文書「（各年次）村入用高割取立帳」より筆者が作成。村入用は高割で、文政一〇年は一石につき一四七文かかり、天明四年は、一〇七文かかり、慶応二年は二五九文かかりとなっている。

（14）毛呂山町教育委員会編『毛呂山町史』四五〇頁掲載史料。（以下『毛呂山町史』のみ記す。）

（15）註(35)を参照。系図

（16）『平山家文書目録』（埼玉県立図書館）

斎藤家系譜

①斎藤　美濃介藤原冨長　元禄元年没
②斎藤　伊豫介　冨盛　慶長十七年没
③斎藤　帯刀　冨治　正徳三年没
④斎藤　兵部　冨賀　寛文九年没
⑤斎藤　先作右衛門冨世　享保九年没
⑥斎藤　六右衛門　冨栄　元文二年没
⑦斎藤　文右衛門　冨秀　寛政二年没
⑧斎藤　覚右衛門　冨吉　寛政十年没　名主役就任
⑨斎藤　文内　英秀　嘉永元年没　名主兼寄場組合大惣代
⑩斎藤　左司馬　易富　明治二年没　同
⑪斎藤　左二馬(実平)冨樹　明治四十年没

(17) 後に検討する、平山家文書「乍恐以書付奉申上候（名主役不正ニ付訴え）」中に記録がある。
(18) 『毛呂山町史』五二三頁。
(19) 馬場前掲論文。
(20) 古島敏雄「近世における商業的農業の展開」(『社会構成史大系』第二章第四節。日本評論社、一九五〇年)
(21) 史料Aに関する説明は、前掲馬場論文註(2)に詳しい。史料Bは、文化二年以降幕末に到るまでの質地証文と質流証文を一冊に綴じ込んだもので、表Bは、このうち質流地のみを集計したものである。
(22) 平山家文書中にみえる養蚕関係の最初の史料は、宝暦六年正月の「人主四十六代孝謙天皇御宇　皇帝命百歳蚕　天平宝字元年酉丁五月也」である。題名のみではこの史料の性格はわからないが、内容をみると、実は蚕種繭取引帳であることがわかる。
(23) 斎藤家の名主役就任の時期については、前掲馬場論文の註(15)を参照。
(24) 慶応二年「村入用村高割取立帳」(平山家文書) から逆算して出した村民各自の所有高と、「万延元年田畑小作覚帳」(平山家文書) から拾った平山村民の斎藤家の小作人とを対照して得た結果である。慶応二年（一八六六）と万延元年（一八六〇）では、六年間の差があり、不正確な点もあるが、それほどの不都合はないと思われる。

同じ武州の大里郡甲山村の根岸家の場合は、「根岸家の小作人が大体この村の小作層と解釈しても大して誤りはないと思われる。」（小野文雄「近世関東農村における豪農の成立と経営について——大里郡吉見村根岸家の資料を通して——」（『埼玉大学文理学部人文学科紀要社会科学』三））といわれるように、甲山村の下層最下層部はほとんど根岸家によって把握されていた。斎藤家と根岸家はこの点においても違っている。

(25) 馬場前掲論文。

(26) 表6の内、文久二年の「貸シ金質物利息帳」は、六月で記録が途絶えている。

(27) 例えば、平山家文書「借用申金子之事」（慶応三卯年二月二十九日）がある。

(28) 本文では、穀物売買については触れなかったが、『毛呂山町史』によると、かなり手広くやっていたようである。史料では、平山家文書中には宝暦七年から文政九年までしか残っていない。この他、商品生産では木炭がある。斎藤家では覚右衛門の代に手広くやっていたようでかなりの収益があったらしい。幕末における史料を欠くが、江戸末期まで行っていたようである。（『毛呂山町史』三九五頁）

(29) 山口丹波守直信　勘定奉行（安政六年〔一八五九〕二月十三日〜万延元年〔一八六〇〕十二月十五日）、後、大目付となる。

(30) 『毛呂山町史』三八三〜三八五頁掲載史料「斎藤家地頭所借上金控　安政五年四月日」より引用。

(31) 平山家文書「乍恐以書付奉願上候」（文久元酉年十一月）

(32) 平山家文書「乍恐以書付奉願上候」（文久二年十二月）

(33) 平山家文書「乍恐以書付奉申上候」（慶応二年正月）。引用文中の（　）内は、筆者が加えたものである。

(34) 平山家文書「乍恐以書付奉願上候」（文化十三年）によると、「右文内奉申上候、私従先祖當御屋敷様御飾松御用勤、御目録銀御料理・御酒・御肴・御菓子迄頂戴仕冥加至極……」とあるように、斎藤家は代々毎年暮に松を領主に献上していた。

(35) 系図（次頁）

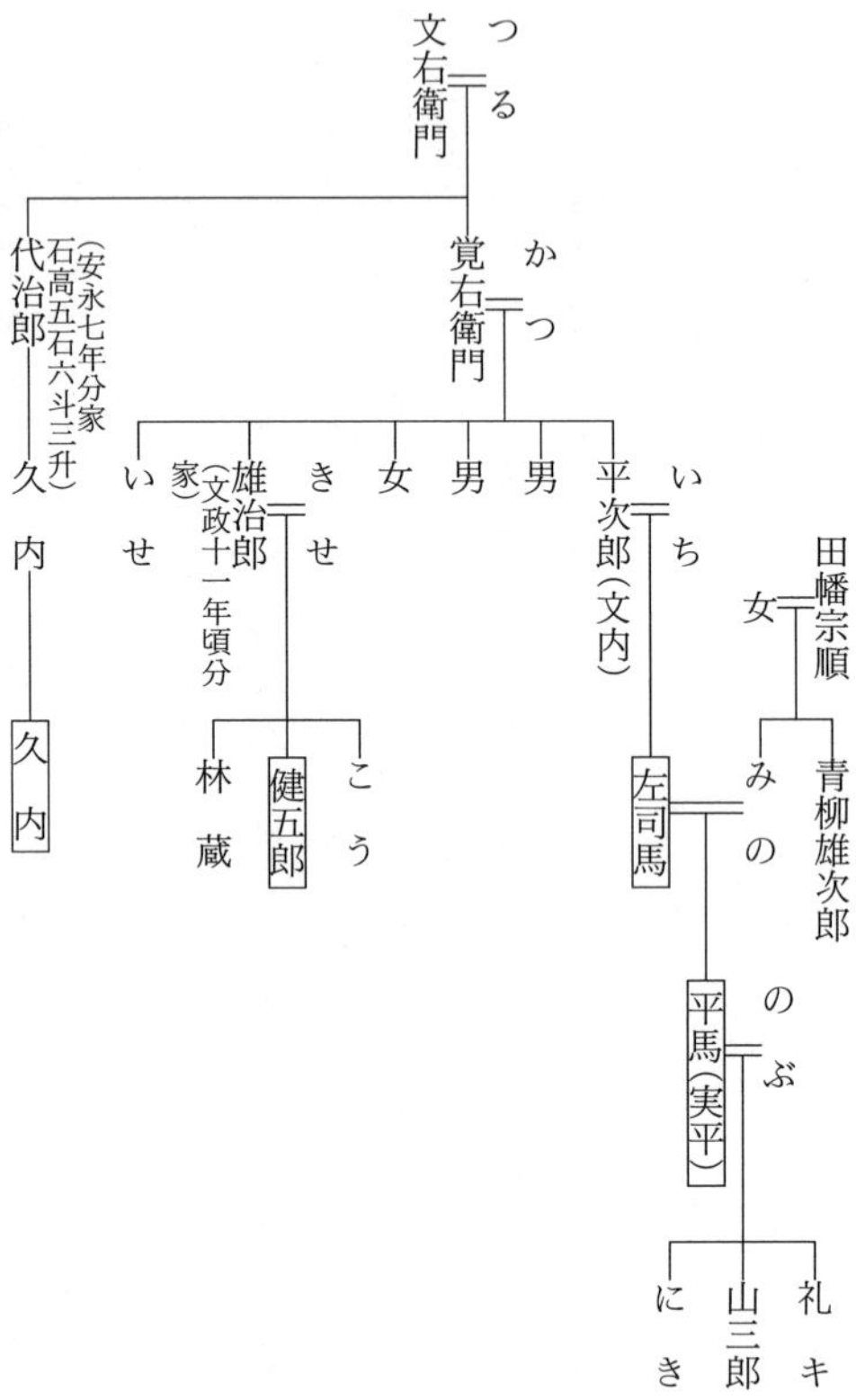

(36)　平山家文書中に残る武州一揆に関する史料は「打毀記録」一冊のみである。文献では、『毛呂山町史』四五〇頁にある。
(37)　『毛呂山町史』四五〇頁。
(38)　平山家文書「乍恐懇願一通」（慶応四年四月）

第二章　志士と豪農

はじめに

本章では、斎藤家の幕末政治情勢への関わり方について見ていくことにする。

幕末政治史の中で、豪農商層や神官・医師などの在村の知識人層が下級武士層と連携して尊王攘夷運動などの政治活動を行った事実は、研究史上において明らかにされてきた。(1)また、そのもつ意味についても幕藩体制を崩壊に導く内的契機として重要な意味付けが与えられてきた。こうした政治活動に関わりをもった豪農商層・下級武士・神官・医師などは草莽とよばれてきた。草莽は、幕藩領主による支配領域や、身分制などの縦の支配システムとは関わり無く、村共同体の枠とも関わりなく、草莽間の横の繋がり＝横断的結合を強め、幕藩体制を崩壊に導く原動力になったことは疑いがない。

こうした草莽間の横断的結合が、幕藩体制を崩壊させる運動体として機能するためには、運動であれ何であれ、意識化された豪農層の政治活動、草莽層の政治活動を在地において支える豪農商層の幅広い支援があってはじめて可能であったと思われる。

本章においては、草莽層の挙兵活動には参加しなかったが、在村において尊攘派志士ともコミュニケーションを持ち、結果的には草莽間の政治的コミュニケーション形成に一定の役割を果たした、関東の一豪農斎藤家に焦点をあててみたい。

ところで、草莽間の政治的コミュニケーション活動をとりあげるにあたり、(2)中心課題となるのは、ある情報が、誰によって、誰に対して、何について、いかなるルートを辿って、伝達されていったのか、且つそういった情報ルートが成立するに至った契機、つまり、情報の送り手、受け手がお互いに政治的関わりをもつに至った契機は何であるのかを知ることである。本章では、幕末草莽間のコミュニケーション活動の一端をなす、関東における一豪農斎藤家と、一草莽の志士権田直助とその門人たちとのコミュニケーション活動の様相を、現在平山家文書に残る史料をもとに究明していきたい。

一　斎藤実平と権田直助

本稿でとりあげるのは、武州入間郡平山村名主兼寄場組合大惣代斎藤左司馬の息子の実平である。彼については、詳細は不明だが、天保三年（一八三二）に斎藤左司馬と妻みのの間に生まれた。幼い頃のことは全く不明だが、幼少より学に励み、和漢の書籍を多く求めて読破したといわれる。(3)幕末には父左司馬のもとで名主見習いとして比較的自由な立場にあり、安政頃からは付近の子弟を集めて寺子屋を開いていた。(4)

斎藤実平が平田塾に入門したのは安政六年（一八五九）七月九日二八歳の時で、隣村毛呂本郷の医師権田直助の紹介によるものである。この時既に、実平は国学者として近村に知れ渡っていたという。(5)実平が平田塾に入門した時期は、ちょうど神奈川・長崎・箱館が開港になってから二ヵ月とたたないころであった。且つ前章で見たように、斎藤家では安政四・五年に小作出入があり、安政五年には五〇両という御用金を命ぜられた翌年にあたっており、これらのことが、実平に平田塾入門を決意させる背景にあったことは既に前章において指摘したとおりである。そういう状況下で、実平に直接的にその決意を促したのは毛呂本郷の医師権田直助であり、実平の幕末政治情勢との関わりについては、権田直助との具体的な関係をみていく必要がある。実平が権田直助に師事するようになったのは、安政年間であると思われ、直助門人との交流も多く、直助が主催する名越舎には頻繁に足を運んでいたようである。

権田直助は、(6)文化六年(一八〇九)一月十三日平山村の近くの武蔵国入間郡毛呂本郷に生まれた。家は代々漢方医であったが、直助の父直教の代まではそれほど名の出た医師ではなかった。直助は幼少の頃より利発で、下田素耕に(7)つき門下生の中でも傑出した存在であったという。文政八年父直教の逝去を契機として医師を志し、一九歳で入間郡成瀬村医師目崎祐仙の娘幾久子を娶り、妻に祖母や母を託して自分は東都遊学に出発する。江戸では野間広春院に漢方を学び、また昌平黌の安積艮斎から漢学を学んだ。その後諸国遊学を経て天保四年に帰宅し、正式に医業を開いている。数々の修業を積むにつれて、彼は他邦の医道に疑問を感ずるようになり「大御国の医の法」を志すにいたる。これを皇朝医道(8)と呼び、後の彼の尊攘運動の精神的支柱とされているものである。彼は皇朝医道確立のためにはまず古典に対する深い造詣が必要であるとし、友人の安藤直道(9)の紹介で天保八年九月十一日江戸に出て、篤胤晩年の平田塾に入門し、古医方の研究に没頭した。この平田塾入門を契機として、名越舎と号して一家を構え、次第に直助のもとに、彼を慕って集まってくる青年達が増えてきた。天保十四年十一月十八日直助三五才の時、門人帳に見える限りでの初の門下生が入門する。(10)その後も多くの入門者があったが、名越舎初期の門人は、いずれも医道のみを学ぶ学徒であった。嘉永元年二月伊勢神宮参拝のついでに京に上り、錦小路頼易卿の門に入門した。(11)帰郷後も医業を営むと共に著作業に携わり、石高わずか一石三斗五升という中で、多くの本を執筆している。(12)嘉永六年ペリー来航、安政五年の開港など対外的にも政治情勢が切迫するにつれて、直助のもとに多くの尊攘派志士が出入するようになってくる。

斎藤実平もその一人であった。

ところで実平と直助との関係を知るための史料は、直助が文久二年中頃五条為栄の招聘で上洛する以前においてはほとんど残っていないが、その手がかりとなるものに「名越舎門人帳」(13)がある。これによると、実平は名越舎の門人にはなっていないが、安政六年三月八日入門した加藤良造正道・宮西諸助両名の紹介人として名を連ねており、実平が名越舎門人の斡旋を行っていることがわかる。ちなみに、加藤良造正道は尾張国名護屋出身の医生であるというだけで詳細は不明である。宮西諸助は江戸浅草寺領代官本間庄左衛門の次男で、後日枝神社祢宜宮西頼母の養子となる。安政六年四月五日には平田塾にも入門しており、医学とともに国学も修めた。この後直助が尊攘運動をするにあたっては宮西諸助は常にそのもとで活動し、慶応三年薩邸浪士隊でも師と行動をともにしている。

さらに、文久元年実平が伊勢参宮に際して記した「実平伊勢餞別受納帳」(14)から、直助が薬と銭二百文を実平に餞別として贈っていることがわかる。また、直助は石高僅か一石三斗五升であり、生活の面での援助を斎藤家からうけていたのではないかと思われ、さらに直助が上京する時には息子年助の世話も頼んでいる。このように実平と直助とは、生活諸側面にわたり親しい間柄にあった。この点を、直助上洛後実平に宛てて送られてくる書簡からやや詳しく見ることにしよう。

直助は、文久二年の中頃攘夷派公卿五条為栄の招聘により門人を引き連れて上洛し、出版活動や国事周旋に奔走しているが、文久二年から元治元年までの在京中に、何度も関東の実平と書翰のやりとりをしている。(15)現在直助から実平にあてた書翰(16)が、文久二年十月七日、十二月九日、文久三年二月三日、三月三十日、四月十五日、四月十九日、五月三日、十一月二十八日、元治元年一月三日、同七日の合計一〇通残されており、かなり頻繁にやりとりがあったことがわかる。これらの書翰を検討してまずわかるのは、実平は直助にとっては大切な資金源であったということである。文久三年四月十九日付け書翰には、「扨御願申上候通年助へ金子弐拾両御渡被下……」とあり、明治になってから実平にあてたと思われる書翰に、「多年御借の金子猪幣にし御贈与候。右は老生これまで薄命にて返酬の機を逸し不本意至やうやう今般」返済できたと述べている。これらの金子は、直助の著書『西洋医説弁』の上梓資金や政治活動資金として使用されたといわれる。[17] このように、実平は志士直助に対し資金源という形でその活動をバックアップしていた。この他、直助が上洛に際して息子年助の世話を依頼していることや、[18] 直助の妻幾子の上洛に際しても実平が直助夫婦に対する経済的支援をおしまなかった[19]ということも書翰中にみえており、直助が物心両面で実平をいかに頼みにしていたか、あるいは逆に実平が直助らの活動をいかに期待していたかがよくわかる。

また、二人の間で書物のやりとりもあり、文久三年十二月二十八日、元治元年一月七日の書翰には、直助は自分や門人たちの研究に資するためか、実平に、『実武一家言』（佐藤信淵著兵学）・『葬礼考』・『大嘗会便蒙』・『神祇官八座神伝』・『神ト秘事記』（以上神道書）・『古史伝』等数冊を贈るよう依頼している。このうち『実武一家言』は斎藤家にない場合は平田家から借りてほしいとも述べている。

書籍や金子はもっぱら直助からの依頼によるものであったが、実平からは在京の直助に画賛を贈るように頼んでおり、依頼を受けた直助はすぐに朝廷との繋がりを通して、画を土佐左近将監に、賛を慈光寺三位に書いてもらえるよう手配している。約半年後出来上がり、文久三年五月三日「図画入費之覚」を送ってきているが、合計して金一両三分二朱ほどかかっており、直助も「……当節は諸侯上京ニ付高價ニ相成候へ共、画料などは其響も有間敷と存居、殊更実意ニ拙方へ出入いたし土佐家へも出入いたし候兄を紹介といたし候事故、今少下料ニ出来候心得之所、尤高料ニ相成尤御気毒之処御推察可被下候」とわびている。実平は書画の収集を行っており、明治になってからまとめて記された「書画蔵書目録[20]」には多くの書画が記されているが、中には真淵翁、平田翁の掛け軸など実平の思想を反映しているものが見いだせる。

以上のごとく、実平は物質的精神的に直助を支援し、直助もこれに答えることによってお互いに親交を重ねていたのである。

一方、名越舎門人との関係も、実平が名越舎に頻繁に出入りしていたことから親密であったと思われるが、これについては僅かに残る門人から実平にあてた書翰から推測が可能である。一通は、文久三年五月付の斎藤助から実平にあてたものである。これによると、斎藤助が師の後を追って上洛する際に、実平が斎藤助に上洛の餞として「御秘蔵之腰刀」を貸していることがわかる。また文久三年一月七日の秋山為助よりの書翰は年頭の挨拶を述べたものだが、実平に対する敬意が読みとれる。これらのみをみても、実平が名越舎門人から慕われる存在であり、実平も門人に対する支援を惜しまなかったということがよく分かる。

こうして、斎藤実平は、名越舎に頻繁に出入りし、あるいは門人を自宅に招くことで、多くの草莽の志士たちと政治的な交流をもつことになる。

以上は、草莽の志士と豪農との結びつきを示す一事例にすぎないが、こうした関係が当時の志士と豪農との間に一般的にみられたのではないかと思われる。こうした事例を一つ一つ明らかにすることも今後の課題であろう。

二　豪農斎藤家の政治情報収集活動

現在平山家文書には豪農斎藤実平と権田直助を中心とする関東草莽との政治的情報収集活動の形跡を知るにたる多くの幕末政治情勢、特に尊攘運動関係の文書・書簡が残っているが、これらの情報を整理・検討することで、豪農斎藤実平の興味のあり方、情報入手ルート、実平が志士との関わりの中で果たした役割、さらにそれらのことが幕末においてもつ意味を考えることができるであろう。

平山家文書中に残る政治情勢を記した冊子類は筆跡の異なるものが多く、情報の送り手、受け手、筆写人物の不明のものが大半である。これは、幕末に斎藤家に多数の草莽たちが出入りし、斎藤家に集まった情報を彼らが筆写したものが残ったか、あるいは集録されたものが送られてきたかであろうと思われる。しかし、いずれにせよそれらの情報が当時斎藤家に集まっていたということは事実であり、実平の尊攘運動への強い関心を知ることができる。

また、文書中には情報の送り手がはっきり記されているもの、あるいは推察できるものもあり、そのほとんどが権田直助から送られた情報であるという点は注意すべきであろう。おそらく他の冊子の中でも直助ゆかりの尊攘志士たちの手によるものが多いと思われる。つまり実平の幕末政治情勢との関わりは、直助とその門人をはじめとする関東草莽とのコミュニケーション活動を通して行われたということは確かであり、従ってこれらの情報も直助等関東草莽の動きと関連づけてみてゆくことが可能であろう。

表13は、直助・実平それぞれの動きと斎藤家に残る幕末の事件、殊に尊攘運動関係の事件に関する史料を事件別に整理したものとを対照させたものである。嘉永七年から安政五、六年にかけては、やはり異国船関係・安政五ヶ国条約関係のものが多く、この頃の斎藤家の興味のあり方がわかる。

「安政六未年七月二四日太田備中守存意書之写」は、外国交易条約による開港が我が国に悪影響を及ぼしていることについて述べているものの写しである。また、これと同じ綴り中に、「英士十七人懐中之写」がある。これは「墨夷浦賀へ入港以来征夷府之所置、仮令時勢之変革も有之随而御制度之変革も那くてハ叶ぬ事情有之とハ申ながら出頭之有司専ら右を口実ニ志天一時愉安畏戦之情ヨリ」で始まる建白文で、かなり激しい幕政批判と尊攘思想が表れてい

表13　斎藤家に集まった情報の整理表

年号	政治情勢	権田直助年譜	斎藤実平年譜	情報	内容	ルート
文化6		毛呂本郷に誕生				
天保3			平山村に誕生			
8	大塩平八郎の乱	平田門入門。このころより弟子をとる。				
嘉永1		上洛して錦小路頼易に入門				
6	ペリー来航					
安政1	日米和親条約			異国船渡来一件御用留	御用留書抜嘉永7年9月	
5	日米修好通商条約	このころより多くの志士が出入りする。	総兵衛一件	堂上方上書并御書	安政5年3月7日修好条約についての三条実萬ら六人の意見書	
6	神奈川・長崎・箱館開港		御用金問題・平田門入門・これより父にかわり諸事奔走する。	安政六年名七月二十四日太田備中守存意書之写	外国交易定約開港之場所(幕政批判)・英士十七人懐中之文写(攘夷建白)	
万延1	桜田門外の変			(攘夷ニ付建白)	万延元年3月21日常州郷士宮田瀬兵衛の攘夷建白書之写	田安家→○→謙次郎→権田直助→斎藤家
				彦根侯ノ老臣ヨリ去ル閏三月差上候書付之写		
文久1			伊勢参宮			
2	生麦事件	五条為栄の招きで上洛。公卿間を往来し国事周旋。		書簡(10/7、12/9)	(神蹟画讃の件・書籍・金子借用の件)	権田直助→斎藤実平、名越舎門人→斎藤実平
3	足利三代木像梟首事件(3・23)	足利木像事件に門人が加わっており要注意人物となる。		書簡(1/7、2/13、3/20、4/15、4/19、5/3、11/28)	京地情勢(天皇賀茂行幸・異国船渡来など)	権田直助→斎藤実平、名越舎門人→斎藤実平
				(京地情勢ニ付)	生麦事件・将軍帰府延期に付・三条河原のさらし首・足利三代木像事件	
				亥七月京発書状中之写	5月10日長州攘夷実行と四ヶ国馬関襲撃	島原藩士→権田直助→斎藤実平
				(京表聞書)集録	8月18日御廓内御混乱聞見覚・長州侯へ御渡し御書付之写・御沙汰書・長州使者口上之覚・六侯建白・真木和	権田直助→斎藤実平→関東草莽

					泉消息之写など(権田直助の註がある)	
				攘夷争闘記聞		
				癸亥秋冬記聞		
				子正月来書洛陽騒乱記并見聞写		
				天誅組一件留書	堺・高取・大和より来書の写・大和浪士より同志へ送った書状の写・大和五条村浪士触書・町奉行より触書・十津川郷士役付など	
				亥八月十五日着状之写	天誅組挙兵について	
				大和浪士騒乱聞書	京都獄中において大和浪士の話	
				(桃井儀八一件)	12月23日溝口讃岐守様より到来・阿部播磨守様より御届・桃井儀八差出候本書之写	浪士岡見留次郎→落合八十馬→権田直助→権田年助→斎藤実平→関東草莽
元治元	真忠組事件・天狗党の乱			元治記事野常見聞四～八月	田丸はじめ日光勢存意書・日光御固所詰戸田殿家来ら同所奉行へ届・御代官福田所左衛門届書・周防守御届書・八月四日江戸文通書抜など	
				(京都風聞)	島津三郎・松平春嶽の動向、水戸浪士の動きなど	権田直助→斎藤実平
				書簡(1/7,5/3)		
				(武田耕雲斎一件)	天狗党の乱の詳細な経過	毛呂本郷名主専次郎→斎藤実平
				義志素懐状・亀山日記	天狗党小荷駄掛亀山勇左衛門の素懐状と日記	
	禁門の変	10月京都にて尊王倒幕の議を鼓舞し長州にも種々建議するが、禁門の変で計画齟齬したため一旦帰郷する。		甲子初秋見聞録(附絵図面)	(八一八政変から一年後の祇園祭りの様子から始め、禁門の変頃の京都の情勢・諸大名の動きを記す)	名越舎門人→斎藤家
慶応2			名主役不正に付訴え			

3	武州一揆・薩邸浪士隊事件・下野出流山挙兵	11月古医道を門人井上頼国らに託し落合直亮・小島将満ら関東草莽らとともに江戸薩邸に入る。12月中旬薩邸を脱し西郷らと謀議し兵を乞う。12月25日幕府に薩邸を焼かれる。		(攘循争闘記聞)	慶応3年12月12日上州出流山浪士騒動略記	
明治1			名主役就任(安政〜明治5年子弟教育)			
2		白河家学館皇学教授				
4		国事犯の嫌疑				
5		大山阿夫利神社神主となる				
8			伊波比学校設立に尽力			
20		没				
22			毛呂村初代村長			
40			没			

る。

実平は、この頃には既に名越舎に行き来し、安政六年七月九日には平田門人となっており、強い尊攘意識をもちながら積極的に攘夷関係記事を集めていたようである。これらの情報もおそらく平田門人や名越舎門人等の志士との交流の中で入手されたものであろう。

万延元年三月三日、桜田門外の変が起こるが、この事件についても斎藤家は情報を入手した。「彦根侯ノ老臣ヨリ去ル閏三月差上候書付之写」は、彦根藩家老木俣清左衛門による桜田門外の変の善後策について述べた文書の写しである。また、「戎狄是膺荆舒是懲心ヲヤ赫タル」と題された攘夷建白書が残っている。これは、万延元年三月十二日に常州久慈郡馬場村郷士宮田瀬兵衛が老中内藤紀伊守に対し、桜田門外の変に関係した三五〇〇余人の代表としてこの一件に関する自身の決意や幕政批判、尊攘思想を吐露した建白書である。

桜田門外の事件もさることながら、宮田は郷士といっても実平と同じ農民であり、且つその建白書中には開港によって諸物価が騰貴し、民衆が苦しんでいる点も記しており、この宮田の建白書が実平に与えた影響は大きかったのではないかと思われる。

ところで、この写しの最後に、「是者田安殿奥ゟ出候趣ニ而、この写をク屋敷ニ而為見仕候処、珍敷書類とも存候間、書写して奉御覧ニ入らん□処、幸ひ便りも御座候ニ付差上申候、以上、三月十一日　権田先生様　謙次郎」とあり、この情報が田安家→某→謙次郎→直助、そして斎藤家というルートを経て伝わったものであることがわかる。謙次郎という名は「名越舎門人帳」にはのっておらず、何者かは不明であるが直助ゆかりの者であるには違いない。また、直助にあてた書類が斎藤家にあるということは直助と斎藤家の交際の緊密さと、斎藤家にもたらされた尊攘関係の情報が主に直助ルートからくるものであることを示している。

斎藤家にとって幕末政情に関する情報源の大部分が直助や名越舎門人あるいは彼らに関わりのある関東草莽たちであったことは文久年間尊攘運動が活発化するにつれて、それらに関する情報が激増していることからもわかる。以下、直助の動きにあわせてそれらについて検討していくことにしよう。

権田直助は、息子年助の世話を斎藤家に頼み、文久二年の中旬に攘夷派公卿五条為栄の招きに応じて上洛し、攘夷派公卿で後八・一八政変で都落ちする七卿の一人である錦小路頼徳やその他の公卿間を往来し国事に奔走している。直助の門人たちも直助の後を追って上洛している。

平山家文書中の「壬戌日乗」[23]という野城広助の日記は直助上洛後の名越舎の様子について詳しく記しており、広助も文久二年十二月十四日に出発していることがわかる。この日記からすると、文久二年十二月中旬には、まだ直助門人はほとんど関東にいたことがわかる。彼らはおそらく十二月下旬か年が明けてから上京したものと思われる。他の門人の上洛もほぼ同じ頃であろう。

こうして直助とその門人たちは、上洛し国事に奔走するわけだが、記録に残る限りで、直助が上洛後最初に遭遇した事件は、文久三年二月に起こった足利三代木像梟首事件で、この事件には直助の門人野城広助・長沢真吏・青柳高鞆らが関係しており、直助にも追及の手がのびたといわれる。これに関する情報は送り主は不明ながら筆写されたものが残っている。

その他事件の真相を詳しく記しているものに次章でも見るように野城広助の日記「安政癸亥　京中筆記」同「癸亥日乗」があるが、これは文久三年二月二十一日足利三代木像梟首事件直前から同年八月四日師命をもって長谷川鐵之進らと阿波の士豪を勤王に列せしむべく説得に出かけるところまで記している。野城はこの後勤王を掲げて諸事奔走したが、同年九月十九日船中にて熱病にかかり、すぐ没しており、この日記がどのようにして斎藤家に届けられたかは定かではない。

文久三年五月十日長州藩は下関通行の米艦を砲撃し、独自に攘夷を実行したが、その事件についても関東に連絡が入った。七月十二日発の書翰の写しである「亥七月京発書状中之写」には、事件の様子を詳しく記したあと、「是迄は、嶋原藩小川与一郎故ありて長州に在、自身も戦場に出て実見のよし、同人帰京の上当月五日幣宅へ来訪、談話中の筆記なり」と記されており、情報の入手経路の一端を知ることができるが、この情報を実平に伝えた「幣宅」の主の名は明記されていない。だが、その後に、「此段九日、十日、十三日、其後も時々争時有之由、追々聞込次第ニ御下知可申上候」とあるように、この「幣宅」の主が実平に頻繁に情報を送っていた権田直助であると推定することは十分可能である。

直助ら関東草莽が上洛した文久二・三年上旬は攘夷熱がピークに達していた頃であり、直助も医師として、また尊攘派志士として、著作業に政治活動に忙しく動いていた。文久三年三月二十六日から五月十七日までの直助の様子は彼の日記と推定される「在京日記」[24]に詳しい。ところが間もなく尊攘派にとって大打撃となる八・一八政変がおきる。これを契機に尊攘派は総引き揚げとなり、公武合体派が政治の主導権を握ることになる。関東草莽も故郷へと引き上げ、拠点を京都から関東へと移していった。直助は政変後も在京し周旋して回ったようだが、結局元治元年中頃には帰郷したようである。この八・一八政変に関する斎藤家に残る史料はかなりの量であり、この政変が与えた関東草莽たちへの影響の大きさを示している。

　ところで、この八・一八政変の内容を日時を追って詳細に記録した厚手の情報集が直助から実平に送られてくるのであるが、平山家文書中には、ほぼ同じ内容の冊子が四冊存在している。すなわち、表紙に書翰の貼り付けてある無題の情報集・「攘夷争闘記聞一、秋」・「癸亥秋冬記聞」・「子正月来書洛陽騒乱并見聞写」の四冊である。この四冊の情報集の存在はいったい何を意味しているのかそれぞれについて検討してみることにする。

　まず無題の情報集はつぎのような内容になっており、必要に応じて直助による註が細かく記されている。その内容は、「八月十八日御廓内混乱聞見覚」・「長州侯へ御渡御書付之写」・「長州侯より指出候書付之写」・「再び長州侯より差出し候書付写」・「御沙汰書之写」・「誓願寺表門ニ張付有之候書付之写」・「於幕府松平肥後守殿へ御渡書付之写」・「長州使者口上覚」・「書翰之写（長州宰相→勘修寺右少弁殿）」・「風聞」・「八月廿三日四公卿連疏讃岐守御持参」・「因州侯建白」・「六侯建白」・「町方へ御触書之写」・「長州ニ而臣下一統へ布告之書」・「島津侯建白」・「真木和泉消息之写」・「七卿招有志之徒書」・「十一月廿五日執奏家へ被差出直ニ武伝月番飛鳥井殿へ御差出ニ相成候由」・「十二月五日三条大橋張札」・「九侯建白」・「長州届書大意」・「薩州相同」である。

　つぎに「攘夷争闘記聞一、秋」は、秋の部分は朱筆で、表紙には目次をつけている。無題の情報集と比較して異なる点は、内容の上で「真木和泉消息之写」と、「九矦建白」以降が欠けている点、朱筆による訂正が数カ所ある点、また最も著しい違いとして、これは「八月十八日御廓内御混乱聞見覚」の前に、事件のあらましや洛中の状況を記した直助の書翰を引用していることがあげられる。その部分を少し引用してみると、「当八月十八日　如何なる凶日にや、殺励之気被行遠近込事非一候。其事件見聞ニ及び候分多く筆記致し候」で、始まり、事件のあらましや市中の壮絶な状況を描写している。「……夫レヨリ長州家人数不残引拂、其跡より大砲七・八丁車にのせて引取、是より先諸藩ゟ持運ぶ大砲其数を不知、夜ニ入候而も同様混乱、其中ニ市中ニハ街談紛々或ハ御所近き所三条以北ハ堀川東ハ加茂川を限り放火すといふ風聞起こり……市中は老少病人其余家財質要之品東西之水外へ移す何のといぅ混雑起こり、直助抔も町内ゟも申来候ニ付、大切之書翰なとは片付候程之事ニ候」と、その時の様子を記している。このような書翰の引用があることからしても、この情報集は直助の手によるものではない。「癸亥秋冬記聞」はほとんど無題の情報集と変わらないが、ところどころ朱で記事の配列順序の訂正がなされている。「子正月来書洛陽騒乱幷見聞写」では、朱筆による訂正書きの他、「真木和泉消息之写」の直助の註が他の情報集と比べて省略してある点が異なっている。

以上のことを考えあわせると、最も多くを記し訂正が加えられておらず、且つ実平あての書翰をはった無題の情報集が直助から送られてきた原本である可能性が強い。後の三冊は斎藤家に出入りしていた多くの志士のうちの誰かがそれを筆写し、自ら原本の誤りを朱で訂正したものであろう。だが、原本はともかくこれら筆写された冊子までもが斎藤家に残ったのはなぜか。それはおそらく斎藤家が「根無し草性」の強い関東草莽の活動・情報・生活の一拠点となっていたためであると思われる。

さらに注目すべきは、無題の情報集の上に貼り付けてある書翰の内容である。「急便故執筆手廻兼、小川節斎兄へ御無音ニ相成候、御序ニ宜敷御申訳可被下候、此集録小川・皆川・鹿山・大徳諸君へ御順廻、御一同御覧済後年助方へ御返達被下候様奉希候、権田直助　斎藤実平様」とある。小川節斎とは入間郡竹内村の豪農竹内啓のことで、慶応三年の薩邸浪士隊では出流山分遣隊の隊長を勤めており、また息子の一作は元治二年一月に名越舎に入門しているなど直助とは深い関係をもっていた。大徳はおそらく入間郡森戸村の大徳周乗を指すのではないかと思われる。大徳周乗は修験の大徳院主で、川越藩儒朝岡操に学び、森戸村に家塾を開いて子弟を教育していた。安政三年より江戸に出て国事に奔走したといわれる。(25) 他の二名については不明であるが、竹ノ内村も森戸村も毛呂本郷や平山村と地理的にそれほど隔たっていないところをみると、彼らもまた近村の知識人であったのであろう。この書翰の切れ端からは、京都の政治情勢に関する情報の関東志士への通信経路の一端を知ることができる。すなわち、まず直助が京都で集めた情報を斎藤家へ送り、そこから小川・皆川・鹿山・大徳らの関東草莽たちに回覧させ、最後に年助に返すという一情報ルートが判明するのである。

その他八・一八政変を知らせるものに、「六卿嘆願書」があるが、この伝達経路は不明である。内容は、京都における政変関係の風聞や張り紙、天誅記事、大和浪士渋谷伊与作らの処罰について等であり、筆写されたものも元治元年頃と思える。

八・一八政変と同じ頃、大和では天誅組が挙兵した。直助はこの挙兵には直接関係していなかったようだが、天誅組頭領藤本鉄石が挙兵のため大和に下るに際し、直助のところまで別れの挨拶にきており、(26) また、野城広助ら関東草莽とも交流の深かった平田国学者保母健など、(27) 直助や門人たちの同志も多く参加していたことから、この挙兵に関する確実な情報が入ってきていたと考えることができる。この挙兵に関する情報に「大和州騒乱聞書」(28) がある。内容は、初めに「京都獄中ニ於て大和浪士の話」とあり、その下に「是より先は聞きもらし候由遺憾如山」と権田直助の註がついている。それから天誅組挙兵の様子、参加者名簿が記載され、最後に「此書は、落合八十馬と申人大和浪士岡見留次郎と申す者に牢内にての聞書也、右落合八十馬四・五日前出牢、故有りて幣宅へ来訪ニ付入手致し候也、十一月六日」・「此書は年助一覧後、平山斎藤氏・竹ノ内節斎主・下河皆川老人・厚川鹿山主へ廻し、某より帰り候上年助所持致すべし、直助」とあり、この情報が、大和浪士岡見留次郎→落合八十馬→直助→年助→斎藤→小川節斎等関東草莽→年助さらに斎藤家へというルートをたどっていることがわかる。ここで直助に指名されている人物と前述の八・一八政変の情報集に貼ってある書翰に指名されている人物とが一致する点に注意したい。つまり、地域において幕末政治情勢に関する同一情報ルートが形成されていた事実が確認できるのである。(29)

天誅組に関しては他に「亥八月着状之写」・「天誅組一件留書」がある。前者は、出所不明だが、在京の者の聞き書きで、第三者的立場からの事件の様子を描いている。「天誅組一件留書」は、「泉州堺より来書」・「大和より来書」・「桜井寺門前五札之写」・「大和五条村浪士触書」・「大和浪士より同志へ送候書状之写」・「浪士より大和国中諸大名其外土民迄触書」・「町奉行より触書」・「奈良ゟ到来之書」・「高取ゟ来状」・「十津川郷士役附」・「浪士渋谷伊予作藤堂家陣所へ使者口上覚書」・「藤堂玄蕃侯建白」等日時を追ってかなり詳細に事件に関する情報を集録しており、おそらくこれは集録されたものが京都から送ってきたと推定される。この情報集の編集者は不明であるが、尊攘派志士であることは間違いなく、また編集者に情報を渡していた人物については、「奈良ゟ到来之書」の中に、「……しかし、奈良郡山商売向ハ是迄之通少しも相変候事無御座候」とあるように商人もいたことがわかる。

元治元年直助がまだ在京中であった三月二十七日に関東で天狗党の乱が起こった。直助は京にあってもすぐに情報を入手し、斎藤家へ知らせている。元治元年直助からの手紙の写しであると思われる無題の冊子があるが、それには最近の社会政治情勢を並べた後、水府浪士の事件についての聞き書きが記されている。その他天狗党の乱に関するもの[30]に「元治記事」がある。これはかなり厚手の冊子で、事件に関する情報を日時を追って詳しく記している。この冊子の編集者もやはり不明で、斎藤家に存在していても斎藤家の人間が編集したのだと言い切れない点が多い。元治元年水戸天狗党の乱の頃、直助はまだ京都にいたのであるから、これら関東の出来事は関東の志士の交流の中で、斎藤家に伝えられたものであろう。

元治元年の八・一八政変から約一ヵ年後の禁門の変の時の京都の状況・諸大名の動きを記したものに「甲子初秋見聞録」がある。著者は不明だが内容からすると名越舎門人であることは間違いない。これは単なる記事の集録ではなく、自分の見聞を記したもので、大変興味深い内容をもっている。京都祇園祭りの様子から始まって八・一八政変後の騒動を記し、蛤御門の変までの京都の状勢を自分の言葉で物語っている点が特徴である。さらに、蛤御門の変頃に書かれたと思われる京都御所付近の各藩兵の配置図が一通入っており、図面中に「此図、或藩ヨリ出ル処ノモノ也、今朱墨ヲ加フルモノハ我見ル処ヲシルセシナリ」と記されている。このことからみても、この著者がかなり政情に詳しい人物であることがわかる。また、さらに興味深いことは情報の出所についても記している点である。この冊子中出てくるのは、「北野人の話なり」・「石今出川蕎麦屋の話」・「柳馬場薪屋の話なり」・「医生の話」・「或町家の支配人丹波の笹山辺の産の者ありて十六日に京へ帰り来ての話」・「北嵯峨辺の百姓天襲寺の長州勢ニ雇われ人足に出し者の話」・「壬生浪士の話」・「彼地へ立越へし商人の話とて或人の語りき」等であり、一般庶民から商人・浪人・下級武士等さまざまな階層の人物から情報を得て、その話を書留め、集録にして関東に送っていたことがわかる点である。

直助は在京中何度となく実平に書翰を送っていたが、それも元治元年五月三日が最後となっており、直助がすべての策尽きて故郷に帰ったのはこれ以降のことである。帰郷後も直助は研究・著作活動や政治活動を続けていたが、慶応三年十一月、今まで研究を重ねてきた古医道を門人井上頼国に託して、郷里の知人には五条為栄卿の招待のため上洛するといっておいて、実は落合直亮・小島将満らとともに江戸の薩摩藩邸に入るのである。そして十一月には出流山分遣隊の挙兵、十二月二十五日には幕府による薩邸焼打事件が起こり、幕末の政情は急激に変転してゆくことになる。

慶応年間に入ると斎藤家に残る政治情勢関係の史料は激減し、ただ一つ実平の手による記録が残るのみである。内容は「慶応三卯年十二月十二日上州出浪士騒動大略」・「十二月九日四時出京状回状同十四日着」・「十二月十日出十四日夕着」・「雁之間為知昨天西丸出仕御口達大意申上候」・「慶応三卯年十二月廿三日明七ツ時5（～二十六日まで日記風に記す）」・「評」であり、事件について日毎に詳しく記している。この中で特に興味深いのは、薩邸浪士隊事件における浪士達に対する「評」である。一部引用してみよう。「評・浪士一同薩州の名をかたり、徳川氏を打たんと此屋敷ニ楯籠るといへとも、其度を失る以只町人物持の金銀を奪は夜中横行之所業多くあり、放蕩無頼のものの品川宿に横行、売女に戯れながら大業を成就せんとす難成、此夜も数十人抜出駕籠廿一余ニ打乗り品川辺に遊びに行しものハ幸にして命を助かりしものありといふ、浪士頭も一人くらい者あるへくに、かく大勢取り固むまで白川夜舟にうまいねし、門外の物音ニ驚きて目を覚し、周章ふためきスハダに物具附たるものありたり、此らの人を頼みにし大業を開かんと欲するハ浪士とハいひながら人の子也、実に憐れむべし、」とあり、実平は倒幕運動には賛同しながらも、浪士たちの放蕩ぶりには批判的であった。また、ところどころ竹内啓に関する情報も記されている。

以上、一通り斎藤家に伝わる政治情報をみてきたが、これらから出てくる第一の問題は、その情報ルートについてである。既にみてきたようにいくつかの史料は情報ルートが明示されていた。

①「攘夷ニ付建白」（万延元年三月）

田安家→○→謙次郎→直助→斎藤家

②「亥七月京発書状之写」（文久三年五月）

島原藩士小林与一郎→直助→斎藤家

③無題の収録（八・一八政変関係）

直助→実平→関東草莽（小川・皆川・大徳・鹿山）

④「大和州騒乱記聞」

大和浪士岡見留次郎→落合八十馬→直助→年助→斎藤家→関東草莽→年助→斎藤家

⑤書翰

直助→実平、名越舎門人→実平

この他、毛呂本郷寄場組合大惣代という立場から入ってくる情報や、取引先の問屋等から入ってくる情報も豊富であったと思われる(31)。

①は、直助上洛前のものだが、既に斎藤家には直助を通して尊攘運動関係の情報が入っていることがわかる。中でも注目すべきは、上洛後のルートを示す②から⑤の、八・一八政変と天誅組の乱について送られてきた情報からわかるルートであって、直助ら上洛組の関東草莽が京都で得た情報が、関東にいる斎藤家を情報の根拠地として集中的に集められ、この斎藤家を媒介として、直助と政治的に関わりのある関東草莽に伝達されていたといえるのである。

さらに、上洛後直助が実平にあてた書翰(32)には、二人の情報活動に関して詳しく説明している部分が多い。例えば、元治元年の「京表聞書」では、最後の部分に、「日光浪士之事件ニ付、新聞紙いささか有之候へ共、関東筋へは早く聞之候ハと存略し申候、急便故何事も間ニ合兼候、御察可被下候、関東筋珍事御聞込之分後便ニ為知被下候様奉祈望罷在候」。文久二年十月二日付書翰「……さて江府事情委曲為御知被下、在其地如聞其事燎然、其実を明に承知仕候、……当地之事情門人助方へ相贈候間、御序之節一覧可被下候」。文久三年五月三日付「新聞記少々年助迄相贈候、御序御覧可被下候、例之急便茶事省略、斯後便は……関東諸事御聞込之分後便ニ為御聞被下候処奉祈望候、以上」。元治元年五月七日付「去八月十八日已来当時ニ至之形勢粗筆記備一覧、御覧後如例御順廻被下候様奉望候、万事期後便候」等である。これらの書翰からすると、直助から実平への京都の情勢を一方的に送るだけでなく、実平の方からも京都にいる直助に関東の情勢を知らせるという、京都と関東の二地における情報交換が成立していたということがわかる。また元治元年五月七日付の書翰にみえる「去八月十八日已来当時ニ至之形勢粗筆記備一覧、……」というのは、おそらく先にみた表紙に直助から実平あての手紙をはった無題の集録をさすと思われるが、こういった情報を「如例」回覧させるように直助が要望しているということ、つまり、斎藤家を媒介とした小川節斎ら関東草莽への情報伝達は、直助上洛中も常に行われていたのだということが判明するのである。このように、志士直助の政治活動において、斎藤家は資金源である以外に、情報源として草莽間を結合する政治的コミュニケーションの媒体としても、かなり重要な位置を占めていたということができるのである。

だが、それにしてもこのように直助が豪農斎藤家を媒体として関東草莽との政治的コミュニケーションを怠らなかった理由は何であろうか。それについてはつぎの事実がヒントとなる。直助と深い繋がりがあり、斎藤家とも関わりがあったと思われる尊攘派志士落合直亮は、文久三年には藤本鉄石と連絡をとり、天誅組大和挙兵に呼応して関東において尊攘挙兵を画策したり、また元治二年には水戸藩筑波山挙兵に応じて上州で挙兵しようとするなどさかんに運動している。彼のこの行動は、京都と関東、あるいは同じ関東の二地点における同時挙兵を目論んだものとみることができるが、このことは、京都などの政治的中心地からの情報は、関東における尊攘運動を大きく規定していた面があったことを示している。文久年間既に挙兵の機が熟していた関東地方においては、事をおこそうとしていた草莽にとっては京都等の政治的中心地の情勢に関する情報は必要不可欠なものであった。前述した小川節斎にしてもそうした挙兵の機を待つ草莽の一人であった。権田直助・落合直亮・小川節斎ら関東草莽は、いずれも後に「江戸及び江戸周辺の豪農層を代表する政治集団」(33)とその性格づけがなされる薩邸浪士隊に加わっていくのである。こういう幕末関東における情勢を考えてみた場合、直助と関東草莽を結ぶ情報源＝政治的コミュニケーションの媒体としての豪農斎藤家の政治的存在意義が大きくクローズアップされてくるであろう。おそらくこの実平と直助との間にみられたような政治的コミュニケーションは、他の関東草莽間においても行われていたのであり、そこには複数の情報ルートが絡み合う広大な情報網が既に作り出されていたと考えるべきである。斎藤家はその広大な情報網の中の一つの結節点であったといえるのではないか。斎藤家に残る多くの冊子類は、入手ルートの不明なものもあるが、前述のとおり、かなり厖大な量の情報を収集・整理して、日時を追って詳しく記しており、これらの内容の豊かさからみても、当時想像以上に志士間の交流が激しく、情報交換による横の繋がりが広がっていたことを示していよう。入手ルート不明のこれらの情報集も、直助からのものと同様に、単に斎藤家個人の情報収集のためだけでなく、斎藤家に出入していた関東草莽に見せる目的で、集められていたとみることができる。この斎藤家の例により、尊攘派志士の横断的結合の根幹をなす、情報源としての豪農の存在を確認することができよう(34)。

最後に、何故斎藤家がこのような草莽間を結ぶ情報源となりえたのかという問題について考えてみたい。これについては斎藤家が幕藩支配体制最末端機構である寄場組合の大惣代でもあったという点についてふれておくべきであろう。斎藤家はもともと組合村の大惣代・名主であるという公的な立場と、豪農であるという立場からえられる情報が集中し、村内外の情報がひろく集まる位置にあった。殊に幕末にはその上に、斎藤家が関東草莽たちとの政治的繋がりをもつようになり、積極的に政治情勢に関する情報を集めていたのであるから、まさに情報の宝庫であったのである。志士たちは、資金以外の面においても、政治情報を入手できる場として、あるいはみずから収集した情報を提供し、同志に情報を伝えるための媒介者として斎藤家のような豪農宅を活動の拠点に選んだのである。そのことは、先にみた実平に関東の情勢を提供するように頼んだ直助の書翰や、八・一八政変関係の同じ内容をもつ四冊の情報集からもあきらかであろう。

豪農斎藤家は、大惣代・名主的立場から形成された情報網と、草莽との横の繋がりから形成された情報網との接点に位置するものであるといえる。そして広大な情報網をつくりあげ、それが幕末志士間の横断的結合の地盤となっていたのである。

おわりに

本章においては、関東の一豪農斎藤家と草莽の志士権田直助及びその門人たちとのコミュニケーションの様相を究明し、幕末期の草莽層の政治活動を背後で支える豪農層の実態を明らかにしてきた。

その結果、草莽の政治活動の背景には、彼らの活動を経済的に支える豪農の存在があったこと、更に彼ら豪農が草莽たちの結合の接点として、情報交換の担い手となり、草莽間のコミュニケーション活動の一翼を担ってきたことを明らかにしてきた。

斎藤家と草莽の志士権田直助とその門人たちとのコミュニケーションの分析によって明らかにされた事実は、草莽層の挙兵運動の背景には、それを支える村共同体を越えた幅広い豪農層の支持があったことを物語っている。それは、幕末期の激化する政治社会情勢を、一揆や草莽層の挙兵活動にのみ矮小化するのではなく、幅広く検討すべきであることを物語っている。この点を指摘し本章の結びとしたい。

註

（1）　草莽概念については高木俊輔『明治維新草莽運動史』（勁草書房、一九七四年）参照。従来、政治史において、豪農層の政治化といえばそれは村を離れて実際の政治活動に参加するいわゆる志士化したもののみをさす傾向があったが、高木俊輔氏によって「豪農層の政治化とは、生産者的立場からの遊離あるいは自己否定による根無し草化という点において一般化できるとすれば、志士化しない豪農層の解明が欠落してしまうことになる」（「幕末政情と豪農」（芳賀登編『豪農古橋家の研究』（雄山閣出版、一九七九年）所収、二七四〜二七五頁）という点が指摘された。本稿も、執筆当時この指摘に刺激されて、斎藤家を事例に、志士化せずに村にいた豪農も志士との交流を通じて何らかの形で政治に関わっていたのであり、豪農層の政治化という意味をより広くとらえる必要があるという視点で検討を加えた。その後、豪農の「政治性」の問題については、必ずしもいわゆる幕末政治史の中だけで考えるのではなく、豪農の村内外で置かれている立場や人間関係など、その性格そのものに関わる問題としても扱う必要があると考えた。この点については、大久保家の研究以降のテーマのひとつとなっている。

（2）　農民間のコミュニケーションを取り扱ったものに、今田洋三「農民における情報と記録」（『地方史研究』一三一号、一九七四年）、同「幕末における農民と情報」（地方史研究協議会『地方文化の伝統と創造』雄山閣出版、一九七六年）、大藤修「第四章地域とコミュニケーション――地域史研究の一視点」（『近世農民と家・村・国家』吉川弘文館、一九九六年）がある。

（3）　註(20)参照。

（4）　『毛呂山町史』（毛呂山町史編纂委員会、一九七八年）四五〇頁。また、実平は安政頃から明治五年まで付近の子弟を集めて寺子屋をひらいたとある（『埼玉県教育史』一巻、一九六八年、一二五頁）。

（5）　実平は、文久元年十二月二十一日伊勢参宮に出発するが、このときに、旅行記ともいうべき「行手のしおり」（平山家文書）を残している。この「行手のしおり」には、上京に際して確認しておきたい点等が自問自答の形で記されており、この頃の実平の興味のあり方の一端を知ることができる。例えば、「一、津島明神ノ相殿・居森殿・弥五郎殿ト称ルハ何ノ神ヲ祭りシニヤ。」とか、「一、伊勢桑名若クハ津カトモ思ユノ町コナタヨリ行バ右ノ方ニ一神廟アリ。鳥居ハ街路並ニ立タルガ、額ニ　天武天皇トアリ。是ハ何ノ由縁アルヿニヤ。」「一、伊勢内宮ハ何ノ方ヘ向タルカ。」「一、正殿儀式帳ニ長三丈六尺、広一丈八尺、高一丈一尺ト見ユ。今モ猶其制ナリヤ。」「一、風宮ハ弘安蒙古ノ賊ヲ神風ヲ発シ覆玉ヒシ神徳ヲ発シ覆玉ヒシ神徳ニヨリテ風ノ社ヲ風ノ宮ト称セシ事ハ言モ更ナルガ、雨宮ハ何ノ縁由アリテ宮ト称スル事ニヤ。」「一、斎宮ハ伊勢物語ニモ見エテ最後世マテモ存セシヿト見エタルカ、何レ頃亡ヒタリヤ、ハタ其旧跡アリヤ。」等、事細かに神社の由来や形態について問うものが多く、また「神衣ハ四月十四日神服織・神麻績ノ神部ヲ造り供奉ヲシ、今猶ソノ如クナリ。又神衣ハ麻ナリヤ絹ナリヤ、若クハ木棉ナリヤ、又制ハイカナル物ニヤ」と、神衣に対する興味も深い。これは、斎藤家が開港以後絹・織物類の経営を始めていたこととも関係するかもしれない。その他、「豊宮崎文庫ハ外宮ノ方ニアリテ世ノ知所ナルガ、内宮ノ方ニハ何レノ□ニアルカ、又内外トモ蔵書目録ナド拝見ヲ願フ時ハナルベキニヤ、又如何ナル人ニ主宰セラルヽヤ」「松坂ヨリ西方一里、花室山妙覚寺ノ門前ヨリ山ヘ登ルヿ四五丁、本居翁ノ廟ヘ詣ベキナリ」「紀州侯ノ命トシテ松坂本居翁実家当主ヲ主宰トシテ、去秋ヨリ国学館建シヨシ、其実ヲ尋ベシ。」「京ニ至ラハ修学所ニテ和魂漢才の碑面ノ摺三枚申受ベシ。」等、強い国学に対する興味もかいま見ることが出来、この旅行は国学者としての実平の研修旅行的なものであったようである。問の内容からして、この頃にはかなりの国学的教養を身につけていたと思われる。実平は、葛根舎という号も持っていた。

(6)　権田直助については、毛呂山町教育委員会編『権田直助先生伝』（一九七五年）、金子元臣『徳育資料　第二編』（一九六八年）、岸伝平「権田直助」（『埼玉史談』八―一）等がある。また、桜沢一昭「覚書・権田直助伝」（『東国民衆史』第四・五・六・十号、一九八〇年、一九八一年、一九八四年）があり、史実の再構成を試みている。

(7)　下田素耕、通称与七郎。天明四年（一七八四）毛呂本郷に生まれる。学業に秀で、特に書に詳しく、書道素耕を起こした程であった。文政元年（一八一八）自宅に塾を開く。近郷の子弟が競ってその門に学び、嘉永五年（一八五二）に至るまで三〇余年子弟教育に努めた。その間秩父郡や高麗郡からもその門をたたく者があり、弟子千人を起こすといわれる。晩年塾を子松軒に託し、悠々自適し、安政三年七三才で没した。臥竜山には、権田直助による筆塚がある。直助の筆も素耕流であるという。『毛呂山町史』三五一～三五二頁。

(8)　皇朝医道とは、他邦の医道（漢方や蘭方）ではない我が国固有の医道をいう。直助によれば、我が国には外来文化が輸入されたとはいえ、日本人には日本人固有の医道が大昔からあったはずで、現に大己貴・少彦名二神の伝えた「神遺方」や、後世の「大同類聚」もあるのである。この大昔からの医法を再活用することこそ、日本人生まれながらの身体に適した療法であり深い意義があるのだとした。（参考：毛呂山町教育委員会編『権田直助先生伝』）。直助のこの理論は急進的な天皇崇拝へ発展し、幕末の尊攘運動へと繋がっていく。直助の考え方は、「ひさかたの天の下、よろつの道、よろつのわざは、みな君親につかへ、おのれををさむるにあらざるはなく、若しそれにそむくらむものは道といふへからす。くすりしの道も君臣の病を療め、民くさの脳をすくひ、おのが身をさめたもてるの道なれば、こをわざとせらむものは、なほ君親につかふるこころをさきとなすへきなり。」(権田直助『くすしのことゝひ』安政三年〔『国学大系　第二〇　権田直助集』一九四四年、所収〕、といっていることからもわかるように、尊攘派志士にみられる限界性を明らかに示しており、後に多田茂助をして、「彼も攘夷主義専門の徒なるに、世上の状態成替り万国一致交際慨歎すべきは徳川の末々の徒なり。」(落合直亮「飯能騒動日記々録」〔『毛呂山町史』四五六頁〕)といわしめている。

(9)　安藤貞次直道。足立郡地頭方村出身。天保八年二七才のとき平田門人となっている。彼の名は、後に検討する名越舎門人野城広助の日記にも散見され、直助門人とも交流のあったことがわかる。

(10)　名越舎門人帳『国学者伝記集成』(一九六七年)参照。直助の国学教授活動は、天保十四年三五才から没するまで生涯続けられたが、大別すると、第一期毛呂本郷時代、第二期明治二年〜三年、神田神保町家塾時代、第三期明治六年〜二十年、大山時代に区分される。『徳育史料　巻二』によると、「毛呂本郷時代のは古醫道専攻の門人なり。東京時代のは古醫道及び皇國学の門人、大山時代のは皇國学及び語学の門人なり。」とある。第一期毛呂本郷時代の古医道専攻の門人の中には、農民・神官・修験も多く、医道以外にも国学や和歌についても教授した。(参考・前掲『埼玉県教育史』一九六八年)

(11)　錦小路頼徳の養父。代々医をもって仕え、当時典薬頭の地位にあった。錦小路は医薬の名家であり、蔵書も極めて多く、医道の古書はほとんど網羅されていた。直助が頼易卿の門下に入ったのもそれらの古書の閲覧が目的であった。

(12)　「傷寒論綱領解」・「古醫方経験略」・「西洋醫説辨」・その他医書多数。

(13)　『国学者伝記集成』続巻所収。

(14)　平山家文書(埼玉県立文書館所蔵)。以下特記しないかぎり資料は平山家文書である。

(15)　書翰は、入間郡毛呂山町の小川喜内氏からコピーさせていただいた。尚、前掲桜沢論文「覚書・権田直助伝(3)」に、その書翰のほぼ全文が紹介されている。

(16)　以下の引用の書翰は、入間郡毛呂山町岩井の小川喜内氏から複写させていただいたものである。尚、桜沢前掲論文「覚書　権田直助伝(3)」に、その書翰のほぼ全文が紹介されている。

(17)　前掲桜沢論文　五四頁。

(18)　文久二年十月一日付書翰。
(19)　文久二年十二月八日付書翰。
(20)　平山家文書（埼玉県立文書館所蔵）「書画蔵書目録」。この目録には、漢書十三種類・皇典四十四種類・雑書九種類・軸物八四種類が記載されている。漢書・皇典・雑書の分類は斎藤家自身が行ったもので、漢書には四書五経をはじめ、注釈書・辞書などが含まれる。また皇典には、平田篤胤の著書が大半を占め、賀茂真淵・本居宣長らの著作もある。また、六国史などの通史、出雲国風土記などもみられる。雑書中には、医学書である大同類聚方、兵学書の実武一家言、漂客奇談、日本外史・日本世紀などの通史、滝沢馬琴の随筆、神葬祭について記した葬儀略などが含まれる。この目録は明治三〇年頃に作成されたものである。
(21)　註(19)と同じ。
(22)　斎藤助（多須久）。上野国勢多郡苗ヶ島村の医師及び神官。権田直助に従い医学を学んだ。
(23)　野城広助は、文久二年三月十五日舟橋広賢の紹介で名越舎に入門している。「壬戌日乗」は、文久二年十月十五日から同年十二月十八日上洛直前までの彼の関東における行動を記した日記である。この日記の十一月十二日の項に、「終日師塾にあり。秋山民之助・斎藤実平ニ到る」とあり、実平と名越舎門人との交流を史料的に裏付けている。尚第二編第三章参照。
(24)　平山家文書「在京日記」については前掲桜沢氏論文に詳細な検討がなされている。
(25)　『埼玉郷土辞典』埼玉新聞社出版部、一九六六年。
(26)　金子元臣『徳育史料　第二編』（埼玉県教育会編、一九八〇年）四八頁。
(27)　保母健。天誅組の一人で、平田派国学者。彼の名は、野城広助の日記「壬戌日乗」に散見される。
(28)　この冊子の表紙は、名越舎蔵の『西洋醫説辨』木版摺りのものを使用しており、直助の出版活動と政治活動との両面をあらわしていて興味深い。
(29)　岡見留次郎。常陸国の生まれで水戸藩士の弟。文久元年高輪東禅寺事件・大和天誅組に関わりをもつ。前掲『明治維新人名辞典』参照。
(30)　この他天狗党関係では、「義志素懐状」同綴中の「亀山日記」がある。これは、天狗党小荷駄掛であった亀山勇右衛門の素懐状と、越前に落ち延びていくまでの日記であり、素懐状の方は、木曽の清内路に一泊の折書いたものだと記されている。これがどういう経路で斎藤家に伝えられたかは不明だが、勇右衛門も当時名の知れた平田国学者であり、実平も同門であったことから、数名の同志の手を経て伝えられたものであろう。
(31)「奈良より到来の書」中に、「……しかし奈良郡山商売向ハ是迄之通少しも相変候事無御座候」とあることからもわかる。
(32)平山家文書(埼玉県立文書館所蔵)。
(33)高木俊輔『維新史の再発掘―相良総三と埋もれた草莽たち』NHKブックス、一九七〇年、六五頁。
(34)高木俊輔『明治維新草莽運動史』(勁草書房、一九七四年)六九頁に次のように記されている。「……幕末の史実に則して見れば、今まで知られている以上に尊王攘夷運動をすすめた志士の間には、網の目のようなつながりがあったように思われる。結果的には、ほとんどの計画が画策中に露見したり……孤立的挙兵に奔った場合が多いが、なお尊王攘夷派志士＝草莽の「横断的結合」の実際をつきとめておく必要がある。文久三年播州の三挙兵計画(慷慨組・天朝組・真忠組の挙兵計画をさす。)の背後には、水戸脱藩浪士や上州・野州・武州各地からでた草莽たちの間にいくつかの連絡網が交錯していたであろうし、中には秘密の中央指令部というべきものができつつあった、と見るのは読みすぎであろうか。」(引用文中( )内は筆者が補足。)斎藤家は、ここで高木氏が扱っている草莽の範疇には入っていない。また斎藤家自身関東草莽の挙兵に関係したかどうか不明だが、氏が述べたような志士間の網の目のようなつながりの中には、斎藤家のような政治活動に直接参加しない豪農も、そのつなぎ目の役割を果たしていた。このように、斎藤家は、政治活動に参加はしなかったが、志士たちと交流をもつことで、村や地域にあって政治の問題を考える主体であったのだということを、本稿で例示したのである。

第三章　幕末期における一草莽の軌跡

――野城広助の日記――

はじめに

野城広助は、天保十四年（一八四三）高鍋藩医師福永昌須の次男として生まれたが、山田橋村（現在千葉県市原市山田橋）の名主の家柄で、国学者であった野城家の養子となった。文化二年（一八〇五）義父野城良右衛門とともに平田塾入門、同年に権田直助の名越舎にも入門し、国学と医学とを学んだ。文久三年（一八六三）に上洛して、尊王攘夷活動を行い、多くの平田派が関わりをもった京都等持院における足利三代木像梟首事件に関係した。その事件で足利三代の木像の首とともに建てられた罪状を書き記した高札は、広助の書いたものであるとされる。その後、逃れて讃岐国丸亀藩に下り、村岡宗四郎・小橋家・日柳燕石・長谷川鐡之進らと関わりをもち、大和天誅組の動きに呼応しようとしてひそかに活動していたが失敗し、文久三年讃岐にて活動中に二一歳で病没した。(1)

このような生涯をたどった野城広助の日記が現在平山家文書に三冊残されている。その理由は、前章でみたように、この文書の所蔵者である豪農斎藤家が、(2)幕末期に同じ平田門人である尊攘派志士権田直助や、その門人たちに、資金援助などを通じて彼らの政治活動をバックアップすることで深くかかわっていたことと関係する。野城広助も平田門人であり、かつ直助の門人であったことから、斎藤家とは親密な関係にあったと思われる。そのため、広助が文久三年九月に死んだ後同志らによって、この三冊の日記が斎藤家へ送られてきたのではないかと思われる。

村に生活の基盤をもたない野城広助等関東草莽は、平田塾や名越舎等の私塾を中心に、斎藤家のような政治意識をもった豪農を資金援助及び情報の拠点としながら、同じ志をいだく人々と横のつながりを広げながら政治活動を進めていったのである。この横のネットワークの拡大が幕藩体制を徐々に切り崩してゆく力となったことは間違いあるまい。したがって、そのネットワークの特質を、村や地域との関わりの中で考えていくことが、必要であると思われる。

この野城広助の日記は、草莽間のコミュニケーション活動を具体的にみてゆくうえで重要な史料であり、又当時の草莽の志士の生活や彼らの関係した事件をみていくうえでも貴重な事実を提供している。

一　野城広助の日記

野城広助の日記は、「壬戌日乗」・「安政癸亥　京中筆記」・「癸亥日乗」の三点であり、現在埼玉県立文書館平山家文書中に残存している。「壬戌日乗」は、文久二年十月十六日から十二月十八日迄の日記で、広助が上洛する以前の関東における行動の記録である。「安政癸亥　京中筆記」は、文久三年二月二十一日足利三代木像梟首事件の直前から同年七月二十五日迄の京都における行動、及び三月に一度故郷に帰るのであるがその間の旅行中の行動を記している。「癸亥日乗」は七月十九日再度の上洛後の京都での行動を記すが、分量は少なく七月二十六日から八月四日でその記録は途絶えている。

以下それぞれの日記の記載から野城広助の行動を追ってみたい。

1　「壬戌日乗」

「壬戌日乗」は、広助の上洛前の行動を詳細に記録したものである。

日記は文久二年十月十六日田中石鼎、五味元亮両人の権田直助の主宰する名越舎入門の記事から始まっている。既述のとおり野城家は山田橋村の名主であるが、清太夫・良右衛門・広助の親子三代はこのころいずれも江戸に居住しており、父良右衛門は牛込に、祖父清太夫は番町で生活していた。また父良右衛門は江戸では旗本小栗又兵衛に仕えていたらしい。(3) 広助は、養子先の野城家のほかに実家の福永家も江戸にあり、生まれてからほとんど江戸で生活していたと考えられる。同年三月十五日名越舎に入門してからは毛呂本郷の名越舎と江戸とを往復していたのであろう。

毛呂本郷の名越舎での生活は、師直助に従って病人を診察したり医学を学んだり等学問修業の日があるかと思うと、塾生同志で塾の屋根掃除や菓子づくりをしたり歌をつくりあったりして和やかに過ごす日もあったようである。名越舎での生活での比較的大きな出来事といえば、十月十八日に権田直助の母が亡くなったことであり、葬式には直助の関係者が大勢集まり塾中は大騒動であったと記されている。一見のどかな塾生活の一方で、広助が江戸へ出立する前日の十一月六日、小川節斎（竹内啓）・長谷川鐵之進（正傑）等がやってきており、名越舎における政治的な動きもうかがえる。

十一月七日江戸に帰ってからの彼の行動は大変忙しく、平田門人を中心に交流を深めている。十一月十八日には、のちに足利三代木像梟首事件に関わることになる青柳健麿・長沢久敬に会っている点が注目される。また、書物の貸借もさかんに行われたようである。

十一月二十一、二十二日と毛呂本郷名越舎へ出かけ秋山民之助と斎藤実平に会い、二十三日に「若先生（権田直助の息子の年助をさしている）」を伴って江戸へ帰る。十一月二十一日、二十二日の一時的な名越舎訪問は、同月二十七日の平田鉄胤の上洛にあたって権田年助を江戸につれてくるのが目的だったのであろう。十一月二十七日平田鉄胤の上洛には、広助の祖父清太夫・角田忠行が同行している。

広助は平田鉄胤らが出立してから約二十日遅れて、十二月十五日毛呂本郷に寄り、そのまま上洛の旅に出ている。平田鉄胤が品川から東海道を行ったのに対し、広助は中山道を行ったらしい。師権田直助の上洛については、広助は日記に記載していない。だが、鉄胤の上洛に際して直助の記事がみられず息子の年助の名が出てくることなどから、広助は直助より遅れて上洛したようである。

2 「安政癸亥　京中筆記」

「安政癸亥　京中筆記」は、上洛後の広助の行動の記録である。ここには、京における政治活動と、事件後江戸へ下り、再度上洛するまでの間の記録がある。

まず文久三年二月二十二日から三月十五日までの記録から広助の行動をみてみよう。

「安政癸亥　京中筆記」

起文久三年癸亥二月二十一日京中筆記

広助　誌（花押）

二十一日　訪権田師於二条木屋街、移家麩屋街御池下ル書師島田氏之裏宅遂転臻之、師不在家空皈○夜来与十餘英士会二条河側寿亭相倶決議臻時務宰野々宮卿参政豊岡卿之門奏一條愬訴、此同志前来相識者西川吉介・岡元太郎・角田忠行・宮和田勇太郎・師岡雪斎・大庭強平・小室力蔵等也

二十二日　晴、午後陰　訪権田師、従助斎藤氏借金一庁（ママ）、午時告暇、岡師、大庭、中嶋、角田、宮和田等来○今朝二・三勇士臻野々宮卿、強請謁切問昨夜所奏之愁訴成否、其気勢甚猛激、卿恐而諾曰勿憂○晩来両九勇士西発、取三賊肖像首級、深夜至四条縄手、梟其首

廿三日　陰、到四条磧、看昨日所梟之三賊首級、士賊群集多写其枷札、嗚々足利氏十三世之洪遠握天下之□□千載之下、今而正其罪、加至当之罸、苟為路人所指其醜、亦何等汚辱哉、亦何等愉快哉○加賀中納言入洛○頃日聞、伏見稲荷山中有数十武士、屯之土人不得近其山、此事自稲荷山神主奏白川殿、遂経衆議命鎮撫於会津侯、此日古川美濃守上言曰、其賊雖可悪未可知弁邪正、宜以温和問其旨、正則撫之、邪則殺之　朝議容之

二十四日　陰、午晴、嵐山看山、此地在京西二里半、桜花数千株自山腰山腹繞山脚而満開、間接松榎山脚廻迂、有河、名大井河、広二十軒許、舟筏上下、吐月橋跨其河、三軒茶屋傍其河遊士陸続来賞花、其清興非能筆所尽、其遂幽能非言所演、於是作歌曰

　晴渡留弥生乃空尓志良雲越嵐乃山乃上ニ見流可南

　道茂瀬仁知良伝曇礼留花盛心志弓吹計亜良志山風

大井河自西流東、河南山腹有法蓮寺々中碑文鐫哥曰

　山乃名乃嵐ニ晴奴白雲波高嶺仁丹布佐久良南利家里　嵐桂

○転上愛宕山、此山在京西北距三条橋四里自山下至山顚三十九丁、神殿南面有二宮、神宮人曰、前者招火産霊神、後者招伊邪那岐神○望山後丹波地、可臨（ママ）亀山城白壁、青鬱間在鳥、距嵐山六十丁○山下有河、名清滝、両岸岩石、掛板橋。橋有欄杆、傍岸有十餘茶亭、皆架水起樹、風況可愛、下山後経嵯峨瑞像寺、過広沢池塘、至小室妙成寺、平田大人舘一泊、座有丸山一郎者初会面　広沢池辺婦女持藍摘羊蹄・狗尾草・大荆嫩葉、叩之対

日皆熟食之、問其名曰、狗尾是加徒良草、羊蹄是寸以登草、大荆是以多々草○小室距愛宕山頭百丁、小室之地所名桜花々時甚群沓、看花作哥曰

咲花乃昔奈賀良ニ南憎良閉弖　皇乃栄越亦看□物呼

二十五日　晴、五点、従平田大人帰京、訪権田師、一昨日宮西師助登京、今日初面会、須臾告暇、午後到権田、岩崎氏有座初面会、長尾氏・小室氏来会○自多勢女聴、苟舎清兵衛機□□疑然○夜来角田忠行来○頃聞関東浪士三百登京、舘壬生寺、其総督曰鵜殿鳩翁、別勢八隊其行法厳粛○頃聞英夷薩摩国矦上聞可拒攘否、未聞其所決○近日之叡旨曰、堂上官人切修古学、此事既宣告○河内州人水群善之助、自称楠公、後頃日登京、又有同志、鼉従者百餘人云

二十六日　晴、夜来同寓岡本太郎敦脱藩○長沢真古登来話云、頃日有廷議、一橋・越前・容堂等之人皆曰、請捕亡命有志人、会矦独不可曰、都下軒奸皆雖亡命客、所致捕之恐生巨害、遂因循此□□□藩士激曰、亡命士妄動至梟足利将軍、亦既甚爰傍観止哉、急宜誅其人、憤士二三十已発、半途会矦遣人勿往

二十七日　早昧、刀槍士五六十襲吾寓舎、索野呂直貞、岡敦不獲、遂捕予及逸見源蔵・青山忠三郎・若林延左衛門・田中喜知造・油屋次郎等、各面縛至黒谷会矦寓寺、今暁師岡氏・宮和田氏・長沢氏・大庭氏・長尾氏等亦被縛、後吾儕臻矣、吾儕須臾被解縛、坐衆人稠坐中、七点師岡氏等乗轎出、予等従其後出、臻二条西町奉行瀧川主水之庁、又出泊　若狭屋　又転投泊　近江　舎、明朝之事惨然于心頭

与力草間列五郎自語曰、僕戊午以来被幽閉、至当今其事解矣、今若有志人之不快于心、雖然君事也、敢不可辞、為予説此事、予今暁之厄面頬蒙打瘡数、為予贈薬、及夜故遣人、訪予病、嗟々幕府而有此人一奇貨、師岡等乗轎、直到牢舎、不至与等庁

二十八日　晴、四点自公庁召予等五人、臻則事皆解而得帰、予独先臻二王門通白木舎佐太郎、須臾臻野呂氏寓舎、戸障壊頽器物浪藉不忍復観、家丁数人収其家物、予亦助其労、遂持予書衣、復到白木舎、一泊○夜野呂勝之進来　逸見氏・青山氏等四氏逢、其君怒不得帰藩、可憐、会人之此挙也、自関東所来之浪士切促其事之所致云○小室力蔵早避此事臻大坂、或曰、中嶋氏疑是、反復会襲衣棚師岡等之寓舎時、有仙石佐太雄者、勇戦切逮捕之人遂力屈自割腹、逮捕人掩、其節切首而皈白昼提其首而往、列侯悪其慕、悪会《将》有大挙、糺会侯罪、会侯恐之、遂不擅其志如宥予、其恐列藩之憤一事也

頃聞、英夷軍艦八艘来横、誣以三事

二十九日　雨、朝逢昨日所別之備藩四士○臻権田師野呂氏丁今井元次郎、為予担行李、到権田、予直転至平田大人、祖父垂涙悦予無恙而帰、遂以延胤大人言、訪長州藩渡辺新三郎・司馬充・信田作太夫於三條小橋大津舎、初会面、投泊此舎、召列藩之名士於学習院、平田大人亦係其召

三十日　晴、風、早天出大津舎、訪権田師於河原町二条下ル江近舎、須臾転訪備藩野呂勝之進、又臻白木舎、午後訪渡辺新三郎於大津舎、不逢、可謂機計齟齬矣、空皈白木舎

今朝宮西中務以師命発江州八幡

頃聞足利三将軍首称偽、首梟于幕庁門外

聞以英吉利来横浜決戦守

廷議在京列侯将賜暇、昨今有在関東列侯臣通信其事情者、其事情至軽易与一橋卿所奏之重大危険甚、殊復　廷議止、列侯賜暇

列侯之悪会津公已甚矣、前日有会藩士十人遊祇園奈良冨楼、列侯之士窺之捕其十遊子、送公庁、此事実否未可

知
三月
月立　晴、早朝臻寂光寺備前旅館、転訪権田師、師之書到伊勢屋久兵衛、取予書半座、有間半兵衛・市岡長右衛
門、初面会、主人出麦饗、予等後又臻大津舎、叩渡辺新三郎、不在家、空皈白木舎○粟田宮之臣山田勘ヶ由来、
初会面、須臾野呂勝之進不相話、夕時又訪権田師、宮西諸還従江州、告暇直至平田大人、一泊
水戸公発江都至六卿河、自幕留其行不可日、不拝
龍顔豈止哉、遂登京
宮西氏到西川善六々々不在家、家々人曰、廿七日暁野呂直貞来、其時吉介・直貞相共向京発、後事都不知○帰
途到草津、在矢橋舟中聞、膳所侯今夕発逮捕人駆在八幡亡命士
一昨廿九日、習学院名士集会之事自　公問曰、草莽之名士今也将向大坂、攘夷艦、其都督以幕吏可也哉、自公
都督之可也哉、翌日名士再臻学習院、答曰、自公督之可也
粟田宮諸、越前侯及尾藩民谷某以廿七日之会藩暴行曰、如此而守護之任何在○昨晦日、長州藩士二名臻会津侯
詰其事、会侯愕々、遂禁錮其暴悪之魁首十人
二日　雨、出平田大人宿舎、訪権田師、臻備前宿寺、午後皈于白木舎○夜野呂勝之進来、仙台侯入洛、宿于小室
妙真寺○米沢侯・熊本侯・高知侯被命　京師警衛
三日　予在白木舎、沐浴、拝神、飲美淋酒賀佳節、今日与野呂勝之進・青山忠三郎・田中喜知造・僕元二郎等皈
故直貞舘
四日　晴、暖、大樹公朝五点入洛○四点、攘夷祈願之　勅使柳原左衛門尉発伊勢○溝口侯下関東○朝予訪権田師

不逢、転訪岩崎氏・間氏等於麩屋町島田氏裏寓、一帰家、又訪其寓転訪月岡氏於仏光寺検校屋敷、不在家、逅小田切八郎者暫之辞去、訪市岡主計公於四条御幸町、又臻権田師邂宮西氏、後帰家

今日聞本月八日

主上行幸加茂之事将有之、又聞昨日幕府兵大動揺○今日、野呂氏下阪○夕時、滋野允文来話日、前日与月岡氏相議、昨日臻会侯邸、就大夫、奏前日所見捕之忠臣等切蒙免宥、大夫甚伏諾所奏之議

五日　朝臻白木舎、訪岩崎氏・市岡氏等、転臻嶋原士井上庄左衛門於東木舎街三星舎、午時皈寓

今日水戸侯入洛○聞今月中旬有加茂

行幸、肥後侯見命供奉、平田大人亦見命後従○野呂一之進□聞今日有一个捕客乗轎過三條者、是於江州多賀社地中所縛者、一云西川舎、其一未知其名

六日　自寺裏之庁召白木舎佐太郎、自午至晩詰問、野呂氏・西川氏予等始末○午後、予至平田大人、議自訴蒙冤之事先王不可、遂止、其事談至深夜、一泊

七日　晴、暖、朝帰従平田塾経中立売之堀河、適逅大樹公朝観、午時訪白木舎、直皈家、午後書一条愁訴、晩持其稿至平田大人行、訪権田師、々買家于新町通竹屋町、今日移於此、薄暮達平田塾、乞所持草稿之正

八日　晴、午前沐浴、於気吹之舎書愁訴○午後其持訴状臻学習献之、行命者高嶋大蔵出納之沢主水正卿、遂辞去院訪権田師、後皈寓

九日　微雨、朝訪伊勢舎久兵衛、転臻権田塾、師不在、斎藤出移時共談、遂臻平田大人、復昨日之事、一坐怡々遂午後皈寓

本月七日之夜、祇園坊有死刃者三人、各異処、又昇屋上有割腹者一人、是会藩之士人

八日之夜、有屠死無頭者一人、未知何処人
○備前九郎磨今日入洛○白木舎主人来話曰、今日自東庁召予、命探岡氏之情、此事密為洩君、遂自野呂氏嘱一二謀遣之
十日　春雨蕭々、月岡一郎・滋野順吉郎○晩来訪連義堂於三条小橋
十一日　終日雨
主上幸御賀茂上下社祈玉有攘夷之事、朝五点前鳳輦発　禁裏、予等同僚相共依白木舎主人之周旋、臻日光御里坊之門外、着礼服拝　幸御、夜来還幸晩来予臻連儀堂
十二日　晴
十三日　雨、訪月岡一郎不逢　晩訪連義堂不逢
十四日　雨、朝自伊勢舎久兵衛以家丁告来平田大人明日発途、午後至平田大人、座有広岡波秀・岩崎太郎・間半衛・菅右京、伊勢舎久兵衛開宴、尋権田師、宮西中務・三木鉄弥・小川亀雄来会、無端皆辞去、予今宵泊平田塾、適有自江都之信々中識慈母有恙之事、祖父患其事遂予命東下○嶋津三郎今日入洛、直臻関白殿下
十五日　晴、朝辞平田塾臻権田師、須臾皈寓舎、主野呂氏相供謀予東下事、遂為開離宴、午後辞我寓野呂氏、臻権田塾、予宮西氏相別、旅服立途自三条通至毛上、与権田師弖斉相逢告別、直至大津金蔵町泊于菱舎、平田大人先生予後至○今日至白木舎、謝前日寄食之恩○自斎藤所借之金今日皆納○宮西氏以一銖餞予
紀州卿今宵泊于大津、今日将入洛
以上掲げた史料は広助の「日記」の中心部分であり、平田門人の政治行動や志士間の交流をみる上で多くの重要な

内容を含んでいるが、ここではそのすべてに触れることはできないので、中心となる問題、すなわち足利三代木像梟首事件に焦点をあてて広助及びその周辺の人間の動きをみていくことにする。それは、この史料の重要性は第一に広助が平田門人としてこの事件に関係していた人物であり、その事件の様子を当事者の記録によってみることが出来る点にあるからである。

日記は文久三年二月二十一日、足利三代木像梟首事件の一日前から始まっている。この日英士会と呼ばれる浪人集団が二条河側の寿亭において決議し、伝奏衆である「野々宮卿」(4)のもとに至り愁訴をしたとある。この愁訴の内容は具体的には不明だが、当時の処士横議のさかんな様子が窺える。英士会のメンバーは事件関係者とほぼ一致していることから考えて、広助も英士会の一員であったことはまちがいあるまい。二十二日、昨日の愁訴の成否を問うために英士会の代表者が再び「野々宮卿」のもとに至っている。おそらくこのとき「野々宮卿」から確答を得られず、足利三代木像梟首事件は、その流れの中で引き起こされたと考えられる。広助は直接行動をとった「九勇士」の中には入っていないが、事件当日同じ英士会のメンバーに会っていること、また四条磧に晒された足利三将軍の罰文は広助の筆になったという説(5)があることなどから、広助はおそらく事件の顚末をすべて承知している人間であり、事件の直接関係者とみて間違いないと思われる。二十三日、広助は昨日晒した木像の首に大勢の人々が群がりその罰文を書き写している様子をみて悦んでいる。二十四日は嵐山へ花見に出かけている。だがこの花見はただの遊びではなかったようである。広助の日記には明確に記されていないが、松尾多勢子の「都のつと」(6)によれば、二十三、二十四日と多勢子はじめ数人の平田門人も嵐山にきていることがわかる。おそらく二十三、二十四日と平田門人の集会が花見を装って嵐山の地（平田鉄胤の居宅があった）で開かれ、二十二日の事件について話し合いがもたれたのではないかと思われる。広助はこの日平田鉄胤宅に一泊している。二十五日、無事一日を過ごす。鵜殿鳩翁率いる関東浪士隊の登京の記事が注目される。二十六日、事件当時者岡敦脱藩の記事がある。また同じく当事者の長沢真吏が事件をめぐっての邸議の様子を伝えている。彼の話によると、一橋（慶喜）・越前（松平春嶽）・山内容堂ら幕府方の連中は事件関係者の逮捕を主張しているが、会津侯のみは因循で、事件の犯人を捕らえることによって生ずる弊害の大きさの方を恐れており、この藩主の態度に藩士等は反感をもっているということであった。長沢が知らせてきたように、事件後犯人の逮捕をめぐって幕府内部はなかり動揺したらしい(7)。

二十七日犯人の浪士狩が実行に移された。広助は早朝のうちに捕らえられたらしい。逸見・青山・若林・田中・油屋・師岡・宮和田・長沢・大庭・長尾らもともに逮捕され黒谷会津侯寓寺につれていかれた。このとき難を遁れたのは野呂・岡・西川らであったが、いずれ捕まることになる。仙石佐多雄は衣棚にて割腹して果てた。広助らは捕縛後黒谷会津侯寓寺→二条西町奉行瀧川主水の庁→若狭屋→近江屋へまわされ、近江屋で一泊している。一方師岡等（三輪田・青柳・長沢・長尾・中村）直接行動グループは広助らとは別行動をとり、すぐに牢屋へ入れられている。二十八日広助や油屋次郎及び逸見等備前四藩士は釈放されている。逮捕されなかった中島栄吉は裏切り者として小室力蔵を疑っていたらしいが、大庭が会津藩の密偵であるという疑いはこの時はまだ誰ももっていなかったようである。

ところで、逃亡した野呂直貞・西川善六・岡敦等はどうなったのであろうか。日記の三月一日の項には、西川の家の者が、二月二十七日衣棚に手入れがあったその日野呂が来て西川とともに京を出立したと話たこと、またこの日広助が草津より帰る舟の中で、近江八幡に亡命の士を捕らえるために逮捕人が派遣されたという話を耳にしたことが記されている。また三月五日には広助のもとに野呂一之進がきて、今日先日近江多賀社で捕まった浪士が護送されてくるのを三条辺りで見たところ一人は不明だがもう一人は西川であったことを告げにきている。野呂と西川は三月一日近江で捕まりこの日京地まで送られてきたのである。ところが翌六日の記述をみると、この日広助等は白木舎佐太郎を呼び出し、昼から晩に至るまで何やら詰問しているが、その後「野呂氏西川氏予等始末」とある。つまり前日護送されてきた野呂と西川の二人を広助等が何らかの形で対応を試みていたらしい。白木舎佐太郎への詰問は、野呂と西川の居場所を聞き出すためであったのかもしれない。その後広助は平田鉄胤を訪ね自首することを話すが、鉄胤に止められている。その日は深夜までそのことについて話合いがもたれたようである。一方岡は野呂等とは行動を別にしていたらしく、さらに逃亡を続けている。三月九日の項には白木舎の主人がきて「東庁」から逃亡中の岡氏について探るように命ぜられたことを密に広助に告げたことが記されている。

この足利三代木像梟首事件は、事件そのものよりも事件がその後の政局に及ぼした波紋の方が大きかった。逮捕された三輪田等の処分を巡って佐幕派と尊攘派とが激しく対立したのである。結局尊攘派の意見が幕府方を大きく動かし、処分は大名預け程度の軽いものとなったのである。このことが、幕府の威信を地におとし、その弱体化を決定的にしたともいわれている。

広助は三月十四日伊勢屋久兵衛より、平田鉄胤が明日江戸へ出立する旨をきく。この時はまだ彼自身江戸に下る気持ちはなかったようであるが、たまたま江戸からの母の病を知らせる手紙を受取り、祖父の命令でともに江戸行きを決めたらしい。十五日仕度を整え、広助は祖父、平田鉄胤らとともに江戸へと出立する。

文久三年三月十五日京都を発し、草津・高宮・関ヶ原と中山道を進み、以後各所に平田門人その他関係者を訪問しながら江戸へ向かう。途中、信州飯田あたりで祖父と行動を別にしたようであるが、二十八日安中で合流している。江戸についたのが四月二日であるから、京都から江戸まで十八日かかったことになる。四月二日から五月二十五日までの約二ヵ月間江戸野城家に滞在、この間の生活は日記でみる限りでは毎日釣りをしたり見物したりでのんびりとしたものである。広助の江戸行きは、母の看病の他に関東にいる草莽連中との情報交換も目的の一つであったのであろう。だが、最大の目的は、京都にあって二つの事件を起こして危険な立場にあった広助は、少しほとぼりがさめるまで京都から遠ざかろうとしたことにあった。

五月二十六日広助は、今度は一人で再び京都に向かう。江戸に帰る時とは違い寄り道の多いゆっくりとした行程である。二十七日には武蔵一の宮を参拝、二十八日には足利の地に行き岡田嘉吉宅に三泊、その間足利学校を見学している。足利学校については次のように記している。

学校之祭酒日謙堂自午後面談数刻、請見大成殿、殿之正面設孔子塑像、塑像之下又有四个牌、其一日聖顔子、其三述聖子思子、其四亜聖孟子、左室設小野参議之像、右室置東照大権現之位牌、又別有文庫、小童導予庫中、引見古書、其書無不漢梵国書、触眼者、只有大日本志・鎌倉志・古釈尊図・和名鈔而巳

三十日足利を出立、それより玉村、坂本、岩村田と泊まり継ぎ岩村田では角田但馬家に四泊、その間同門の柏原安芸守と会っている。

六月九日、贄川で同門小沢文太郎に会い、師の書をわたす。同月十一日、馬籠の島崎吉左衛門に会い、それから中津川間半兵衛宅に至り約二十日間滞在している。七月五日中津川を出立、六日大井にて三浦朝穂に会う。同日馬嶋秀一・間元矩らとも会っている。京都に到着したのは七月十八日で、江戸を出立してから約四ヵ月目であった。

広助のこの旅行の持つ意味は、各地の同門人との交流であろう。東下の際は、三月十七日に馬場千苅に会ったのみで宿泊もほとんど旅宿であったが、再上洛の際には平田鉄胤の書翰を手渡すため、各地の門人たちと接触しながらの旅であった。おそらくそのとき各地の政治情勢についての話や、他の門人から伝え聞いたことなどの話がなされ、情報交換が行われたにちがいない。このように、広助の旅は遠くにいる門人たちを結びつける役割を果たしていたのである。

3　「癸亥日乗」

七月十九日広助は京都に到着、さっそく新町竹屋町の権田塾を訪問している。日記「安政癸亥　京中筆記」は七月二十五日までで、二十六日からは「癸亥日乗」に記される。

七月十九日から二十九日までは特別際立った動きはないが、八月に入って政治活動が活発化する。二日には錦織善之助・田代五郎・吉田十郎・安積五郎等と会う。安積五郎は大和天誅組挙兵に参加しているので、この後大和に向かったのであろう。同日、広助は伊勢舎久兵衛に別れを告げ、岩崎長世・権田直助・長谷川正傑らとともに京を発し大坂にむかっている。四日広助等は安治川から何処かへむかって出立しているが、日記はここで終わっている。

広助はこの後四国の丸亀へ向い、丸亀の村岡家・円座村の小橋家を拠点としながら、日柳燕石ら讃岐の尊王家たちと交流をもち、同地の郷士の尊王攘夷運動への参加を勧誘するなどの運動をおこなった。大和天誅組の挙兵に参加するため、長谷川正傑・美馬援造・小橋友之輔・大田次郎らとともに武器を積んで丸亀を出港したが、八・一八政変で中止となり、海路長州へ向うこととなる。広助はその途中船中で熱病にかかり、丸亀の村岡宗四郎宅で治療したが九月一九日に亡くなっている。(8) これは、日記が記されなくなってから約一ヵ月後のことである。

二　野城広助の人間関係

広助の日記には、広助が交流をもった人物の名が多く記されている。広助の行動をみると、上洛前・上洛後・旅行中・四国の四つの時期にわけることができる。表14はそれらを関係ごとに一覧にしたものである。これらの人々を検討することによって、広助の人間関係の特徴を明らかにしたい。

野城広助の人間関係の特徴の第一は、まず村の生活に関わる人間関係がほとんどみられないことである。既述のとおり、野城広助は山田橋村の名主家に養子にはいったが、山田橋村の人間は、すでに江戸にでている祖父と父以外はほとんどみられない。広助はおそらく江戸で育った人間で、もともと高鍋藩医の生まれであり、養子にいってからも江戸と武蔵国の毛呂本郷で医師・国学者としての修行をしていたのであり、生活の基盤を村にもたない都市的な若者であった。

特徴の二つ目は、平田門人・名越舎門人との交流がその中心にあったという点である。日記に登場する人物と各門人帳と突き合わせたところ、一一八名中名越舎門人一一名、平田門人四八人であり、上洛前・上洛後・旅行中もあわせて名越舎・平田門人との交流が多い。特に上洛前についてみると、上洛前の日記に登場する四四名中二五名が名越舎門人か平田門人であり、上洛前の関東における交友関係は、名越舎門人と気吹舎門人の両方との交流が主であるといえるだろう。

また、周知のことであるが、各門人帳をみてもわかるように、入門の際に紹介者を立てることが一般的であった。『気吹舎門人帳』(19)には次のように記載されている。

安政二年乙卯

四月十六日　　上総国市原郡山田橋村

平白成　野城清太夫

高沢瑞穂紹介

表14　野城広助の人間関係

	氏名	出身	身分	備考＊	名越舎門人 紹介人	平田門人 紹介人
各所で行動をともにする人物	権田直助	武蔵国入間郡毛呂本郷	医師	薩邸浪士隊(上洛前・上洛後)	主宰	○安藤直道
	斎藤助	上野国勢多郡苗ヶ嶋村	医師・神官	(上洛前・上洛後)	○井上正方	○松沢直道
	師岡雪斎正胤	江戸	神官・国学者	足利三代木像事件(上洛前・上洛後)		○
	間半兵衛秀矩	美濃国恵那郡中津川	本陣・庄屋・酒造業・国学者	(上洛後・旅行中・四国)		○馬島穀生
	長谷川鉄之丞正傑	越後国蒲原郡粟生津村	豪農	薩邸浪士隊(上洛前・四国)		○
	野城清太夫	上総国市原郡山田橋村	名主	広助の義理の祖父(上洛前・上洛後)		○高沢瑞穂
	平田延胤	秋田	藩士(秋田藩士)・神道学者	平田鐵胤の子(上洛前・上洛後)		主宰
	角田由三郎忠行	信濃国佐久郡長土呂村	藩士(岩村田藩士)	足利三代木像事件(上洛前・旅行中)		○舟橋広賢
	保母健	肥前国島原藩士	藩士(島原藩)	天誅組(上洛前・旅行中)		○
	伊藤益荒	肥前国島原藩士	藩士(島原藩)	天狗党・一時野城家養子(上洛前・旅行中)		
	長沢真吏久敬	陸奥国会津大沼郡川口村		足利三代木像事件(上洛前・上洛後)	○舟橋広賢	○保母健
	月岡一郎			(上洛前・上洛後)		
上洛前の人	権田年助	武蔵国入間郡毛呂本郷	医師	直助の子	主宰	○
	成瀬雪陵		画師			
	斎藤実平	武蔵国入間郡平山村	豪農			○権田直助
	小川節斎(竹内啓)	武蔵国入間郡入西村竹	豪農・医者・名主	薩邸浪士隊		

間関係		内				
	宮和田又左衛門光胤	下総国相馬郡宮和田村	国学者	宮和田勇太郎の父		○師岡正胤
	久保玄貞(季茲)	江戸本郷	国学者・幕府医官			
	野城良右衛門	上総国市原郡山田橋村	名主	広助の義父		○
	舟橋宗信広賢	紀州藩医	藩医(紀州藩)		○野城清太夫・斎藤助	○
	下條行蔵	江戸日本橋	藩医(松本藩典医)			
	福永舜民	高鍋藩医	藩医(高鍋藩)	広助の叔父		
	福永一郎		藩医(高鍋藩)	広助の兄		
	宇野源三郎	元攝津国高槻藩士	藩士			○師岡節斎
	平田鐵胤	秋田藩士	藩士(秋田藩)・国学者			
	青柳健麿(健之介)	上総国香取郡滑川村	藩士(岩村田藩士分)	足利三代木像事件		○小林道引
	佐藤仙右衛門	細川丹後守家臣	藩士(島原藩)			
	近藤大順	肥前国島原藩士	藩士(島原藩)		○宮西諸助	○小林道引
	安立弁蔵	大久保帯刀家臣	武士			
	千村造酒蔵	大久保帯刀家臣	武士			
	田島貞作	武蔵国比企郡田木村			○成瀬雪陵	
	小鷹弥藤次	武蔵国比企郡熊井村			○斎藤助	
	錦戸瑞州	武蔵国八王子				
	秋山勝義	武蔵国入間郡堀込村			○斎藤助	
	秋山民之助	武蔵国入間郡堀込村		勝義の父		
	早川舟平	武蔵国入間郡飯能宿		直助の娘の夫		
	安藤直道	武蔵国足立郡地頭方村				○
	田中石鼎・年鼎	甲斐国巨摩郡荊沢村			○宮西諸助	○
	五味元亮	甲斐国巨摩郡荊沢村			○宮西諸助・斎藤助	○

	吉澤千代輔	上野国勢多郡深津村			○井上正方・斎藤助	
	吉田周悦			薩邸浪士隊		
	西川継太郎					
	藪田和三郎					
	平井安斎					
	大垣玄庵					
上洛後の人間関係	西川吉輔	近江国蒲原郡八幡	魚屋・商人(肥料商)・神官・国学者	足利三代木像事件		○平尾可寛
	広岡波秀	長門国美祢郡大嶺村大嶺八幡宮	神主			○
	宮西諸助	江戸山王御宮附禰宜	神主	足利三代木像事件	○斎藤実平・落合貞次	○権田直助
	菅右京	伊予国越智郡宮浦村	神主			○
	岩崎長世	攝津国大坂長堀	神主(博労町稲荷神社祠宮)			○
	市岡長右衛門殷政	信濃国伊奈郡座光寺	本陣・庄屋			○間秀矩
	松尾多勢子	信濃国伊奈郡山本村	豪農			○北原信質
	宮和田勇太郎	下総国相馬郡宮和田村	志士	足利三代木像事件		○
	伊勢屋久兵衛(池村久兵衛邦則)	京都麩屋町通御池下	商人			○松尾多勢子
	長尾郁三郎	京都左京三条西洞院塩屋町	商人(綿屋)	足利三代木像事件		○西川吉輔
	白木舎佐太郎		商人			
	山田勘解由	粟田宮の臣	地下(青蓮院宮侍)	梅田雲浜門人		
	逸見源蔵	岡山藩士土肥典膳家臣	藩士(岡山藩)	足利三代木像事件		
	青山忠三郎	岡山藩士土肥典膳家臣	藩士(岡山藩)	足利三代木像事件		
	若林延左衛門	岡山藩士土肥典膳家臣	藩士(岡山藩)	足利三代木像事件		

	田中喜知造	岡山藩士土肥典膳家臣	藩士（岡山藩）	足利三代木像事件		
	岡元太郎	備前国岡山	藩士（岡山藩陪臣）	足利三代木像事件		○宅野則定
	野呂直貞	備前国岡山	藩士（岡山藩陪臣）	足利三代木像事件		○
	大庭強平	会津藩	藩士（会津藩）	足利三代木像事件		
	丸山一郎作楽、直彦	松平主殿頭藩（江戸島原藩校明親館句読師）	藩士（島原藩）			○岩坂建平
	渡辺新三郎	周防国郡美濃富田荘	藩士（長州藩士）			○西川吉輔
	小室力蔵（信夫）	京都左京烏丸（丹後国与謝郡岩滝村）	藩士（徳島藩）	足利三代木像事件		○長尾武雄
	中島永吉	阿波国徳島藩	藩士（徳島藩）	足利三代木像事件		
	仙石佐多雄	因幡国鳥取藩	藩士（鳥取藩）	足利三代木像事件		○小林道引
	水群（錦織）善之助	河内国富田林村				
	小川亀雄					○
	油屋次郎			足利三代木像事件		
	苞屋清兵衛					
	今井元二郎			野呂久左衛門直貞従僕		
	三木鐵弥					
旅行中の人間関係	間元矩	美濃国恵那郡中津川	本陣・庄屋	秀矩の子		○
	三浦朝穂	江戸		三浦秀浪（佐藤清臣の父）		○
	馬嶋秀一	美濃国恵那郡苗木	医師	医師馬嶋穀生の子）		○
	岡田静安	武蔵国足立郡下戸田村	医師・学者			
	角田但馬	信濃国佐久郡長土呂村	神主（近津社神主）	由三郎父		○
	柏原安芸守	信濃国岩村田	神主（若宮八幡宮神主）			○角田但馬
	馬場千苅（近江屋利左衛門）	京都麩屋町四条上ル	商人			
	島崎吉左衛門（正	信濃国筑摩郡馬籠宿	庄屋・神職			○間秀矩

	樹)					
	岡田山叟(訥平山叟)	高木侯の臣	藩士			
	三浦秀浪(佐藤清臣)	江戸大垣新田藩邸	藩士(大垣新田藩士)・神職・国学者			○岩崎長世
	安積五郎(那珂道高)	出羽国大館	藩士(盛岡藩士)			
	吉村清睦	美濃国恵那郡中津川				○間秀矩
	肥田一通	美濃国恵那郡中津川				○
	小野弟三郎	備後国芦田郡神田村				○
	丸山善兵衛	信濃国塩名田宿				○角田忠行
	小沢文太郎	信濃国木曾贄川宿				○
	佐野但馬					
	岡田嘉吉					
	里正富三郎					
	玉井春枝					
	森貞助					
	曽我氏					
	尾前周斎和泉					
	秋山為助					
	飯居菅平					
	錦織善之助(前出)					
	田代五郎					
	北条金陵					
四国で	木内順三	讃岐国三木田郡古高松村		安蔵弟		
	井上文郁	美馬郡美馬町字谷口	医師			

の人間関係	日柳燕石	讃岐国仲多度郡榎井村旗岡	勤皇家	地主質屋加島屋惣兵衛長男		
	奈良松荘	讃岐国仲多度郡榎井村	勤皇家	父は僧侶		
	長谷川佐太郎	讃岐国仲多度郡榎井村旗岡	豪農			
	大田次郎	讃岐国三木田郡田中村	豪農・藩士(のち丸亀藩士)	安蔵娘婿		
	村岡宗四郎	讃岐国丸亀	醤油醸造業	箏子長男		
	村岡箏子	讃岐国香川郡円座村	醤油醸造業	小橋道寧次女、村岡藤兵衛嫁		
	美馬君田	美馬郡美馬町字谷口	僧侶			
	小橋安蔵	讃岐国香川郡円座村	藩士(高松藩)			
	小橋友之輔	讃岐国香川郡円座村	藩士(高松藩)・勤皇家	安蔵四男		
	藤川三渓(将監)	讃岐国山田郡三谷村	藩士(高松藩士)・勤皇家・水産学者			
	相川伝八	讃岐国丸亀藩雑賀組長	藩士(丸亀藩)			
	土肥実光(大作)	讃岐国那珂郡丸亀城下鷹匠町	藩士(丸亀藩)			
	中村石松	讃岐国丸亀				

注：四国での人間関係のみ谷島一馬氏「野城広助関係資料集第二輯」を参照した。
出身・身分等は、日本歴史学会編『明治維新人名辞典』(吉川弘文館、1981年刊行)を参照した。
＊（　）＝各所で日記に名前が出てくるものに限りその時期を示した。

文久二年壬戌
　正月六日　　上総国市原郡山田橋村　清太夫白成男
　　　　　　　　　　　　　平広道〔後改若菜基輔〕
　　　　　　　　　　　　　　　　野城良右衛門
　同（月）　　　同（所）
　　　　　　　　　　　良右衛門広道男
　　　　　　　　　　　　　　〔広助〕
　　　　　　　　　　　　　　　野城信哉

これは、野城家が入門したときのものであるが、野城清太夫は、高沢瑞穂の紹介によって入門していることがわかる。
またつぎのような記載もみられる。

安政六年己未
　十二月廿三日　　江戸　　　　　三十三歳
　　　　　　　　　　　　　　　　敬信
　　　　　　　野城白成紹介　加藤良之進
文久四年甲子
　　　　　　上総国市原郡大桶村　二十二歳
　　　　　　　　　　　　　　　　常広
　　　　　　　野城広道紹介　伊藤荒雄
　二月廿一日　水戸藩　　　　　　七十一歳
　　　　　　　　　　　　　　　共昌

野城広道紹介　山国兵部[10]

江戸青山久保街　　二十二歳

野城白成紹介　平井良蔵義宣

四月五日

江戸〔牛込軽坂上〕　二十八歳

野城〔良右衛門〕紹介　小栗又兵衛源信成

慶応三年丁卯

これらは、広助の父及び祖父の紹介で入門した人々である。伊藤荒雄は、一時広助同様野城家の養子になった人物で、井上頼国の註によると〔愬親、後竜馬、政府ノ間牒トナリ、放免ノ后奈良県ノ管吏トナルベキ密約〔同県県令藤井千尋談〕ニテ、在獄中盲目トナリ終ニ死ス、恩人親友ヲ讒誣セシ報ト云へり、一時野城広道ノ養子トナリ、離別セリ〕とある。また小栗又兵衛については〔面識、徳川氏旗本、野代ノ主人〕〔野代、後若菜基助〕とある。野城の主人が旗本であり、且つその旗本が野城の紹介で平田門人になっている点は注目すべきであろう。その他平田塾入門後すぐに天狗党の乱をおこす水戸藩の山国兵部とのつながりも興味深い点である。このように記載の数は多くはないが、野城家が紹介した入門者は現在の江戸を中心に故郷の市原郡及び水戸藩にも至っており、野城家が平田派の組織者として活発に活動していたことがわかる。

また、『名越舎門人帳』[11]には次のように記載されている。

文久二年三月十五日
　上総国市原郡山田橋村　野城良右衛門義子
野城広助　年二十　紹介舟橋広賢

これによると、広助は平田塾入門の約二ヵ月後に権田直助の門人となっていることがわかる。紹介人舟橋広賢は平田門人であり医師であり、もともと広助とは知り合いであったのであろうが、直助との交流もあり、且つ文久二年四月十八日広賢が名越舎に入門するとき広助の祖父清太夫が紹介人となっていることからもわかるように、祖父清太夫との交流もあった。祖父清太夫は門人帳で見る限り名越舎門人にはなっていないが、紹介人としては名を連ねている。舟橋広賢の他には、慶応二年三月十四日に江戸青山出身の平井良蔵を名越舎に紹介している。平井良蔵は前述の如く気吹舎入門の際にも清太夫が世話をしている。

このようにみてくると、野城清太夫・良右衛門及び広助は権田直助の名越舎と平田鉄胤の気吹舎の両方に関わり、二舎を連結する役割を果たしていたように思える。そのことは野城広助の日記をみるとなおいっそう明らかになる。もちろんこのような役割を担っていたのは野城家のみでなく、近藤大順・舟橋広賢・斎藤助・権田直助父子・長沢真古・田中石鼎・五味元亮といった、幕末において気吹舎と名越舎両方に関係していた草莽すべてにいえることである。これが草莽間の広大な情報のネットワークの一端であることは言うまでもない。

ところで、広助の入門と同じ日に次の三人が名越舎に入門している。

文久二年三月十五日
　武蔵国比企郡田木村　田島文哉男
田島貞作　年十五　紹介　成瀬雪陵

同年同月
武蔵国比企郡熊井村　源次郎男
小鷹弥藤次建夫　年二十四
紹介　斎藤　助

同年同月
武蔵国入間郡堀込村　秋山民之助男
秋山善太郎勝儀　年十七
紹介　斎藤　助

彼らの名は広助の日記にも出てくる。紹介人として名を連ねている斎藤助は、上野国勢多郡苗ヶ島村の医師・神主で、広助とは親友であった。広助の上洛前の関東においては、このような形で、国学者のネットワークが形成されていた。また、この時期に、後に足利三代木像梟首事件に関係する長沢・青柳との交流の他に、天誅組に参加して死ぬ保母建や天狗党の筑波山挙兵に加わる伊藤益荒、薩邸浪士隊として直助らと行動をともにする小川節斎（竹内啓）や長谷川正傑らの政治活動分子との交流があったことも注目すべきであろう。

上洛前に交流があったもののうち、平田延胤・師岡節斎・斎藤助・権田直助・野城清太夫・長沢真吏・月岡一郎・角田忠行らは、上洛後あるいは旅行中の日記にもその名がみられ、広助と行動をともにしていたことがわかる。月岡一郎については平田門人かどうかの確認はできていないが、それ以外はいずれも平田派の主要な人物である。長谷川正傑・間秀矩とは最後の四国まで関わりをもったことが確認される。

文久三年の上洛後における広助の人間関係をみてみよう。上洛後も平田門人との交流が中心であるが、特に足利三代木像梟首事件関係者との交流が多いことが注目される。中でも広助と上洛以前から交流のあったものの多くが事件関係者となっている。角田・師岡・長沢、また日記には顔を出さないが、青柳等は「壬戌日乗」でみたように、関東において既に広助とつながりがあった。一方、同じ関東勢でも宮和田勇太郎・仙石佐多雄・三輪田綱麿・石川一等は別グループであったが、宮和田勇太郎の父光胤と広助とは交流があること、広助と交流のある師岡節斎は文久二年十月二十七日宮和田らのグループとともに上洛していること、長沢真吏は上洛前に光胤門下に入ろうとしたことがある[12]ことから考えて、関東から上洛した事件関係者はすべてつながりがあったと考えられる。つまり関東において既に事件関係のグループの一派が成立していたといえる。この関東グループが上洛後、野呂直貞を代表とする岡山藩士グループ、西川吉輔・小室力蔵ら京在住の商人グループと、同じ平田門人であるということから結合し、英士会とよばれる浪士グループが結成されたのである。

文久三年三月事件の難を逃れて江戸へ向い、四月から約一月江戸に滞在し、再度京都に向うが、その間も、平田門人宅を訪問し、師の書簡を配るなど門人との接触をはかりながらの旅をしている。その中には、安積五郎・佐藤清臣・島崎吉左衛門らの名も見えている。

八一八政変後四国丸亀に移動してからの人間関係は、日記がないため詳細は不明である。だが記録によると[13]、大和天誅組にかかわりをもったとされる土肥大作・藤川将監・日柳燕石・小橋安蔵らの丸亀藩・高松藩の学者・勤皇家、村岡家などの豪農と関わりをもったようである。この四国時代の人間関係をみると、それ以前から交流があるのは平田門の間秀矩・長谷川正傑の二名のみであり、政局の変化が広助の人間関係に大きく影響を与えていたことがわかる。

以上みたように、広助の人間関係は、平田塾・名越舎門人を軸とする広大なネットワークを形成していた。そのネットワークは同じに彼らの政治活動のための情報網となった。

特徴の三つ目は、その人間関係が身分関係にとらわれない幅広いものであったという点である。広助が交友関係をもった人々をみると藩士・藩医・国学者・医師・神主・豪農（名主・庄屋）・豪商と実に幅が広く、学識者・名望家・教養人として地域でも著名な人物が大半である。広助は医師であったので、藩医や村医師との交流はもちろんであるが、国学を学んだことから国学者・神主との交流も多かった。また重要なのは、斎藤家をはじめとする各地の平田塾や名越舎などの国学塾となんらかの形で関わりをもつ豪農商層・名主層との繋がりであり、彼らに情報を提供しながら、尊王攘夷運動に協力させるように働きかけ、その政治活動のネットワークを拡大しようと周旋していた。さらに、人間関係の地理的広がりは、交友のあった人物の出身地の広さや、それぞれの行動半径の広さからしても全国に及んでいる。豪農の側からすれば、彼らと繋がりをもつことで、村に居ながらにして全国的なひろがりをもって情報を獲得することができ、時代の動きを知ることができたのである。そして彼らが地域における情報の拠点となったのである。幕末という時期は、身分や階層を超えたこれらの人々の交流を通じて全国規模で情報が行き交っていた時期であるといえる。

おわりに

野城広助は、学問塾を生活の基盤とする、村や地域にとらわれない人間であるがゆえに、活動家として自由に行動し、地域・身分・階層をこえた広大な人間関係を形成し、情報ネットワークを形成することができた。

しかし、ここで考えたいのは、なぜ野城家が長男四女がありながら、このような人物をわざわざ養子に迎えたのかということである。また、なぜこの時期野城家の当主がふたりとも江戸に居住しているのか。それはいつからか。また義父良右衛門が旗本に仕えているというのはどういうことなのか。野城家が名主をつとめているはずの山田橋村との関係はどうなっていたのか。など今後明らかにすべき点が多い。だが、一つ明らかなのは、野城清太夫が多くの平田門人の紹介人として名をつらねていることから考えて、野城家が平田派門人としてかなり積極的に活動し、門人の中でも主要な位置にいたと思われることであり、おのずとその活動の拠点は江戸にならざるをえなかった。幕末という時期は、野城家にみられるような、もともと村落上層民で村役人の家柄でありながら、村から江戸へと居住の中心を移していくものが多くいたと考えられる。また野城家では士分である藩医から養子をとることで、平田派の学者としての自分の後継者を育てようとする意図もあったと考えられる。野城家にみられるこれらの行動は、幕末期に、豪農が地域を越えて人間関係を形成し、村の外に活路を見出していくひとつの選択枝であったと思われる。

註

（1）野代広助の日記は、筆者が卒業論文作成中に平山家文書の中から発見したもので、もともと本稿はその史料紹介の意味もあって執筆したものである。同じ頃市原市の谷島一馬によって調査研究がすすめられており、ここ数年谷島によって詳細な研究報告がなされている。本稿は谷島一馬の研究成果から多くを学んだ。谷島一馬「野城広助の事蹟――主として足利木首事件を中心に――」（『市原地方史研究』一三号、一九八四年）、同「（角田家文書）足利木像梟首事件の大要」（『市原地方史研究』一四号、一九八五年）、同「野城広助関係資料集」（『市原地方史研究』一六号、一九八七年）、同「野城広助関係資料集第二輯」（『市原地方史研究』一七号、一九八八年）などがある。尚本稿で使用した広助の日記の全文が「野城広助関係資料」に掲載されている。

（2）斎藤家は明治になってから平山に改姓している。ゆえに斎藤家の文書を平山家文書という。平山家文書は、現在埼玉県立文書館に所蔵されている。斎藤家については、第二編第一章・第二章を参照。尚、斎藤家については、『毛呂山町史』一九七八年・馬場憲一「一豪農にみる酒造業開業過程の様相―武蔵国入間郡平山村斎藤家の場合」（『地方史研究』一四五、一九七七年）を参照。権田直助については、毛呂山町教育委員会編「権田直助先生伝」（一九七五年）、金子元臣『徳育史料　第二編』（一九七八年）、岸伝平「権田直助」（『埼玉史談』八―一、一九六一年）、桜沢一昭「覚書・権田直助伝」（『東国民衆史』第四～一〇、一九八〇年～八四年）等がある。

（3）「下伊奈郡誌資料」井上頼国後日談（下伊那郡役所編、歴史図書社、一九七七年）。

（4）野宮定功をさす。

（5）大須賀巌「野城広助の勤王事蹟」（『房総郷土研究』七―一）。

（6）松尾多勢子「都のつと」（下伊那郡役所編『下伊那郡資料　中』歴史図書社、一九七七年）。

（7）「京都守護職始末」によると、会津侯は二十五日町奉行所に犯人逮捕の命令を下したが、与力平塚瓢斎が町奉行に、木像梟首事件の一党は現在京都にいる者だけで四、五百人はいる。これらを捕えようとすれば必ず余党が一時に蜂起して守護職の力のみでは制しがたいであろうと申し出、奉行もそのことを聞いて逮捕を躊躇し、また一方瓢斎は三条実美を通じて会津侯に犯人逮捕を思い止まらせるように仕向けた。だが会津侯は承知せず逮捕を主張したということである。だがこれは広助の日記の記述とはかなりくい違う点がある。「京都守護職始末」では会津侯は断固逮捕を主張したように記されているが、日記からみると会津侯の考え方は平塚瓢斎の考えと同じであり、犯人逮捕にまで事を運ばせたのは侯自身の主張というよりも藩士の意見におされてのことだったということになる。

（8）大須賀巌「野城広助の勤王事蹟」（『房総郷土研究』七―一）。

（9）『新修平田篤胤全集・別巻』（一九八一年）所収井上頼国の編集による気吹舎門人帳参照。

（10）田丸稲之衛門実兄。

（11）『国学者伝記集成』続巻所収。

（12）宮和田光胤『一代記』。

（13）谷島一馬「野城広助関係資料集」（『市原地方史研究』一六号、一九八七年）、同「野城広助関係資料集第二輯」（『市原地方史研究』一七号、一九八八年）を参照。

第三編　海防と海村

第一章　幕末期異国船防備体制と村落上層民

――九十九里浜を事例として――

はじめに

本章では、文政以降における異国船発見情報の伝達、その後に展開される異国船防備体制の編成の特色と村落上層民の動向について、その実態を村方の史料を使って検討する。

ところで、「異国」「異国船」の問題を村側からとらえて行く場合[1]、「異国」と村・村人とがどのような形で接したのか、「異国」に対する意識が村人の間でどのように形成されていったのか、またそれが幕府の海防政策とどのように関わっていたのかという問題がある。これらの問題点について、ここでは海付の村である九十九里浜の事例を検討したい。

九十九里浜は、房総半島の東側に位置する延長五七キロメートルに及ぶ砂浜であり、江戸時代には天領・私領・藩領・旗本領が入り交じった支配関係を有している。本稿で主としてとりあげるのは、その内江戸町奉行配下の与力給知の村々である[2]。この九十九里浜においては、文政期頃より異国船が近海を通過するという報告が頻繁になされている。九十九里浜の村人は異国船が九十九里浜近海に出現したのをどのくらいの頻度で目撃したのであろうか。現在村方の史料で確認できるのは、文政八年（一八二五）三月二十六日・文政九年（一八二六）二月十日・天保三年（一八三二）四月二十七日・同年五月九日・同年六月八日・弘化二年（一八四五）二月二十九日・弘化三年（一八四六）六月八日の七回である。(3) 幕府が異国船打ち払い令を出したのは文政八年二月十六日のことであるから、異国船の来航の報告は、この法令が出された直後からであると見ることができる。異国船打ち払い令は、老中→町奉行をへて、知行村々に伝達されており、与力の中の給知定世話番から、村方から選出された給知差配役へと伝達され、「浦々高札」が立てられ、村人に周知徹底されたことが飯高家文書から確認できる。(4)

天保期に入ると、九十九里浜の警備体制に変化がみられる。小倉家文書から、天保十年（一八三九）三月には、関東取締出役による組合村々の鉄砲改めが実施されていることがわかる。また天保十年七月には、老中水野越前守から文政八年令の撤廃、文化三年（一八〇六）令の復活の触れ、天保十三年（一八四二）には、薪水給与令が発令されていることが確認できる。

この幕府の政策の転換の中で、九十九里浜ではどのような問題が生じているのであろうか。以下第一節において、文政期における村方の対応について検討する。第二節において天保期以降の幕府政策の転換とそこから生じる問題を明らかにしたい。

一　文政期の異国船防備体制

1　異国船発見情報の伝達について

ここでは、実際どのように異国船来航情報が村側から領主側に伝達されたのかということを、文政八年の事例から検討したい。

文政八年三月二十六日暁六ツ半時一七、八間位の異国船が粟生村沖に出現した。これは、小倉家・飯高家両家の記録とも発見の日時、距離など報告内容が一致している。当時の状況をより詳しく記している小倉家文書「異国船粟生浦江相見候節始末書日記」(5)にはつぎのように記されている。

乍恐以書付奉申上候

御知行所上総国山辺郡粟生村細屋敷村片貝村小関村右四ヶ村役人共一同奉申上候、昨廿六日暁六ツ半時頃異国船与相見候船隣村真亀沖合い粟生村浦陸地ヨリ凡七町沖合迄乗来候由、浦住居之もの共本村へ早速相触候ニ付、小前百姓共ニ至迄浦々へ罷出候内、右船北東之方ニ乗付船蔭も相見不申候、然処小漁船共魚漁稼ニ沖合罷出渡世仕候もの共ニ逸々篤ト承ただし候所、粟生村百姓彦左衛門所持之船水主粟生村源八外三人雇候もの相州三浦郡小坪村八五郎治郎七亀治老〆四人乗魚漁稼罷在候処、右異国船凡拾七八間位之黒ぬり之船相見へ候ニ付、漁業相止メ可逃去ト存候処、右大船ヨリ小船へ乗移リ水主拾人乗追掛来候ニ付、打驚逃去候得共不相叶打かぎニ而引被寄セ利不尽ニ乗移リ候間驚入候所、外ニ子細も無之、尚又言音ハ相分リ不申候間、何故何国之船ト申義相分リ不申候、無程右船ヨリ大船ニ罷帰り候ニ付、早々逃去り申候由ニ御座候　右之段村役人共精々相糺し候処、前書之通相違無御座候ニ付、乍恐以書付御訴奉申上候　以上

御知行所上総国山辺郡　粟生村
細屋敷村
片貝村
小関村

文政八酉三月廿八日

右四ヶ村惣代粟生村　与頭　伊兵衛

豊田一郎兵衛殿
小川治兵衛殿
飯高貫兵衛殿
豊田重三郎殿
飯高総兵衛殿

この史料によると、まず異国船を目撃した「浦住居のもの」から本村への報告があり、その報告をうけて小前百姓が海岸まで確認にいく。しかし、船は北東の方角に去って確認することができなかった。そこで、沖合いで漁をしていた粟生村水主源八他、雇われ人であった三浦郡小坪村の水主三人に異国船の様子を聞いた。彼らは、漁をしている最中に異国船と出くわしたこと、小舟で乗りかけてきて何かを話しかけたことなどを証言した。それについて村役人で間違いのないことを確認し、異国船発見地である粟生村の組頭が与力給知浜付四村を代表して、給知差配役へ報告書を提出している。二十八日給知差配役で宿村名主である小川治兵衛と粟生村組頭伊兵衛は出府し、小川治兵衛から給知定世話番中島三郎右衛門へ異国船来航一件を注進し、伊兵衛へ一通りの問いただしがあったうえで、夜五ツ時過定世話番中島三郎右衛門・嶋喜太郎から町奉行榊原主計頭へ報告する。同日二十八日榊原主計頭より月番老中松平和泉守への進達書が作成された。同時に、給知定世話番から飯高貫兵衛宛の給知村々への手当御下知書が小川治兵衛にことづけられた。

小川治兵衛と伊兵衛は二十九日早朝「浦々為手当臨時組合村々へ申触致手配置候様被仰附」帰村する。三十日給知定世話番から飯高貫兵衛にあてた二十八日付けの書簡が飯高家に届けられたことが、飯高家の記録に確認される。これには、それほど詳細な指示はなく、今後も異国船が来るかもしれないので、給知村々で申し合わせ、上陸したら防戦するように、天領や私領とも協力するように、その場合最寄り村々で相対で掛け合うようにとの指示のみであった。二十九日小川治兵衛は帰村と同時に宿村組頭小倉伝兵衛に、霞御鷹場組合・臨時組合・異国船来航手当などの調査命令を出している。小倉伝兵衛は、この命令に答えて、即座に片貝村霞御鷹場組合・臨時組合村々の調査を行い文書を提出している。以後、次章でみるような村落上層民を中心として村々の情報伝達組織を含む警備体制の整備が始まる。

文政八年の場合をみると、三月二十六日異国船発見から老中へその事実が伝わるまで、約二日しか要しておらず、実にすばやい対応がなされたといえる。また、給知定世話番から村方への指示も、内容的にはいいかげんながらも、即日なされている。このように、文政八年の異国船来航情報の注進は、村方における浜方から本村の村役人へといった情報伝達組織、与力給知における支配体制、即ち村落上層民出身である在府と在村との両給知差配役の存在と、与力の中の給知定世話番との巧妙な連携によって、実にすばやく伝達されたのである。

ところで、この一件で他領の村々ではどのように対応したのであろうか。片貝村の小川家文書[6]によると、同年四月に次のような文書が作成されている。

乍恐以書附奉申上候

一、上総国山辺郡片貝村奉申上候、異国船之義ニ付、当酉二月中御触之趣委細承知奉畏候、然処去三月廿六日暁異国船当浦陸地近く乗入候ニ付、其段先達而御訴奉申上候通り其節者早速乗戻し候得共此上萬一上陸可致義も難斗ニ付、村近辺村々者榊原主計頭様・筒井伊賀守様両御組与力給知ニ御座候、榊原主計頭様御給知村々者其御懸りゟ別段異国船防方打払又者搦捕候助力手当之義被仰渡候□者右御給知拾八ヶ村之義者、異国船防方助力申合等仕、右拾八ヶ村之内粟生村浜辺江半鐘を釣置、異国船相見へ候得者右半鐘打鳴、聞付次第村々人夫相集、猶又其節大勢之人既混乱不致様、其外種々取極議定仕置候由風聞及承申候、……右ニ付私共村方之義も此度御伺奉申上候被仰付次第異国船防方助力手当等仕度奉存候、尤私共村方之義者前々ゟ近村共九ヶ村申合組合御用御差支無之様、且又組合村之内何様之変事出来候共其節之諸入用助合可致旨申合組合罷出、其内私共村之義者村高も多事故触元村へ被相頼右廿九ヶ村申合議定仕置候義も御座候間、右村々助力等之義も此度御伺之上奉　御下知受、異国船防方助力手当之義如何様共被　仰付次第取極申度奉存候、……

文政八年　酉四月

上総国山辺郡　片貝村
本間佐渡守知行所　組頭　源七
長谷川平蔵知行所　年番名主
源兵衛

森覚蔵様御役所

前書之通当村申合、一同御代官森覚蔵様御役所江御伺奉申上候ニ付、此段御訴奉申上候

以上

文政八酉年
四月

片貝村
組頭　藤左衛門
庄兵衛
長兵衛
仁左衛門

名主　助右衛門

多古御役所様

この史料は、支配関係の錯綜している片貝村の中で、本間佐渡守知行所と長谷川平蔵知行所の村役人から代官森覚蔵宛に提出したものである。三月二十六日の異国船発見の時の情報伝達については詳細な記載がなされていないため、どのような対応をしたかは不明であるが、おそらく与力給知でみられたような敏速な対応はなされていない。またこの文書によると、両与力給知が異国船発見の節の合図の方法をはじめとする詳細な取り決めを行ったという「風聞」を聞いて、本間佐渡守知行所と長谷川平蔵知行所の片貝村でも異国船発見時には助力したいこと、また片貝村は、触元でもあり、組合二九ヶ村に直ぐに協力を伝達することができるので、異国船防方助力手当について指示がほしい旨の伺い書を幕府代官に対して申出ている。この伺い書は、全く同じ内容のものが同時に多古藩領の片貝村の村役人から多古御役所にも提出されたことがこの文書からわかる。

このことからすると、他領においては、文政八年当時いまだ具体的な対応・動きがなされておらず、与力給知の動きを「風聞」で聞いて初めて対策を考えているのである。文書中「給知村々者其御懸りゟ別段異国船防方打払又者搦捕候助力手当之義被仰渡候」とあることからもわかるように、町奉行与力給知においては特別に早くから異国船対策がなされていたのであり、その動きをみながら、周辺の他領村々も対策を講じる動きをみせたのである。しかしながら、異国船防ぎ方について領主側から指示がある前に、まず村側の方から問い合わせがあったこと、その契機が周辺村々の「風聞」に基づくものであった点は注目すべきである。

与力給知の村々が他領に先駆けて海防対策を練っていたことは、次の史料からも伺える。

……唯今ニテモ戦争始リ事々敷防禦之手当有之候ハヽ、失費而巳相掛……要地之儀ハ格別、其外軽キ備場所等ハ勘弁之取計モ可有之哉、番兵等差置候而モ交代之者無之候而ハ不相成、タトエハ百人用意千人之場所ハ二千人之用意ニ相成候ヘハ莫大之費用可相掛、當時困窮之領主ハ中々以テ永続ハ仕間敷哉ニ付、屯田之常詰ニ平日ハ耕作ヲ致候、事有之時ハ兵卒ニ相成候様ニ茂仕候ハハ便利宜敷可有之候ヘトモ、是モ可割渡田地無之而ハ差支可申哉ニ付、其場所之者共町方ハ町人在方ハ百姓ニ而モ、事有ル時ハ兵卒之助ケニ遣ヒ候所置モ可然哉、左候ハハ侍以上徒歩足軽等多人数不差置共一廉之備ニモ可相成哉……唯々平日異国人与申者ハ人ヲ欺キ人ヲ侮リ可悪者与申儀能々申諭、百姓町人共迄異国人憎ミ、日本之恥辱ヲ取間敷与申心ヲ生ジ候様教候而所謂敵□之心ニテ一廉之助ニ可相成哉……(7)

これは、文政七年に時の南町奉行筒井伊賀守が老中大久保加賀守へ提出した海防に関する有名な意見書であるが、これによると町奉行では、既に文政七年段階で、武家の負担を軽減するために、海防上それほど重要でない場所については日常の警備には村民を利用して海防を行おうという考えを持っていたことがわかる。しかし実際には村人は兵卒の助けくらいにしかならないのであり、何か起きた場合にはすぐに幕府方に連絡がとどくようにしておく必要があったと考えられる。とすれば、町奉行与力給知が既に他領に先駆けて情報伝達組織をはじめとする警備対策を練っていたであろうことは容易に推測できるのである。また注目すべきは後半部分であって、異国人を悪人と思い込ませれば村人がかれらを憎み海防の役にたつであろうといっている点は、幕府による情報操作の意図を良くあらわしている。

以上みたように、文政期与力給知においては、村から幕府への情報伝達は実に素早い対応がなされた。与力給知の対応の早さのいちばんの理由は、九十九里浜という組織的な大地曳網漁業地帯であり、網元を中心とする海と陸との情報伝達が日常的組織の中で出来ているということであろう。また特に与力給知では、多くの場合給知差配役は地曳網の網元であった。且つ士分を与えられた村落上層民が、領主と一般村民との間にあって、在地の村役人との連携によってすばやい伝達を行っていた。このように、村方上層民は在地における異国船情報の収集と、幕府への情報伝達の中心的役割を果たしていた。更に異国船と接した場合に、好むと好まざるとにかかわらず、対応せざるを得ない立場にあり、それ故彼らはそうした不時の危機に対する対応を考えざるを得ないのである。事実九十九里浜では、村方上層民が主体となって異国船警備プランを作成しているのである。

次項では、この村落上層民が主体となって計画した九十九里浜における異国船防衛プランについてみてみたい。

2　村方における異国船防衛プラン

ここでは、文政八年二月を契機としてどのような防衛体制が村々で計画されたのかということを、飯高家と小倉家の事例をみながら検討してみたい。警備プランについては、文政八年四月以降数回に分けて考案されているため、どれが最終的に採用されたのかということははっきりしていない。あるいは、計画のみで、実際にはそれほど機能はしていなかったのかもしれないが、それにしても村落上層民がどのような村方における組織化を考えていたのであろうか。次にこれらについて検討してみよう。

①　飯高家のプラン

まず飯高家が主導して計画したと思われる異国船発見通達直後の文政八年四月一日の「異国船防方相図御請証文之事」から検討してみたい。

……片貝村粟生村浦江半鐘釣置、異国船乗寄セ候ハヽ、両村之内半鐘打鳴、尤風雨之節者上郷江相通不申候儀も可在之候間、宮村小関村枝郷大抜村ニ而も半鐘用意いたし置右両村之内半鐘之相図次第打鳴候而村々江相返し是継昼夜ニ不限六十歳ヨリ拾五歳以上ヲ早走ニ粟生浦片貝浦江懸付可申候、異国人上陸いたし候浦ニ而ハ、玉火ヲ揃拵置眼印ニ揚之、昼ハ煙ヲ揚、右ヲ眼当ニ其所江欠寄可申候、尤村中人数相集候場所ハ兼而取極置夜中ニ候ハヽ、兼而用意仕置ニ而人数相揃、手々ニ松明炊建、名主与頭付添欠出人数他村之者江打交リ之者ニ而散乱不致様専要ニ心懸、且又村内欠出之跡老人子供等相残、村内高キ場所ヲ見立、壱村ニ弐三ケ本宛大篝ヲ焚、人数引取候迄ハ不消様可致候、是等之焚物等ハ右場所江平生積置用意可申、且又浦付村々ニ而者、昼夜ニ不限遠見之番人ヲ付置、見懸次第半鐘ヲ打鳴、昼之内ニ候ハヽ祭礼之節之幡ヲ相立、尚又煙揚可申候、相図怠無之様相勤可申候、尚又網方並小漁船共水主相集置持合之幡等松林之中江立置、夜中ニ候ハヽ不絶所々□篝ヲ焚、大勢相集候躰ニ上陸不致様心懸可申候（飯高家文書「文政八酉年二月諸用留弐番」）(8)

この証文には、異国船を見かけた場合の合図の仕方、人足の詰め所など異国船来航時の具体的な対応が計画されている。これによると、異国船を発見した場合は、片貝村・粟生村に設置した半鐘を打ち鳴らし周辺村々へ合図すること、ただし風雨で内陸の村に連絡が取れない場合もあるので、間宮村・小関村・大抜村は昼でも夜でも一五歳から六〇歳のものは、粟生浦・片貝浦へ駆けつけること。異国人が上陸する浦では、「玉火」をうちあげ、合図すること。それを目印にして周辺村々は駆けつけること。但し、村の中で集合する場所はあらかじめ決めておくこと、残った村人は、一村に二、三本のたいまつを焚くこと、日頃そのための準備を怠らないこと、村では日頃から昼夜ともに番人をつけ、異国船をみかけたら半鐘で合図をし、昼は祭礼用の幟をたて、煙をあげること。夜の場合は、ところどころで火を焚き、上陸しないようにすること、など半鐘・狼煙・幟などをつかった異国船発見時の連絡方法がことこまかに記載されている。

飯高家の記録の中で最も体系的にプランが出て来るのは、文政八年五月から九年にかけてのことである。(9)

まず文政八年五月に御給知役に宛てて作成された「異国船乗寄候節手当之儀ニ付申上候書付」をみると、鉄砲打人の選定と稽古場所、玉薬の支給願い、沖見張り番小屋建設援助金支給願い、また番人への扶持米支給願い、異国船来航の節の半鐘の打ち方、高張・松明は村入用で準備するが、鑓は貸与願いたいこと、御出役在の節の炊出しについてはいまだ未決定であることが記されている。続いて、異国船が乗り寄せた時の人足詰場・各村ごとに六〇才以下一五才以上の人足数と竹鑓の配分数が記載されている。続いて文政九年五月二日付けの「乍恐差上申御請証文之事」では、粟生村をはじめとする一三村から給知役に当てて、合図の半鐘の設置場所・数について記している。

飯高家のプランの特徴は、次第に海岸警備にかかる費用や負担の軽減に向けられるようになっていく点である。後述のごとく飯高家では、幕府の海防体制へどこまで援助するのかという点、また防衛プランの点でも小倉・小川家と意見対立もあり、防衛体制についてはこの後両家に主導権を握られることになる。従って、これ以降は具体的な防衛プランを出した記録はほとんどみられなくなる。

⑵　小倉家のプラン

前項でみたように、文政八年三月の異国船来航通達の直後、宿村名主で給知差配役である小川治兵衛と粟生村組頭伊兵衛は「浦々為手当臨時組合村々へ申触致手配置様被仰付」との命をうけた。小川治兵衛は、帰村直後に宿村組頭の小倉伝兵衛に片貝村霞御鷹場組合・臨時組合村々の調査・異国船来航手当などについての調査命令を出している。それに答えて、伝兵衛は即座に調査を行い、報告書を提出している[10]。片貝村霞御鷹場組合[11]は、総高一一二八〇石で、村役五〇ヶ村組合で構成されている。この中には、南北与力給知の他に、天領・大名領が多く入り組んでいる。また、臨時組合[12]の方は、南北与力給知と旗本領一村天領一村を加えた三〇ヶ村からなる組織で、「火難其外臨時変難有之候節諸入用助合並人歩手当等触当次第無差支差出候筈組合議定致置申候」ものであった。これらの組織は、内陸村々への情報の伝達や人足・鉄砲竹槍その他の物資の調達に利用された。非常時には、内陸村々からも駆け集まり、地曳網の組織を中心に組織化されていくことになる。

では、伝兵衛がたてたプランとはどのようなものであったのか具体的にみてみたい。次の史料[13]は文政八年三月晦日の最も早い時期に計画されたものである。

上総国山辺郡真亀村より同郡小関村迄の浦方、此の上、異国船見へ申し候節、村々浦方へ相詰め候様申し触れ候、相図ニハ、右浦方村々の内、地曳網魚屋拾七軒之れ有り、右真亀村より小関村迄道法凡そ壱里の内ニ之れ有り候ニ付き、右なや共へ隣村の寺より半鐘借り受け、四ヶ所斗りへ掛け置き、異船見掛け次第、右半鐘弐ツ拍子ニ打ち候ハバ、外拾三軒の魚屋へハ番木掛ヶ置き、是れも弐ツ拍子ニ打ち置き候ハバ、岡方村々聞き付け次第、昼夜に限らず（欠字）或ひハ竹貝吹き候ハバ、早束〔速〕村々より人足操〔繰〕出し、左の通り、地引網魚屋前へ、村々才料相詰め申すべく候、地引網なや番ハ異船見掛り次第、はまヲ呼ばせ候様、弐声つつ呼び申すべし、殊ニ右様（欠字）地引網水主共、夫れ夫れなや前ニ相詰め夫れ夫れ差図請け候様致すべき事……

ここには、異国船来航の村々への通達についてかなり組織的な伝達網が考案されている。

続いて、通達をうけた各村々の人足の詰め場が具体的に示されている。

不動堂村　覚兵衛なや前へは（不動堂村・北幸谷村）詰所迄凡そ三十八九丁

水主の分ハ何村より勤め候とも夫れぞれ附来り候留りより相詰め申すべし

西野村　九兵衛なや前へハ（西野村・幸田村）詰所迄凡そ三十一弐丁

同断

貝塚村　喜太郎前へハ　（貝塚村　広瀬村）　詰所迄凡そ三十一丁
同断
粟生村　重兵衛なや前へハ　（細屋敷村　藤下村）　詰所迄両村二十丁
同断
同村　俊治郎なや前へハ　（粟生村　関下村）　詰所迄二十四五丁
同断
宿村　新兵衛なや前へハ　（大沼村　宿村）　詰所迄凡そ二十五六丁
同断
片貝村
並に村人足ハ夫れぞれ村方最寄へ相詰め申すべし
弥兵衛なや前へハ　（薄島村　荒生村）
同断
同村
同断

弥右衛門なや前ヘハ（家徳村 殿廻村）
同断　詰所迄（以下欠）
同村
同断
弥市なや前迄ヘハ（中野村 三門村）　詰所迄凡そ二十二丁
同断
同村
同断
甚兵衛なや前ヘハ（高倉村 宮村）　詰所迄両村より三十二三丁
同断
同村
同断
惣兵衛なや前ヘハ（三浦名村 堀之内村）
同断
同村

同断
吉太郎なや前へハ　関内村　詰所迄凡そ三十丁
同断
田中荒生村
同断
治郎右衛門なや前へハ（田中新生村
下武射田村）　詰所迄三十壱二丁
同村
同断
与左衛門なや前へハ　上武射田村　詰所迄三十二三丁
同断
片貝村
同断
重右衛門なや前へハ　中村　詰所迄廿三四丁
同断
小関村
六郎左衛門なや前へは　小関村
同村新開　両村とも三四丁より十八九丁

続いて、右村々のうち小漁船を持つものに対しては、次のように各地曳網船に小漁船を付け置くようにして行動するように計画している。

右　覚兵衛船へハ　不動堂村縄船持
　　　　　　　　　西野村（吉十郎
　　　　　　　　　　　　（権四郎
　　　　　　　　　　　　（由兵衛

右　九兵衛船へハ　同村（助七
　　　　　　　　　藤下村（伝吉

右　喜太郎船へハ　貝塚村（善兵衛
　　　　　　　　　同村（重五郎

右　重兵衛船へハ　粟生村（たれ
　　　　　　　　　　　　（たれ

但、縄船持名前取調べ候上にて認書載せ申すべし

粟生村　俊治郎船へハ　片貝村縄船　三艘附添
同村　九八郎船へハ　右村縄船　弐艘附添
宿村　新兵衛船へハ　同村同　三艘附添
片貝村　弥兵衛船へハ　同村同　弐艘附添
同村　弥右衛門船へハ　同村同　三艘附添
田中新生村　治郎右衛門船へハ　同村ハ　弐艘附添
小関村　六郎左衛門へハ　小関新開ハ

小セキ（久治郎・七兵衛・清八）

片貝村より壱人

小セキ村　久七

田中新生村　与左衛門船へハ

右の通り地引船へ小猟網船附け置き、海上働き申しつけ置くべく候ハバ、私共組合村々より浦続き南北浦々へも通達致し置き候ハハ、大体の儀ハ差支之れあるまじく存じ奉り候、尤も、九十九里浦の儀ハ遠浅故、大船岸迄ハ附き申さず、凡そ八九町陸迄之れある場所迄の儀ニて、海荒れ候節ハ、廿町余りも之れ有る場所にても掛かり兼ね、風立ち候節ハ、遠沖へも掛かり兼ね候海面ニ御座候、極く静かなる節ニても、八九町沖よりハ小舟ニて上陸致さず候てハ上り兼ね候、大勢一度ニ上陸し兼ね候浦柄ニ付き、右の通り手当致し置候ハバ、格別の難渋も之れ有るやニ恐れ乍ら存じ奉り候

ここでは、日頃から地曳船に小漁網船を付けて漁業をしていれば、異国船が来たときでも九十九里浜全域にすぐに連絡ができるであろうとしている。

以上の史料からみると、この段階では、まだ「異国船私共浦へ相見え候節」の段階であって、内容的にも、異国船来航の情報の伝達組織が重視され、異国人が上陸し、対戦する場合のことは具体的には考えられていなかったようである。しかし、既に村方人足の詰場や漁船の出動準備は細かく決められている。特に注目すべき点は、九十九里浜の主要な生業である地曳網の組織がそのまま利用されている点である。既にみたように、異国船発見時の情報伝達に、

組織的漁業である地曳網漁業組織が利用され、その組織者である網元がこの警備体制を積極的に推進していたのであり、そのため海上警備についてはこの組織を利用することが最も効果的だったのであろう。小倉家自身は、この時期は地曳網網元ではないが、網元であった小川治兵衛の後押しがあるためこの計画が出来たのだと思われる。

また、文政十一年五月には「文政十一子年異国船防ぎ方之儀、御地頭所ゟ御老中江御伺済之上、村々江被 仰渡候御請証文左之通」から始まる証文が小倉家文書中に残されているが、この史料のおわりに、「当子異国船乗り寄せ候節人足配方左之通」と題して、宿村村民の役割分担・年齢が記されている。それによると、村人を一番手三二人、二番手三二人に編成し、それぞれ鑓六筋持出し人六人、幟持一人、高提灯持一人、平人足一八人、本村飯焚一人、本村弁当持二人、浜新田飯炊一人、浜新田弁当持二人として村内の一五歳から六〇歳までの村民に割り当てている。この中には、家の当主の他に倅・家内・弟・地借とあるものが三七人割り当てられている。それにしても一村をあげて村人一人一人にいたるまで詳細に組織化されていたことがわかる。[14]

以上二つの事例をみたのであるが、特徴としていえることは、①この文政期に計画された警備プランの主眼の第一は村方における情報伝達網の整備にあったということである。つまり、このプランは、異国船が来航したときに、いちはやく情報を伝達し、防衛体制をしくための、九十九里沿岸村々の横のネットワークを編成することにあったといえよう。②異国船警備体制として、地曳網の組織や小漁船、災害用の臨時組合の組織など、村人の日常生活を支える組織が利用されている。③これらのプランが村落上層民なかんずく地曳網元である飯高・小倉らにより編成されたという事実は、この地域(地曳網地帯)の村共同体のあり様が地曳網組織と不可分の関係にあることを物語っている。水主および村人の動員は、網元を通じて可能となり、それ故に幕府・領主はこのような層を掌握することによって、在地の警備を実現しようとしたのである。④同じ与力給知の村でありながら、飯高家と小倉家とがそれぞれが異なったプランを独自に提示している点である。この事実は、異国船に接した九十九里浜の村々が、異国船問題を肌で感じ、網元（名主層）が主体的に異国船問題を考え、警備プランを作成したことを物語っている。飯高プランと小倉プランの間には、前者が必要経費の問題や村の財政にかかる負担に留意していたのに対し、後者が村方の負担よりは、海防体制の整備を最優先に考え、プランの立て方をみても、かなり詳細な計画をたてていたという違いはあるが、最も注目すべき点は、両者がともに村の立場から海防プランを立てていた点にある。

こうしたプランが実現したか否かはともかくとして、村落上層民の元で計画されたことは、異国船渡来の事実が、幕末期の政治的・社会的状況に決定的な問題を提起しているものといわざるを得ない。もはや幕府には異国船来航時の警備体制・情報伝達の具体的なプランを立てる能力はなく、それ故に地元の、身近に異国船と接した、しかも村民を掌握しうる網元を中心とした上層農民にプランの作成を任す事になったのであろう。それでは彼らはどのようにして自らのプランをつくったのであろうか。その点についてつぎにみてみたい。

3　異国船防備体制編成をめぐる問題

文政八年異国船が九十九里沖を通過した時に、粟生村をはじめとする与力給知村々はすばやい対応で、老中までその情報を伝達した。その後異国船来航時の警備体制・情報伝達体制の整備について積極的な動きがみられ、領主の命に従い、村落上層民を主体として組織化がはかられることになった。その過程で、村落上層民間においていくつかの意見の対立が発生している。

まず、飯高家に残された記録からみてみたい。飯高家では、文政八年三月二十八日異国船来航の報告を受けた給知定年番役中島三郎右衛門・嶋喜太郎からの、他領村々ともに防方を相談せよ、ただし相対で掛け合うようにとの指示を得て、三十日に知行村々を集めて集会を開いている。そしておそらくその会議においてある程度の防ぎ方が決められ、先に検討した四月一日付、「異国船防方相図御請証文之事」が知行全村々連名で提出されている。

この請け証文は、粟生村はじめ北町組与力知行村々一八ヶ村連印のうえで、一日の夕方に村継で、江戸に差し出されている。その場合、九十九里の知行所中比較的江戸に近い松之郷村の名主を介して江戸へ送られていることがわかる。この請証文の内容について、四月二十日中島氏から質問があり、江戸の在府代官豊田父子から在地代官飯高父子に質問状が届いており、そのことからすると、この四月一日提出の請け証文にみられる計画は、飯高家が中心となって計画されたものではないかと思われる。また、在地側からの提出書類は、在地代官である飯高家を通して在府代官たる豊田氏に提出され、そこから給知差配役、領主に伝達されていたことがわかるのである。

四月二日には、異国船防ぎ方のための人足を把握するため村々の六〇才以下一五才以上の人数の取調べが行われ、同時に作田・小関などの周辺村落へ協力を要請し、五日承諾をえている(15)。以上が飯高家の動きである。

次に小倉家の記録から動きをみてみよう。既述のごとく、三月二十九日小川治兵衛と粟生村組頭伊兵衛が「浦々為手当臨時組合村々申触致手配置」くよう命ぜられて帰村し、その日の内に小倉伝兵衛は、小川治兵衛から、村々御鷹場組合村々・地頭姓名、及び臨時組合村々の調査と、異国船来航時の手当致し方を認めて提出するように命じられている。伝兵衛はその命に従い、調査結果を絵図面とともに提出している。

一方三月三十日には、豊田一郎兵衛・重三郎宛で伝兵衛から直接漁船出動準備について文書を提出している(16)。飯高家の記録では、前述のように三十日に集会を開き、一日に請書を作成したとあり、おそらく宿村伝兵衛も出席したであろうから、三十日伝兵衛から豊田に提出したプランは、飯高家とは別個に作成されたものではないかと考えられる。それは、粟生村の網船持ちを書く欄が空白になっていることからも予想できる。また、先の四月一日の請書が在地代官たる飯高家から在府代官たる豊田に宛てたものであることは既に確認したが、この三十日の伝兵衛から豊田宛ての書類が伝兵衛から在地代官を通さず、直接豊田宛てになっている点は重要である。つまり、伝兵衛は、飯高家に無断で独自にプランを練って豊田に提出したことになるのである。ここに、異国船防ぎ方プランを立てるにあたって在方において、二つの異なった動きを確認することができる。

その後四月二十九日には宿村伝兵衛らによって、上総四ヶ村地引網持六人連名の形式で、大久保加賀守の命による東海岸御備場御用のため河久保忠八郎・佐藤清五郎ら廻村の節の炊出し御用願いの提出がはかられる。これは、下書きの段階で飯高貫兵衛に打診され、そこで反対され、延期となる。

その経過をみてみると、まず、四月二十九日次のような願書が宿村において作成される。

御知行所上総四ヶ村地引網持六人一同申上げ奉り候、当酉三月下旬粟生村沖へ異国船相見え候ニ付き、其の節御訴へ申上げ奉り候所、此上も乗り来り候やも斗り難く、……当四月廿六日大久保加賀守様御下知の趣ニて、東海岸御備場御用の為、河久保忠八郎殿佐藤清五郎殿御通行の節、御調べの上、猶又此の上の手当等閑之れ無き様仰せ渡され候ニ付き、四月廿八日（欠字）夫れ夫れ手当申し合わせ候由ニ御座候、……釜場等之儀（欠字）釜場差渡し三尺五寸より三尺八寸迄四ヶ村の内ニ凡そ八拾釜程も御座候、右に准じ、御向様並に私共地引網組合、網持並に商人ニてハ、釜数都合三百釜程御座候、大勢の御出役様御逗留ニても御差支も之れ有るまじくや、殊ニ網持六人の蔵、魚屋並びに商人共魚屋蔵等も、御陣屋の御用ニも相成り申すべくや、是れ迄地引網持釜場商人一同無難ニ渡世致し来り候冥加の為め、私共最寄内へ御出役御座候節ハ、右地引網持並に商人共焚出し御用仰せ附けられ下し置かれ度願上げ奉り候(17)……

この願書は飯高家に見聞にいれられたが、飯高家では江戸御役所に伺いの上で返事をするとして保留としているが、次の史料では、飯高家がこの宿村名主らの動きに反対であったことが伺える。

五月朔日村継キ以差出候伺書之写

四月廿六日異国船御備為御用御吟味方下役佐藤清五郎様御普請役元〆格河久保忠八郎殿東海岸御廻村浦付村々最寄々々江御召出異国船防方村々手当□之并城下之道法御聞糺御巡村被成候、右ニ付萬一異国船乗寄御防方御役人御出陣之節焚出御用被仰付旨之願書御向方小川新左衛門等目論見小川治兵衛江及相談同人同意ニ而別紙願書写之通可願出旨之処、右之儀中々行届ふ申候ニ而御奉公之節ニ相当候様ニは候得共ふ行届御差支ニ相成候而はふ調法ニ罷成、却而ふ忠之筋ニ相当可申奉存候、釜数等も多分書上候得共鰯〆粕渡世之釜ニ而魚油しみ込急之御用ニは用立ふ申候、其上地引網魚屋等放々ニ而御陣屋ニは相成兼、尚又人家等も極窮者多白米壱弐俵も持合候者壱村ニ弐三軒程ならてハ無之候、ふ用易之儀申上御手筈相違ニ罷成候而は何様之蒙御咎候哉も難斗……右願之筋双方ニ而網持共より願上候趣小川治兵衛より与頭伝兵衛ヲ以申遣候ニ付拙者了管ニ而ふ承知共難申遣先御伺之上差出方可然と相延置申候[18]……

このように、飯高家より異国船防ぎ方御役人御出陣炊出し御用願書提出の儀については、小川新左衛門が目論見、小川治兵衛が同意して決めたことであって、飯高家としては、不承知である旨をしめしている。この炊出御用勤めの願書は、五月になって、宿村名主網持新兵衛・組頭総代伝兵衛の連印で、再度提出されることになる。一方六月二日には、飯高家からは、御知行所上総国粟生村・片貝村・小関村網持一同連名の形式で、異国船乗り寄せ御防ぎ方御出陣の節の炊出し御用を勤めるのは無理であるという願書を作成している[19]。

また、十一月十五日には、江戸八丁堀の豊田一郎兵衛から粟生村の飯高貫兵衛に宛てて、次のような手紙が出されている。

去ル十日出之御状相届致拝見候、然者異国船見張定番人之儀ニ付小川氏ヱ御懸ヶ合有之候処、挨拶之内前後相振レ候儀有之候ニ付御不安心之旨右故異国船防方御手当御用筋者御免御願被成度旨被仰越、御尤之御事と存候、然処小川氏ゟも同様之儀申来候間、双方ゟ右様之願申来候旨申上候ハヽ、去暮網方一件之節さへ行々両家不和ニも御成可被成与中嶋様殊之外御苦労ニ被遊候而、御双方厚く御利〔解〕害有之事済迚御歓御安心被遊候処、此度之儀者御役筋御身之儀ニ而、殊ニ不軽御用筋御免御願与申上候而者、中嶋様御苦労も不軽御儀ニ而、早速者難申上候間今一応能々得与御勘弁之上御申越被下候程致度候間先ッ右之段申上候　以上

酉十一月十五日　　豊田一郎兵衛

飯高貫兵衛様(20)

この手紙の中で、「去暮網方一件」とあることから、この酉年は、文政八年の事であると思われる。文面では、直接炊出し御用については触れて居らず、異国船見張り番小屋番人についての意見の違いについて触れているが、飯高家と小川家の意見の対立について、豊田が仲裁に入り、飯高家を説得している手紙である。豊田は、在方出身とはいいながら、武家奉公の経歴が長いため、在方における利害関係をもっていなかったので、両者の調停役としては適任であったようである。領主側にとってみてもこの両家の不仲は不都合であったはずである。

次の史料もまた、飯高家と小川家との意見の食い違いを示すものである。

……異国船見張番人之儀、四ヶ村ゟ返人足ニ而者、村々並網方迚も難儀仕候ニ付、定番之願書差出候間□ヲ以御相談申上候処御同意ニ候間取継差出候処、秋中宿村与頭伝兵衛弥五右衛門ゟ請負願両度迄差出候趣ニ付、四ヶ村願書相□リ右両人ゟ願之儀何様之分見ニ候哉、拙者方江者願差出候而も一向無沙汰、拙者儀も御役之末ニ相加リ御知行村々之願出し候儀者不相弁罷在候而者勤方等閑筋ニも相当り、尚又海辺之儀居村ニも差加リ之儀　蒙御役罷在候

甲斐も無之無用之拙者ニ罷成候、殊ニ四ヶ村願出候節態々以来御相談申上候処、其砌右御咄も無之御同意ニ付漁先キニ相向漁業人少ニ罷成候而者難儀□御益ニも相拘差懸り候事与存村継ヲ以差出候所、前々請負人願在之趣始而承知仕候、右願人共江拙者方江者願筋之儀不及沙汰ニ旨被　仰渡ニ而も有之儀ニ候哉、又ハ御用向ニ不相抱もの与相心得候哉、両人存寄承糺江戸表江可申遣与存候処其御役□江者拙者ハ不相抱与も宜敷被仰渡ニ而も在之哉も難斗ニ付、相伺申上度御役難相勤可申上与書状ヲ以御懸合申候御趣ニゟ、右両人並四ヶ村前々議申合も在之候儀ヲ其訳も不申出願書差出不束之儀ニ候間、一同召出相糺候様可仕奉存候……

飯高

宮嶋様[21]

これは、年代がはっきりしないが、内容からみて、文政八年のものであると思われる。飯高家が、異国船見張り番人について、宿村をはじめとする四ヶ村が自分を無視して請負願書を提出した事に対して怒りを述べている書簡であり、前掲の書簡と一連の史料であると考えられる。文中に「請負願両度まで差出」とあることから、この異国船見張り番人請負は、炊出し御用請負と同一のものである可能性もあるが確証はない。

以上にみたように、飯高家と小川・小倉両家に代表される動きはこの件をきっかけとして大きく二つに分かれることになる。

実際、史料の記載状況からしても異国船来航から三月三十日までは、小倉家の動きが活発であったが、四月になってからは、飯高家の動きが活発であったことがわかる。四月一日から二十六日まで、小倉家の記録はない。このように小倉家と飯高家の記録に、記載のずれや対応の違いが出て来るのもそれぞれの行動が別個に行われたためであり、もともと足並みは揃っていなかったといえる。またそれが網方出入りを遠因としているのではないかと豊田が指摘している点は注目できる。

海防体制に積極的に活動していた小倉家は、海防用の鉄砲や武器の調達についても、その対応はすばやかった。文政八年五月十一日から、小倉家の記録にのっとって動きをみてみよう。[22]十一日鉄砲拝借願いについて、伝兵衛方にて集会が開かれる。これは、海防用に鉄砲が必要ということで、領主から鉄砲を拝借しようというのである。二十一日中島三郎右衛門より古鑓を買い集めるように小川治兵衛へ命ぜられ、治兵衛は伝兵衛にそれを命じている。二十一日から二十四日までの四日の間に伝兵衛は、江戸の古道具屋や商店をかけずり廻り、古鑓を一〇一本も買い集め中島三郎右衛門へ差し上げている。これも海防用に村人に持たせるための武器である。古鑓は、二十六日に両町奉行に差し上げられ、二十八日中島氏に下渡しとなり、二十九日中島氏から伝兵衛に預けられ、同日伝兵衛から小川氏に差し上げている。七月二十二日勘定奉行から野方村々鉄砲拝借について問い合わせがあり、早々取調べよとの御触れが出る。これは、従来山方のほうで、猪打ち用に村人に貸与されていた四季打鉄砲の調査であり、いずれも鑑札をうけているものである。二十五日小倉伝兵衛は小川家に召し出され、野方村々鉄砲拝借の実態など村々役人に問い合わせ、書付けをとるように命ぜられている。二十六日伝兵衛は、村々鉄砲所持の次第を取り調べる。また、東金町にて鉄砲稽古開始について、東金町名主三左衛門に問い合わせている。八月二日野方鉄砲所持村々取調べの結果を小川治兵衛・飯高貫兵衛から中島へ通達している。この取調べの結果によると、いわゆる野方とは、浜付村ではない山方の松之郷・三尻・酒蔵・植草・上布田・極楽寺・瀧・丹尾・山田といった村々であった。この野方鉄砲も異国船防ぎ方に使用する目的で、調査が行われたと思われるが、実際にどのように活用されたかは不明である。

ところで、警備用の武器の配分についても問題が生じている。特に伝兵衛が集めてきた古鑓一〇一本については、「(鑓一〇一本の分配について)右者酉之四月五日村継を以渡方之儀相伺候処、御下知も無之ニ付渡方差控え宿村役所江預り置候処、其後浦付四ヶ村江右村割之内□□置申候宿村役所ヨリ相渡候□□□方ニ而相分り兼小川江取合候処、村々ヨリの請取書江戸御役所江差遣候ニ付、難相分り旨申候……」とあり、飯高家に断りなく宿村の役所から細谷敷・粟生・片貝・小関の四村に渡したことについて宿村役人と飯高家との間でトラブルがあったことがわかる。この飯高家の文書のなかでは、小倉家は「鉄砲打ち人之儀片貝村名主十右衛門高倉村名主友右衛門宿村組頭伝兵衛松之郷村名主甚五左衛門右四人之儀は……猪鹿打習ひ居手馴候者ニ御座候、今少し稽古仕候ハハ打人ニ相成と可申奉存候……」とあり、鉄砲打ち人としてのみ現れている。

文政九年五月十二日飯高家によって漁民組織プランが提示されたが、これ以降飯高家の史料には異国船防方関係の記載がほとんどなくなっている。それにひきかえ小倉家の方はますます詳細な記載がなされていくようになる。小倉伝兵衛家は、この後文政十一年五月二十六日、中村組頭八左衛門・高倉村名主友右衛門・宮村名主兵左衛門・粟生村組頭伊兵衛悴文左衛門らとともに給知定世話番中島三郎右衛門を介して、海防差配役を仰せ付けられ、銘々に鉄砲一挺ずつを渡されている。(23)また、海防差配役の任命によって、従来の御触れ・御請書の伝達経路が与力給知定世話番→給知差配役→各村々役人、であったのが、異国船に関しては、給知定年番役→給知差配役→海防差配役→各村々役人（請け書の場合はその逆経路をたどる）となったのであり、海防差配役が情報伝達の面でも主要な位置に立つようになった。

以上みたように、飯高家と小川・小倉両家が、両家の生活の場でもある九十九里浜における異国船警備体制を巡って、幕府の海防政策についてどこまで村方で協力するのかという点でそれぞれの意見が対立した。飯高家は家や村の経済を中心に考え、武家への炊き出しや番兵・人足の差しだしには消極的であった。これに対して、小倉家・小川家は、積極的に幕府の政策に協力する動きを示したのである。このことは、前項で見たようにそれぞれが提出した防衛プランからも伺えるのであり、小川家・小倉家は飯高家とは全く別個にプランをたて、独自に積極的に行動し、防備体制の編成を主導していくようになった。

またこの村落上層民の異国船警備に関する意見の対立の背景には、一つには前年にあった漁場出入りがあったのではないかと考えられる。また、宿村組頭小倉伝兵衛が異国船問題を契機として村の組織化の政治的主導権を握り、周辺村々における地位を高めていこうとする意識があったからではないかと考えられる。小川家もこの時期経済的に困難な状況にあったと考えられ、文政九年には宿村の名主役を退役し、その子も江戸にいて村に戻る気はなく退役を申し出たので、伝兵衛が名主助役となり、実質的に名主役としての役目を担うことになったのである。また文政十一年には、海防差配役として士分にも取り立てられているのである。この小倉伝兵衛にみられるような村落上層民と飯高家のような村落上層民の性格の違いについては今後より詳細な検討が必要であるが、一ついえることは、小倉伝兵衛が、名家の出身でありながら次男であったがために数度養子縁組みをしては離縁を繰り返し、その間、古着商・材木商などのかずかずの商いをして生活していた人物であったということ、また漸く入った養子先である小倉家が当時経済的に悪化していたのをその才覚で再興し、既述のように村における地位も上げた人物であるという点である(24)。このような経歴をもつ伝兵衛は、もともと九十九里浜の大地曳網の網元であった飯高家とは全く違ったタイプの新興の村落上層民であるということができよう。

以上にみたような在方における意見の対立は、異国船問題を契機として村方の秩序が徐徐に変化を始めたことを物語っている。また対立しながらも支配領域をこえた九十九里浜全域にわたる防衛プランをこの時期に、在方において立てたという事実は、在方における異国意識の形成を考える上で充分注目に値すべき点であろう。

二　幕府の海防政策の変化と村方の動向

文政八年の異国船来航では、小倉伝兵衛にみられるように、与力給知においては海防差配役が設置されたが、ここでは、天保期以降の幕府側の海防政策の変化にともなう異国船発見時の情報の伝達経路の変化をめぐって生ずる諸矛盾・問題点について検討してみたい。

ここでは、特に弘化二年に設置された代官支配下の九十九里浦取締役をめぐって発生した問題をみてみたい。

小川家文書(25)には、天保十五年十一月二十四日代官高木清左衛門よりの次のような申し渡しが残されている。これは、「御代官高木清左衛門様ゟ九十九里海岸異国渡来之節之手当御取調御打合控」と題されているものである。内容をみてみると、まず、九十九里浜の海岸付の村々は御料・私領が入会になっており、万一異国船が来たときの情報伝達をはじめとする心得を予め決めて置かないと混雑する恐れがある。したがって、便利が良いように組合を作って海岸に見張りを立て、異国船が来航したらすぐに「支配役所・私領役場幷松平駿河守持御備場近々村々之分者右備場最寄」へ注進し、支配役所からは注進次第、手付・手代を遣わし、続いて代官が出張することなどを取り決めている。そのほか、異国船が漂着した場合の取扱などの三ヶ条を打ち合わせ、最後に「組合之内御料私領ニ不拘村役人幷重立百姓之内人物相撰一ト組合両三人宛取締役相立兼而為心得置度」旨を申し渡している。この代官からの申し渡し書は、おそらく九十九里全村にむけて発せられたと思われるが、この考え方に基づいて、弘化二年四月になって幕府代官高木清左衛門より九十九里浦取締役二五人が任命されることになる(26)。この任命によって、いくつかの問題が生じてくる。第一に、伝達経路についての混乱である。弘化二年四月十九日には代官高木清左衛門宛にて九十九里浦取締役二五人から「……今般私共一同へ異国船渡来の儀ニ付き、九十九里海岸取締仰せ付けられ、当御役所並に堀田備中守様、黒田豊前守様へ御注進其の外弁理宜しき様取り斗らふべき旨仰せ渡され候ニ付き、恐れ乍ら心得方左ニ御伺ひ申上げ奉り候」で始まる伺い書が出されている。その中で、「一組合村々都合宜しき場所へ遠見台補理し、遠目鏡用意致し置き、異国船帆影のみ相見え候節、当御役所限り御注進仕るべく候や、且又、御両家様へも同様御注進申上ぐべく候や」という項目があり、異国船を発見したときに、代官所のみに注進するのか、堀田・黒田両家にも注進しなくてはならないのかという問い合わせが出ている。新たに任命された九十九里浦取締役側でも戸惑いが生じているのである。また、異国船来航の節の注進時に道中に差し支えが無いように、割符を発行してほしいこと、また御目印を使用したいこと、番舟に御船印を拝借したいこと、異国船が漂着したときの処置、万一非常の節はどうするか、などを問い合わせている。この問い合わせに対する返事かどうかは不明であるが、代官高木清左衛門御手付小林甚右衛門から次のような仰せ渡しがあった(27)。次の史料はそれに対して二一日に出された請書である。

差上げ申す御請書の事

上総下総国九十九里浦々の儀、大洋請けの場所ニ付き、万一異国船渡来致すべくも斗り難く候間、此の度、堀田備中守様、黒田豊前守様へ御固め仰せ付けられ候ニ付き、御料私領村々申合わせ、心得御取斗らひ方、御勘定所へ御伺ひの上、領主地頭へ御打合せ済みの趣、左の通り仰せ渡され候

一、九十九里浦御料私領給々入会の儀ニ付き、異国船渡来の節の心得、兼ねて申合せ置き申さず候てハ一致仕らず、混雑に及び候間、最寄の弁理宜しき組合相定め、右の内御用立ち候者へ海岸取締方仰せ付け置かれ候間、異国船相見え候ハバ、時ヲ移さず、御支配御役所、堀田備中守様、黒田豊前守様御居城へ其の場所より御手配仕り、御注進書巨細相認め、早々注進致し、且つ、松平駿河守様御持場辺の分ハ、右御備場最寄の方へも村継ぎ巡に注

進仕るべく、当御役所よりハ注進申上げ次第、取り敢へず、御手附御手代中御差立て、引続き御代官様御出張、夫れぞれ御差図御座候……

とあり、異国船発見時には、御支配御役所すなわち代官御役所、堀田備中・黒田豊前の居城へ即座に知らせ、且松平駿河守の持ち場の辺りは、御備場最寄りの方へも村継ぎに注進せよとある。ところがこの請書の下げ札には、

今廿一日御代官高木清左衛門様御手付小林甚右衛門様より、別紙の通り仰せ渡され、御請書印形差出すべき旨仰せつけられ候ところ、私ども儀は一応地頭所へ相届ケ御下知次第申し上げ奉るべく候間、御猶予成し下されたく、申し上げ置き候間、如何仕るべきや、此の段御伺い申し上げ奉候、以上

巳四月廿一日

御知行所上総國山辺郡粟生村　英助　印

とあり、この申し渡しにも納得できず、粟生村英助はまず直接の領主である「地頭所」へ注進し、その指示をまって申上げたいので少し猶予がほしい旨を問い合わせている。十九日の問い合わせに対する回答は、二十七日に出されている。これによると、「追って御沙汰之れ有り候迄は、御注進の儀当御役所へ而已申し立て候へば、堀田備中守様、黒田豊前守様へ御達しニ相成り候旨仰せ」渡され、当初の申し渡しと異なり、まず代官所に注進すればそこから御備場大名に通達するというふうになっている。その後地頭所からの沙汰もなく、そのままに放置されていた。

以上をまとめてみると、可能性として①九十九里浦取締役→御備場大名、②九十九里浦取締役→幕府代官、③九十九里浦取締役→御備場大名・幕府代官、④九十九里浦取締役→代官→御備場大名、⑤九十九里浦取締役→直接の領主の五つの場合が考えられる。このうち当面は代官からは④の指示が出たわけであるが、特に粟生村英助からは、⑤のルートが主張されたのである。このように異国船の発見情報の伝達ルートは、幕府側の意図と村側の意識との間に食

い違いがあり、その幕府による、支配関係を越えた広域支配は困難であったのであって、広域にわたって迅速に情報を伝達あるいは収集するという意図は、なかなかうまくいかなかったのである。

二つ目は、旧来の海防差配役との関係である。海防差配役が選出されている二五村のうち九十九里浦取締役が任命された不動堂村・貝塚村・下武射田村・宿村・新生村・宮村・粟生村・中村・高倉村についてみると、貝塚村と粟生村とは、海防差配役と九十九里浦取締役の名前が一致していない。このことが、海防差配役内で、問題化してくる。次の史料は、海防差配役からの苦情である。(28)

……全体御給知御双方の外、御他領の一ノ宮村加納備中守様御領分ハ浦付村々多分ニて、殊ニ陣屋下ニ御座候故、御手当厚く御備へも御座候は別段の儀ニ之れ有り、其の外浜付の一ヶ村又ハ二ヶ村御知行御座候御向ニては、御同領へ手遠く、人足も纏め兼ね候ニ付き、是れ迄其の儘ニ差し置き候やニ承知仕り候、右体の御向々ニてハ御他領と組合ひ申さず候ては、御取締も行届くまじく候へども、前書の通り御給知の儀は、御双方三十五ヶ村一纏めニ相成り居り、弐拾ヶ年の御仕法相崩れ、已来御他領へ組入り候ては、却って混雑仕り、不行届の儀之れ有り候てハ恐れ入り候儀、御給知の御仕法仰せ渡され候已来、前々より御料持添御支配御代官様へも御注進仕り候へども、右の通りの御沙汰ハ御座候へども、不行届の御察当請け候儀一向之れ無く、有難き仕合に存じ奉り候、右体数年来御差支之れ無き処、別段御他領へ加り候ては安心仕らず、素より御双方一ト組立罷り有り候儀ニ付き、別段英助へ取締役仰せ付けられ候ニも及ばず、御他領組合の儀、此の上相定り、夫れ々々取締役出来、九十九里一体の儀は、右取締役より私どもへ相通し候ハバ、何の御差支も之れ有るまじく候、今更組合替り御仕法替りニ相成り候てハ、何とも安心仕らず候……

これは、小川市右衛門・小倉伝兵衛が海防差配役を代表して弘化二年四月提出した書類であるが、同様に南町奉行与力給知海防差配役佐瀬家からも貝塚村の九十九里浦取締役について苦情が提出されている。

幕府代官による九十九里全域海防体制を意図して設置された九十九里浦取締役は、文政期に設置された従来の与力給知における海防差配役と摩擦をおこすこととなった。この件に関し、九十九里浦取締役になったものと、旧来の海防差配役と両者から問い合わせを行ったが、結局返事が来ず、この対立は曖昧なままに幕府側で放置してしまったようである。ただ、小倉家の記録によると、嘉永三年三月二十一日に召し出されて、谷村源左衛門から伝兵衛・市右衛門へ直々に海防差配役を励むようにとの申し渡しがあったということであり、これからすると、其後も海防差配役は重要な地位を維持していたようである。一方九十九里浦取締役も存続しており嘉永六年十一月には東浪見浦より下永井浦までの海岸取締役一同が連印で代官佐々木道太郎宛にて海防御用について次のような意見書を提出している。

一、私共之内ニ領主地頭ヨリ苗字帯刀格式等被差免居候者共、全領主地頭地頭限りニ而海岸取締向ニは抱不申既ニ御捉飼場之内野廻り役之者ハ苗字帯刀扶持方迄被下置候間、村々取締方も行届居候次第も御座候間、右海岸取締方仕候上は身分軽々御座候而は大勢之差配相成不申候ニ付、苗字帯刀御免ニも被仰付下置候ハヽ急速之場合差配方も行届可申、左候上者一同身命を抛御国恩之冥加を弁イ、当御奉公筋相勤候様可仕候、是迄之姿ニ而者海岸筋一切取締不申、萬一非常之節者必御用御差支ニ可相成与奉存候、然上者私共役義ニおいても聊御用立不申候間、一同御免被　仰付、御注進一通之義ハ其村限り年番名主江被仰付置候ハヽ却而御用弁ニ相成可申与乍恐奉存候[29]……

この史料からみると、嘉永六年になっても九十九里浦取締役は、名前のみで実質的な働きは出来ていなかったようである。苗字帯刀御免を願うなど、取締役として大勢の百姓を動かすにはそれなりの身分が必要であると主張している。与力給知で海防差配役と九十九里浦取締役とのトラブルがあったように、他領でもうまく機能していなかったようである。また申し出ている海防プランも文政期に海防差配役が提出したものに比べると、進歩がなかったといえる。以上検討したように、在地の意見を反映せず幕府によって一方的に新たな役職が設置されたため、かえって情報伝達網に混乱が生じたのである。

おわりに

文政期、九十九里浜においては、まず与力給知において異国船防備体制の具体的なプランが立てられたのであるが、それが幕府からの命令によるものとはいえ、領主支配を超えて具体的な防衛プランを立てたのが、小倉家や飯高家といった在方のものであった点がまず重要である。彼らにそれが可能であったのは、彼らが地曳網の網元として商人としてあるいは村役人として地域の政治・経済を握るものでもあり、地域における情報ネットワークの形成者であったからである。

しかしながら一方でそれぞれが独自に海防プランを作成して提出していたという事実も確認できた。そのことから考えて、この時期の村落上層民のネットワークは個人個人の力量によって形成された人間関係に基づくものであったことが指摘できる。そこには、旧来の地域秩序の変化が予想できる。

そういった動きの中で特に異国船問題を契機として、海防差配役に任命され活躍し、組頭から名主となり、士分に取りたてられるという小倉伝兵衛のような新興の上層民が出現してくる点も注目できる。小倉伝兵衛はその経歴から幅広い人間関係をもち、情報網を形成していた。異国問題には早くから関心をもっていたようで、その蔵書の中には会沢安の「新論」もみられる。また寛政七年三月十八日、父の従兄弟で江戸御浜御殿前旗本用人頭高宮織右衛門が蝦夷地御用を仰せつかった時に、侍不足のため勧誘された事実があり、このとき既に、異国船来航にともなう幕府の北方警備については知っていたと考えられる。また、文化五年には長崎における異国船来航情報を旅先で入手している。小倉伝兵衛が文政八年に「異国船打ち払い令」が幕府から出され、実際に九十九里浜に異国船が来航したときにもすばやく対応できたのは、既にそのような社会情勢を察知し、危機意識を抱いていたためであろう。幕末期に新たに生じる諸問題に対処するために、幕府が期待したのは、小倉伝兵衛にみられるような行動力・動員力・情報収集能力をもつ新興の情報伝達網の形成者を取り込むことであったのであろう。その期待にこたえられるものが幕末期に新たに名主役や海防差配役を始めとする公職に任命されていくことになったのである。弘化二年の代官支配下の九十九里浦取締役の任命はその試みの一つであったのであるが、在方の事情を無視した一方的な任命であったため有効に機能しなかった。

ところで、村落上層民は政治・経済・文化の諸側面において幅広い情報ネットワークを形成し、従って広く地域を組織編成するだけの力ももっていたのであるが、そうであるからこそ「情報」の問題を考える場合、彼ら村落上層民の性格、彼らの形成するネットワークの意味と構造をさらに深く追求する必要がある。そのことを通じて一般村民との関係、意識のずれも明らかになるはずである。机上で計画された海防プランの上で動員されることになっていた一般の村人が実際はどう行動したのか、彼らの意識がどこにあったのかという点についても検討する必要がある。

註

（1）九十九里関係では、山口徹「九十九里地曳網漁業経営帳簿の組織と性格――経営帳簿の語るもの――」（『歴史と民俗』三、一九九八年）同「房総の海と生活――九十九里浜の鰯漁を中心に」（『歴史と民俗』四、一九八九年）同「近世的雇用の一断面――地曳網漁業を中心に」（『歴史と民俗』五、一九八九年）等がある。また、海防問題については、浅倉有子「江戸湾防備と村落――相模国を中心に」、木村哲也「浅倉報告コメント――外圧期の地域秩序をめぐって――」（『関東近世史研究』三一号、一九九一年）などがある。最近では、九十九里浜与力給知に関わる研究がさかんで、川崎史彦「幕臣給知に関わる九十九里浜地の幕領編入問題――十九世紀前半の勘定所・幕臣給知間の関係をめぐって」（『早稲田大学大学院文学研究科紀要』第四四輯・第四分冊、一九九九年）、筑紫敏夫「十九世紀前半の沿岸防備政策と上層農民――九十九里浜の町奉行与力給知を中心に――」（『千葉県史研究』第七号別冊近世特集号東上総の近世、一九九九年）、實形祐介「西上総の与力給知に関する基礎的考察」（『袖ヶ浦市史研究』第七号、一九九九年）などがあり、急速に研究が深まっている。これらの諸論文からは多くの御教示・示唆を得た。

（2）与力は、南北両町奉行を頭として、南北各組に一五人ずつ抱えられており、一代限りであるが、禄高としておよそ二〇〇石を与えられていた。この禄高を支給するために上総・下総両国に約一万石の領地が設定されており、それぞれに南北両町奉行与力給知と呼ばれ、南に二九村、北に二九村が設定された（『九十九里町誌』（九十九里町誌編集委員会、一九七五年五月）。本稿で主としてとりあげる粟生村・宿村は北町奉行与力給知であった。与力給知では、毎年一年交代で与力の中から給知定世話番として南北両組それぞれ各二人ずつ選ばれ、江戸役所にあって年貢の収取、給地の取り締まり、御触の伝達、農民の意見書の上申など、給知の管理・事務を行っていた。一方村方の方では、上層民の中から南北各組三〜四人を選んで給知差配役という士分を与え、給米を与えて人別からはずし、苗字帯刀を許すなど、武士に準ずる身分を与え、在地代官としての職務を行わせていたようである。北町奉行与力給知の場合は、四〜五人の給知差配役が任命され、その内一〜二名は在府代官として、江戸にいて村との連絡をとり、村の方は在地代官が事務をとっていたのである。そして、地元の代官として、領主のかわりに年貢の収取・お触れの伝達・村方支配を行っていた。これら給知差配役になるような上層民は各村では名主クラスであったのであり、従って、村で本来名主が行うはずの職務は組頭が代行していたようである。例えば、宿村の場合、名主は代々小川家であったが、小川家が給知差配役となって以来、村政の実務は組頭である小倉家が行っていたのであり、村政にかかわる史料はほとんど小倉家に残されている。北町奉行与力給知の差配役は、年によって多少変化があるが、文政期では粟生村飯高貫兵衛・飯高総兵衛・宿村小川治兵衛・豊田一郎兵衛・豊田重三郎の五人である。飯高家が差配役となったのは安永八年が最初で、その後文政三年からは毎年名を連ねている。飯高貫兵衛・総兵衛は親子である。小川家も、安永九年から差配役となり、代々勤めている。小川治兵衛は文化二年から差配役となった。

（3）文政八年三月二十六日は、『千葉県山武郡九十九里町誌資料集』（以下『町誌資料集』と略す。）№四二三、文政九年二月十日、天保三年四月二十七日、同年五月九日、同年六月十八日は小倉家文書「異国船渡来一件書抜」、弘化二年二月二十九日は「町誌資料集」№四四二、四四三、弘化三年六月八日は、『東金市史　史料編一』参照。また、文政九年は五月十日にも異国船通過の記録

がある（『東金市史　史料編一』）が、二月十日のものと同一の可能性がある。なお、房総沖の異国船来航と諸藩の動きについては、針谷武志「佐倉藩と房総の海防」（『近世房総地域史研究』一九九三年）、同「内憂外患」への領主的対応の挫折と変容」（『19世紀の世界と横浜』横浜開港資料館横浜近世史研究会編、一九九三年）などがある。

（4）『千葉県山辺郡九十九里町誌資料集』第七輯上下（一九七六年）

（5）小倉家文書。

（6）小川家文書「文政八年酉四月　乍恐以書付奉申上候」（九十九里いわし博物館所蔵）

（7）「珍奇異聞」（文久三年、国立国会図書館所蔵）

（8）「千葉県山辺郡九十九里町誌資料集」№四二三、飯高家文書（九十九里いわし博物館所蔵）

（9）飯高家文書（九十九里いわし博物館所蔵）

（10）文政八年「異国船粟生浦江相見候節始末書日記」（小倉弥男家所蔵文書）

（11）片貝村霞御鷹場組合は、上総国山辺郡十文字五郷、同郡小関村五郷、同郡田中新生村五郷、同郡粟生村五郷、同郡西野村五郷、同郡片貝村五郷、同郡吉田村五郷、同国長柄郡粟生野村五郷、長柄郡萱場村五郷、山辺郡九〇根村五郷、山辺郡小沼田村五郷、長柄郡清水村五郷、山辺郡真亀村五郷、山辺郡上谷村五郷、の五〇ヶ村である。

（12）臨時組合は、妻木竹治郎知行所山辺郡真亀村、森覚蔵御代官所山辺郡広瀬村、榊原主計頭与力知行所山辺郡宿村・細屋敷村・粟生村・片貝村・小関村・八川村・大徳村・中村・上武射田村・高倉村・三浦村・宮村・堀内村・関内村・三門村・薄嶋村・幸田村、筒井伊賀守組与力給知同郡不動堂村・西野村・貝塚村・藤下村・関下村・殿廻り村・中野村・宮村・田中新生村・大沼村・宿村である。他二村は虫食いのため判読できなかった。

（13）小倉家文書「異国船粟生村へ相見候節始末書日記」（『東金市史　史料編一』一九八二年三月刊、七八一頁）。この史料については原文書も確認したが状態が悪いため『東金市史』所収のものを引用した。

（14）小倉家文書。

（15）飯高家文書「異国船乗寄候節手当之儀ニ付申上候書付」（九十九里いわし博物館所蔵）

（16）小倉家文書　文政八年三月「異国船渡来一件之書抜」（小倉弥男家文書）

（17）小倉家文書『東金市史　史料編一』七九〇～七九一頁。

(18)　飯高家文書『九十九里町誌資料集』№四二三。
(19)　飯高家文書『九十九里町誌資料集』№四二二。
(20)　飯高家文書（九十九里いわし博物館所蔵）
(21)　飯高家文書（九十九里いわし博物館所蔵）
(22)　小倉家文書『東金市史　史料編二』七九一頁。
(23)　文政八年「異国船渡来一件」（小倉弥男家文書）
(24)　小倉家文書「（小倉伝兵衛一代記）」。
「小倉伝兵衛一代記」が収録されている手記は、明治五年七月に伝兵衛の息子弥兵衛が書き記したもので、「大日本皇代・地方根元廉有様ヲ記　小倉傳兵衛一代記」と題されている。おそらく伝兵衛の書き残した日記等を抜粋しながら筆写して作成したのではないかと考えられる。この「一代記」が収録されている手記には、「一代記」のみでなく、いくつかの内容が記されている。「大日本国常立尊ヨリ地神五代人皇初ヨリ当国郡始リを記尤天神七代地神五代之事ハ王代記披見スベシ人皇始神武天皇ヨリ以来ヲ爰ニ記」は、神武天皇から後小松院までの天皇の事績が記されている。「地方根元廉々拾ひ書」は、「凡地方ハ廣大不尽ニして極りなし是ヲ悉く知るものは稀也、依而一二之書之内地方ニ可用廉々拾ひ書抜幼童之教之足しニも」なるであろうという意図のもとに天保七年に記されたものである。これはおそらく小倉伝兵衛が書き記したものを写したものであろう。その内容は、井田の図の説明から始まり、國分之事、極五畿七道之事、定郡郷里村巻事、田畑反畝歩制法之事、大閤検地歩数之事、大閤検地五六之数之事、延米之事、古升発並京升□発之事、金銀両目積発之事、金壱分を百疋ト云ふ事、田畑永代売発之事、甲州大切小切之法並算術之事、評定所発端之事、手負死人見分之節臭気ヲ不請法之事、貸借金銀出入取扱之事、であり、いずれも村役人として必要な知識を記録したものである。続いて「宿村小倉伝兵衛一代記」が嘉永三年まで記され、その後「天保九戌年ヨリ書写書籍之目録」とその内容が記載されている。これらはいずれも元は伝兵衛が書き記したものであることはまちがいない。それを息子が筆写したのである。
(25)　小川家文書「天保十五甲辰年十一月二十四日　御代官高木清左衛門様ゟ九十九里海岸異国渡来之節之手当御取調御打合控」（九十九里いわし博物館所蔵）
(26)　このときに任命されたのは、上総国長柄郡東浪見村名主九郎右衛門・同国同郡一ツ松郷中里村名主太兵衛・同国同郡一ツ松郷江尻村名主権右衛門・同国同郡北高野村名主市郎左衛門・同国同郡中里村名主五左衛門・同国同郡牛込村名主次右衛門・同国山辺郡

四天木村百姓網持四郎右衛門・同国同郡今泉村百姓網持平左衛門・同国同郡貝塚村名主喜之助・同国同郡粟生村網持英助・同国同郡片貝村名主宗兵衛・網持九郎左衛門・同国同郡作田村名主与惣兵衛・同国武射郡井ノ内村逸八・同国同郡名主弥右衛門・同国同郡屋形村名主長左衛門・下総国匝瑳郡木戸村名主長右衛門・同国同郡堀川村名主長太夫・同国同郡今泉村名主甚左衛門・同国同郡長谷村名主玄庵・同国同郡吉崎村名主与右衛門・同国海上郡神宮寺村名主帯刀・同国同郡足川村名主重兵衛・同国同郡三川村名主甚右衛門・同国同郡下永井村名主惣右衛門の二五名である。(『東金市史　史料編一』八三六〜八頁)

(27)『東金市史　史料編一』八三四〜五頁。

(28)『東金市史　史料編一』八四〇〜八四一頁。

(29) 村上昭三家文書、船橋市立図書館所蔵。

第二章　開港期の異国船と村人

はじめに

幕末期に異国船来航が頻繁になる中で、武士階級ではなく、ごく一般の村人と異国船がどのように接点をもったのか、またそれによってどのような影響を与えられたのか、彼らの生活や、意識、人間関係にどのような変化をもたらしたのか、ということについてはまだあまりその実態は明らかにされていない。特に海付の村では、村人は武士階級よりも早く海からの情報に接するため、異国船来航が直接村人の生活にかかわる問題として存在していた。そこで、ここでは豆州内浦の二つの事例から、開港期における異国船と村人とのかかわりを村の側から具体的に明らかにしてみたい。ひとつは、安政二年（一八五五）のディアナ号事件にともなう幕府による洋式船製造事業において、西伊豆の海村に与えた影響について明らかにする。もうひとつは、嘉永期、小田原藩から小海村増田家に任命された「異国船御用聞」について検討してみたい。

一　安政二年ディアナ号事件の村人への影響――西伊豆の場合

安政元年（一八五四）東海大地震の津波の影響で、日露交渉のため下田にいたプチャーチンの乗艦ロシア船ディアナ号が沈没し、翌年幕府によって洋式船の製造が日本で初めて戸田村で試みられたことはよく知られている。(1) しかし、この事件や幕府の試みが、造船の地となった戸田村のみでなく、伊豆半島の村々や村人の生活にどのような影響を与えたのか、一般の村人がどのような仕事にどのくらい動員されたのかということについてはあまり具体的に明らかにされていない。(2)

そこで、本節では造船に直接携わったものについてではなく、造船の地となった戸田村と韮山代官所・江戸との中継地点に位置する、旗本領である江梨村に残された史料を分析し、西伊豆のごく一般的な村や村人と異国船との接点、及びその影響に注目してみたい。

江梨村の「安政二乙卯年正月朔日御公儀様御船御製造並ニ異人御浦触共御用掛り人足控帳」(以下「人足控帳」と略記)には、ディアナ号事件に関連する、御触・廻状・御用状の伝達及び荷物・諸役人の運搬について、安政二年の正月から十二月までの一年間に江梨村から動員された人足の人数、人足として出た村人の氏名、月日、時間、用件の内容、人足賃金、つぎに伝達する村名などが記載されている。一月三日から六月四日までで一冊、六月四日から十二月二十七日までで一冊作成され、この二冊が合冊されている。

この江梨村の「人足控帳」には、

「一、大工道具　井田村江継立
　　　　　　　此人足船共　五人
　正月七日暮六ッ時
　　　　　　　船
　　　　　　　人足　嘉左衛門
　　　　　　　同　　作右衛門

同　藤七
同　八郎左衛門」

「江戸より
一、長沢与四郎様御先触　此賃銭百廿四文
割合受取
御荷物計り　古宇村より戸田村迄御乗船
此人足五人
人足　七郎右衛門
同　源治郎
同　治郎右衛門
同　幸七
同　八郎左衛門
二月八日」

といった記載がなされ、御触・書状・荷物などの運搬物の内容よりは、人足の記載に重点がおかれる。また、人足賃の記載がみられる場合もある。従って、この史料を分析することによって、幕府の洋式船製造にともなって村人がどのように動員されたのかということまで探ることが可能となる。

この「人足控帳」によると、安政二年の一年間で、総出勤回数六二五回の御触・御用状の伝達や役人・荷物の運搬があった。そこではのべ一四七八人（船役五五艘を含む）の村人が動員されていた。それを勤めるために、江梨村では

表15　平沢村の伝達状況

	嘉永3	嘉永4	嘉永5	嘉永6	嘉永7	安政2	安政3	安政4	安政5	元治1
月	回数									
1		2	3	3		52		6	6	6
2		7	6	5		53		8	5	5
閏2			5							
3		8	6	3		53		7	8	5
4		8	3	1		34	1	12	7	3
5		5	3	2		78	5	3	6	4
閏5								7		
6		7	5	4		60	8	9	10	15
7			4	9		24	3	3	4	6
8	1	3	4			59	9	10	4	2
9	5	4	7		2	40	7	3	10	6
10	6	3	6		4	52	9	8	5	13
11	3	1	1		13	13	5	4	11	10
12	5	3	6		71		1	4	4	6
総回数	20	51	59	27	90	518	48	84	80	81
総日数	20	47	55	25	48	251	39	79	73	73
1日当り平均回数	1	1.1	1.1	1.1	1.9	2.1	1.2	1.1	1.1	1.1

史料：各年次平沢村「御廻状請取帳」

不明分を除くと一〇一人が夫役として動員され、さらに古宇から二名が「買人足」として補充された。

ところで、この年の異常な伝達量の多さは、同じく豆州西浦の平沢村の「御廻状請取帳」からも知ることができる。表15は、平沢村の各年における「御廻状請取帳」から、月ごとの御触・廻状・御用状などの伝達回数・伝達日数を表にしたものである。この表から明らかなように、嘉永七年末から安政二年にかけて、御触・廻状・御用状などの伝達が急増している。安政二年の伝達量は、嘉永五年の伝達回数の八・七倍、安政四年の伝達回数の六倍となっている。

伝達点数でみると、安政二年には、一〇〇九点の御触・廻状・御用状の伝達がおこなわれており、安政四年の九四通に比較すると約一〇倍である。このように、安政二年は、西伊豆において、公的情報の伝達量が異常に多かった年であることを、この平沢村の史料が裏打ちしている。そしてそれがディアナ号事件と洋式船製造事業にともなうものであることは、この年の「御廻状請取帳」の中に、大工道具の運搬の記載など、江梨村の「人足控帳」と同一の記録があることからもわかる。

さて表16は、江梨村の「人足控帳」から、江梨村の村人が動員された伝達業務ごとに、その伝達量をみたものである。これによると、大きくわけると、文書の伝達、御用役人の輸送、役人の荷物の運搬が主なものである。実際にはこれらが同時に行なわれる場合が多い。

表16　種類別伝達数

種類		点数	小計	%
文書	浦御触	32		
	先触	75		
	浦回状	19		
	御用状	364		
	書付	11	501	75.7
役人		65		
荷物		57	122	18.4
その他		27		
不明		12	39	5.9
合計		662	662	100

種類別にみると、文書類の伝達が五〇一点で全体の七六%を占め、人足役の大きな部分を占めている。これらの中で最も伝達量が多いのが、個人から個人にあてた公用の書状である御用状である。御用状は江戸の幕府役人や韮山役人と、出先役人との連絡文であり、洋式船製造にあたってさかんに情報のやり取りがあったことがわかる。因みに文書の伝達には、一回に平均一・五人の村人があたったが、人や荷物が往来する場合には、文書の伝達よりは一回に動員される人数が平均約六人と多かった。

表17からは、総出勤のべ人数一四七八人の内、幕府関係者の伝達に関わる出勤人足がのべ三六三人、江川関係が出勤人足五二四人であり、幕府関係者と江川関係だけで少なくとも六割以上の人足が動員されていることがわかる。

運搬する荷物の中身については、具体的に記されているものは僅かであるが、各役人の荷物以外でわかるものをいくつかあげてみると、七月六日戸田村甚助の頼みにより、樫木を江梨村から人足四人船一艘で曳き送っている。四月六日、七日、十二月二十三日には御用金を、一月三日には御用肴四ツ割三〇本、二月十九日には、沼津藩から戸田村へ船で運ばれる予定であった御用鉄が、南風のため久料で陸揚げされたため、久料から戸田村まで陸送することになったため、江梨村からも人足一二人が出て運搬を手伝っている。一月七日井田村へ人足五人にて大工道具が運搬されている。いずれも洋式船製造に関わる道具・材料であろう。

ところで、江梨村の史料には人足に賃銭が支払われている記録がある。賃金は、支払われる場合と支払われない場合とがあり、一般的に村の用事で出勤する場合や、幕府からのものでも触・廻状・御用状・書状のみの伝達には賃金が支払われた例はなく、人・荷物の運搬に対するもの、あるいはそれを伴うものに対して支払われる場合がほとんどである。例えば、

「一　久料村江継立　御用金　宰領壱人附　此賃銭拾弐文受取　人足　伝左衛門
　　卯四月七日　此人足弐人　右賃銭直様人足江相渡ス　金左衛門」

「一　井田村江御乗船　韮山御屋敷内石井周助様　人足　仁右衛門
　　此人足船共五人　此賃銭二十四文受取　同　太右衛門
　　卯四月十日　此賃銭人足相渡ス　同　助七
　　同　平七
　　小船持　重蔵」

とあり、この史料からも明らかなように、金額も一人当たりいくらではなく、一回の仕事に対していくらという形で役人から支払われ、この賃金は、名主に渡され、名主が直ぐに人足に渡している。賃金支払いの事例は、全部で五一件ある。これらについてみると、賃金は一人四文から二〇〇文と幅がある。最も多くみられるのは、五人で二四文と

	江梨村桂輔	5		1	
	戸田村七右衛門	5		1	
	小計	11	0.74	3	0.48
その他	伊豆山円光院	3		1	
	祈禱師・御師	6		2	
	その他	35		12	
	不明	528		460	
	小計	572	38.70	475	76.00
合計		1478	100	625	100

いうもので、一人あたり四・八文の計算である。いずれにしても大変安い賃金であることに違いない。このほか酒代が出ることもたまにあったようである。

また、史料の用件中に「出会」という記載がある。例えば、

一　長浜村江出会村役　此人足船共五人　人足　忠七
　　　正月廿八日朝　　　　　　　　　　　　　市郎兵衛
　　　　　　　　　　　　　　　　　　　　　　甚助
　　　　　　　　　　　　　　　　　　　　　　九兵衛
　　　　　　　　　　　　　　　　　　船役　勘蔵

とあり、このような集会は一月二十三、二十七、二十八日、二月二十四日の四回あり、「出会組頭」「出会村役」などがあり、行き先は長浜村、三津村、古宇村、久料村などである。これはおそらく異国船に関する村々の集会が開かれ、それに村役人が出席したものであり、その人足として数人の村人が同行したものであろう。

その他、二月十四日の難船見舞、三月七日の戸田村への異人尋人足、二月十六日の井田村への死骸尋ね、三月から四月にかけての氏神様御神輿御普請御用、一月十八日の明神様御祭礼役などがみられる。難破したロシア船の乗員の捜索にも村人がかり出されていたことがわかる。氏神の神輿の普請や、祭礼がこの事件とどう関係するかはわからない。

次に、「人足控帳」に記載されている人足について検討し、誰がどのように人足に

表17　江梨村「人足控帳」にみられる情報発信者別出勤回数・出勤のべ人足数

発　信　者			延べ人足数	%	伝達回数	%
幕府関係	御勘定方役人	上川傳一郎	60		3	
		只木敬之助	6		1	
		杉山良助	1		1	
		不明	244		5	
	勘定吟味役	中村為弥	11		3	
	御小人目付	伊沢兵九郎	4		2	
		池田三郎	2		1	
		渡辺敬之助	7		3	
		平岡善三郎	2		2	
	御普請役	益頭駿次郎	2		2	
		市村貫吉	8		3	
		森逸八	6		2	
		不明	2		1	
	小普請組	森泰治郎	2		1	
	オランダ通詞		6		2	
	小計		363	24.56	32	5.12
江川関係	手付・手代	松岡正平	14		4	
		山田熊蔵	40		10	
		八田運平	1		1	
		内藤龍太郎	13		5	
		津田橘六	44		3	
		八田兵助	2		1	
		伴猪兵衛	15		5	
		山田山蔵	37		10	
		山田頼助	34		10	
		市川来吉	17		6	
		松永三郎助	1		1	
		清水吟之助	11		4	
		増山鍵治郎	5		1	
		長沢与四郎	221		36	
		網野久蔵	5		1	
		中村小源次	25		6	
		不明	13		2	
	家臣		26		6	
	小計		524	35.45	112	17.92
沼津藩			8	0.54	3	0.48
村方	熱海村名主		1		1	

出たのかについてみてみたい。「人足控帳」に記載されている人足の氏名、出勤回数、そのうち人足で出た回数と船役で出た回数を整理し、嘉永六年「宗門人別帳」、安政二年「法華宗宗門人別帳」、安政二年「年貢取立帳」から続柄、年齢、安政二年における年貢納入額などを照合し、整理したのが表18である。この結果以下のことが判明した。

嘉永六年・安政二年両年の宗門帳から、江梨村の全戸の宗門別の戸数、人口を推計すると、江梨村は、総戸数六三戸、総人数四〇六人で、うち男二一〇名、女一九六名であることがわかるが、実際に人足として出たのは、男のみであった。また、人足として出勤したもののうち戸主であるものは六〇名、戸主以外の家族は二五名であった。不明分を除くと戸主は全体の七一％を占めており、出勤回数も全体の七六％を占め、一人当たりの平均出勤回数をみても一九回となっており、戸主が人足の中心であったことはまちがいない。弟・倅（長男）・次男などは補助的に出勤したとみることができる。また、各家ごとの出勤状況をみると、戸主だけが出勤した家と、戸主とそれ以外の家族が出勤している家と、戸主以外の家族が出ている場合とがみられた。このうち戸主以外の家族が出ているのは名主平左衛門の息子でこの記録の作成者である桂輔のみであるので、これは例外的である。さて、戸主だけが出勤した家は四一戸で六八・七六％、戸主とそれ以外の家族が出勤した家は、一九戸で二九・六八％であった。また出勤の回数をみると、戸主のみが八一五回で五五％を占め、戸主とそれ以外の家族も出勤した家は、四三六回で二九％であり、戸主のみが出勤するのが基本であったことがここからもいえる。戸主以外で出勤したものには、戸主の弟、長男、次男、などがあり、七郎左衛門家のように一つの家から戸主をあわせて三人人足に出ている家もある。出勤回数でみると、戸主と弟が出た四郎左衛門兄弟の家が三八回で最も多い。戸主と戸主以外の家族が出ている家では一戸当たりの平均出勤回数も多い。全体では、年間一戸当たり二〇回であった。また、年齢をみると、人足役には、二〇才代から五〇才代までの戸主が動員されており、特に三〇才代の戸主が中心であった。

表18　人足の出勤日数・年齢・年貢納入額

	人足氏名		出勤延回数							年齢	安政二年年貢額
	戸主＊	家族	合計	人足	船役			1戸平均	1人平均		
			回	人		大	小	回	回		文
戸主のみ出勤した家	長兵衛		23	22			1			51	886.42
	七郎右衛門		23	22			1			50	723.08
	弥右衛門		27	27						53	689.4
	重蔵		19	18			1			45	648.1
	市郎右衛門		13	12			1			29	643.2
	善蔵		14	13	1					40	554.05
	佐右衛門)		1	1							471.2
	治右衛門		18	16	1		1			40	443.06
	市右衛門		27	27						54	435.06
	嘉左衛門		28	26	1		1			44	427.07
	藤七		14	14						49	425.09
	茂右衛門		25	25						35	415.06
	助七)		19	18	1						408.2
	助三郎)		22	22							389.5
	市三郎		27	25	1		1			38	386.09
	角右衛門		25	23	1		1			29	384.06
	作右衛門		25	25						31	358.08
	平七		23	21	1		1			59	354.03
	源蔵		21	20			1			40	345
	源次郎		27	25	1		1			36	325.07
	仁右衛門		16	16						46	319.07
	武右衛門		22	20	1		1			30	316.01
	太郎右衛門		23	23						38	314
	伊兵衛		23	23						39	294.07
	彦三郎		25	25						35	285.02
	弥惣治		26	26						38	283
	与兵衛		24	23	1					39	274.02
	太右衛門		25	25						41	271
	仁兵衛		20	20						16	268.07
	半兵衛)		1	1							264.7
	勘蔵		24	22	1		1			30	264.07
	三五郎		23	22		1				36	264.02
	角兵衛		25	24	1					32	262.08
	清六		20	19			1			32	262.03
	嘉平治		23	22	1					37	257.02
	八郎左衛門		23	22			1			34	235.09
	九兵衛		24	24						36	233.09
	弥五右衛門)		4	4						27	
	宇右衛門)		3	3						36	
	庄七)		3	2	1					33	
	四郎兵衛)		17	17						29	
	小計　41戸	68.76%	815	785	14	1	15	20	20		14377.2 1戸平均
	41人		55.14%								388.572

戸主とそれ以外の家族も出勤した家	四郎左衛門		26	25	1					38	467.07
		平三郎(弟)	12	11	1					19	
	源左衛門		17	16	1					35	416.06
		周助(弟)	3	3						26	
	治郎右衛門		22	21	1					26	382.7
		助五郎(弟)	3	3						23	
	七郎左衛門		23	20	3					40	368.02
		忠七(弟)	1	1						34	
		儀右衛門(倅)	5	5						20	
	茂兵衛		22	22						33	364.01
		平蔵(弟)	2	2						21	
	治郎兵衛		21	21						42	360.02
		吉五郎(弟)	2	2						32	
	吉右衛門		12	11			1			42	341.02
		市郎兵衛(倅)	2	2						20	
	儀兵衛		23	20	2		1			50	340.07
		兵右衛門(倅)	3	3						22	
	治兵衛		13	13						51	339.01
		伝左衛門(倅)	5	5						22	
	重助		1	1						50	337.09
		七左衛門(倅)	25	25						24	
		市平(次男)	1	1						21	
	忠右衛門		19	18			1			47	332.02
		金左衛門(倅)	5	5						20	
		金五郎(次男)	2	1	1					17	
	宇兵治		13	11	1		1			49	309.05
		甚五兵衛(倅)	9	9						21	
	三郎左衛門)		11	11							291
		重兵衛(倅)	4	4						20	
		茂左衛門(重兵衛弟)	1	1						17	
	庄兵衛		18	17		1				29	275.3
		伊七(弟)	1	1						26	
		文助(倅)	1	1							
	久左衛門		13	12			1			55	272
		伝右衛門(倅)	10	9			1			28	
	善兵衛		5	5						34	270.01
		善吉(弟)	18	18						31	
	喜右衛門		13	13						46	257.06
		平治郎(弟)	3	3						23	
	平吉		17	17						27	256.08
		三郎兵衛(弟)	2	2						19	
	幸七		25	21	3		1			44	170.08
		源七(倅)	2	2						19	
	小計　19戸	29.68%	436	414	14	1	7	23	10		6147.67

	43人		29.50%								1戸平均 323.562
	内戸主	19人	314 21.24%	295	12	1	6		17		
	内戸主以外	24人	122 8.25%	119	2	0	1		5		
戸主以外の家族が出勤した家		桂輔	1	1							
	小計　1戸 1人	1.56%	1 0.07%	1				1	1		
計	64戸 85人	100% 100%	1252 85%	1200	28	2	22	20	15		
	内戸主 内戸主以外の家族	60人(711%) 25人(29%)	1129 123	1080 120	26 2	2 0	21 1		19 4.9		
不明	不明(氏名がわかるが続柄がわからないもの16名)		48	45	2		1				
	不明(氏名も続柄も不明)		176	176							
	古宇村よりの買人足２名		2	2							
	小計		226 15.29%	223	2		1				
合計			1478 100%	1423	30	2	23				

＊　）=宗門帳か年貢割付帳の片方にしか名がないもの

ところで、江梨村の戸数は六三戸であるので、ほとんどの戸主が出勤していたことがわかるが、逆に戸主が人足に出ていない家もあることが確認できる。江梨村の宗門帳と「人足帳」を突き合わせた結果、戸主だが人足に出ていないものが六人いることがわかった。これは、宗門帳に名があるが、人足帳に記載がないものであるが、先の戸主の出勤人数六〇名と足すと六六名となる、村戸数より三戸多いことになってしまう。この理由は定かでないが、安政二年の宗門帳の全体が残っておらず、嘉永六年のものを使用したことにも理由があると思われる。

さて、この六名の内四名は、名主平左衛門、組頭庄五郎、百姓代源右衛門、医師であった。名主平左衛門家からは息子の桂輔が一回だけ出ているが、

一、御勘定上川傳一郎様並御役々様方御帰府ニ付古
宇村詰人足当村五拾六人当私壱人共都合五拾七人
御役人様方不残夜中ニ御乗船之由承り直様久料村
より右人足私共帰村仕候
卯十一月四日朝　　人足五拾六人

三津		長浜		沼津		不明		合計		
回数	人数	回数	人数	回数	人数	回数	人数	回数	人数	1回平均人足数
								2	11	5.50
						4	6	502	679	1.3
4	20	1	5	3	12	3	7	72	345	4.79
1	1	1	5			5	24	15	54	3.6
3	18					1	15	29	327	11.27
								1	3	3
								1	13	13
								1	16	16
								2	30	15

と記載されており、一般の村人の人足とは区別していたようである。あるいは、記録者である桂輔が意識的に分けて書いたともいえる。また、三月七日に戸田村へ異人尋人足として村から七人出ているがこのうち一人は村役人であったとあるが、これ一回のみである。このことから村役人は、ほとんどの人足役を免除されており、出勤しても一般の村人の勤める人足とは区別されていたことがわかる。村役人は、村民の差配と出勤の管理・記録が主な仕事であったのであろう。

　また、安政二年の年貢納入額と、人足出勤回数を照合したところ、年貢納入額で見た限りでは、家の年貢納入額の大きさと人足に出る回数とは全く無関係であった。村人が出勤のサイクルをどのように決めていたかということははっきりと

表19　どこからどこへ何を運んだか

行き先＼出発地		戸田		井田		久料		古宇		久連		木負	
		回数	人数	回数	人数	回数	人数	回数	人数	回数	人数	回数	人数
戸田	A												
	B							1	5			*1	6
	C												
江梨	A	4	29	214	341	268	329						
	B	14	70	27	88	5	15	9	97	1	5	5	26
	C	1	7	3	13	2	2	2	2				
古宇	A												
	B	22	284	3	10								
	C	1	3										
久料	A												
	B	1	13										
	C												
三津	A												
	B	1	16										
	C												
沼津	A												
	B	2	30										
	C												

A＝浦触・先触・回状・御用状・書付
B＝人・荷物
C＝集会触・その他

＊江梨経由

はせず、また多く出勤している家とそうでない家とがあるが、これは、家族の中の男子の数や体力の差などの諸事情が影響したためであると思われる。全体的には、村役人を除く家の負担はむしろ平均化されており、おそらく軒割を原則としていたのではないかと思われる。

　つぎに、表19から、触・御用状・人・荷物が江梨村の人々によってどこからどこに運ばれたかをみてみたい。全体的には、隣村である井田村・久料村への伝達・運搬が最も多い。用件別に見た場合は、浦触・回状・御用状といった文書類については、隣村の井田村・久料村への伝達が多い。これは村継ぎで順々に伝達する方法が取られているからで、井田村・久料村も同様につぎの村へ伝達しているのである。人数も平均一・二～一・六人と少人数で伝達している。これに対して人・荷物については傾向が異なり、平均五から一六人が動員されている。運搬先は、その時々でことなるが、文書類に比べて範囲が広く、戸田・井田・久料・古宇・久連・木負・三津・長浜・沼津等にむけて運搬されている。また、古宇村には人足の詰め場があったようで、他村の村人もともに一端古宇村に集合した上で、目的地まで船あるいは陸送で運搬するという場合が多く見られた。動員人数も多かった。

以上に検討したように、江梨村村民の大半は、洋式船の製造には直接関わることのない村人であったが、この事業にともなって発信される膨大な文書・荷物の伝達を担う事によって大きな負担を負い、その影響を受けたのである。このように、村や村人なかんずく各家々の戸主一人一人が幕府諸役人のための通信媒体としての機能を負わされていることで、異国問題を体験したのである。そして、これほど膨大な情報の伝達をこなしていくだけの伝達機構が、沿岸村々の間で既に日常的に機能していたという点も注目すべきであろう。

さらに、幕府役人をはじめとする武士階級の人間が頻繁に往来することとなり、村人が武士と接する機会が多くなったこと、さらに武士のみでなく、外国人に直接間接に関わりをもつようになったことが、村人に与えた影響は大きかった。

それらの点は、つぎにみる江梨村の「人足控帳」の最後に記された記載からも明らかである。

一　頃者安政二乙卯年豆州戸田村至り於　御公儀様異国形之御船六艘御製造ニ相成候、並ニ同州同村江魯西亜人上陸暫時留滞仕、右ニ付　御公儀様御掛り御勘定御奉行様始免外御役々様方往返、又者御用状刻付ヲ以往覆仕、右ニ付昼夜不得、寸暇御返行ニよつて卯とし中人足志免大数之義ニ付、古今希なる事、依之子孫長久はなしのた免是越志るしおく難里

安政三丙辰正月調之もの也

これをみてもわかるように、この年の御用状や諸役人の継ぎ立てが「古今希なる事」であり、「子孫長久はなしのた免」にこの記録を作成し残しておくという意図が記載されている。このように、安政二年の洋式船製造という幕府の事業は、村人の意識に大きな影響を与えたのである。

二　異国船御用と村人——豆州君沢郡小海村増田家の場合

ここでは西伊豆の海村で、幕末期小田原藩の「異国船御用達係り頭」(3)を勤めた豆州小海村の増田家の事例をみてみたい。(4)増田家についての詳細はあまり明かではないが、天保期から百姓代として七兵衛の名が見え、文久二年からは、それまで名主役を勤めていた平兵衛家にかわり、名主役を務めている。また文化期から小海村の津元として史料に現れ始めている。(5)

増田家と異国船とのかかわりを示す史料には、「嘉永二己酉年閏四月吉日　小田原様豆州御固御用留　豆州君沢郡小海村増田七兵衛」・安政六年「亜米利賀弐本檣壱艘入津ニ付小田原様御固人数御出張中日記帳」・安政六年から明治二年まで継続して記載される「小田原用向覚帳」(6)・安政六年三月「小田原様豆州国御出張中日記」などがある。また、金銭勘定を記載した「嘉永七年異国船掛かり勘定帳」が二冊、小田原藩立会役前田庄兵衛との間でやりとりされた書翰がのこされている。これらの史料から、特に嘉永二年から安政六年の開港期における増田家と異国船との関わりをみてみたい。

増田家が異国船問題と直接かかわりをもつようになったのは、小田原藩の海防政策との関わりの中においてである。まず「嘉永二己酉年閏四月吉日　小田原様豆州御固御用留　豆州君沢郡小海村増田七兵衛」から、小田原藩異国船御固め御用達を命ぜられるまでの経緯について見ることにしよう。

豆州下田湊御固メニ付御入用之粮米幷塩味噌薪等ニ至迄御他領旁御不都合之程奉恐入候処、弘化三丙午年十二月十二日御払米代金御上納ニ罷出候処、御内意有之奉畏候得共、下田表之様子相分リ兼候ニ付、翌年未正月十日立ニ而下田湊江罷越、綿屋吉兵衛殿を初メ商人仲間之内商売是迄取引仕居候故懇意之者江極内々ニ而掛合候而立帰リ、同月廿日立ニ而小田原江罷出　御役所江弁書ヲ以奉申上候処御取上ニ相成、御評儀中ニ而是迄御砂駄〔汰〕モ無之候所、嘉永二己酉年壬四月十二日夕方、下田湊江異国イギリス船入津仕候由、韮山ゟ小田原江御注進有之、同十三日下田御固メとして多分之御人数御出張被遊候ニ付左之通リ……

この記載をみると、七兵衛が御用達を命ぜられるきっかけは、弘化三年十二月十二日七兵衛が「御払米代金」を上納に出向いたときに、たまたま小田原藩の役人から下田湊の異国船御固めに必要な物資が不足するので、協力するようにとの「御内意」を請けた。その時は下田の様子が分からなかったので即答は避けたが、翌年正月十日に下田へ行き、前々から取引のある綿屋吉兵衛をはじめとする商人仲間たちと相談し、同月二十日に藩に御用達を引き受ける申し出をした。嘉永二年閏四月十二日になってイギリス船が下田に来航すると、翌十三日下田警備として小田原藩が多人数を繰り出すことになり、物資調達のため、小田原藩から七兵衛に呼出がかかることになった。

ここで注目されることは、ひとつは七兵衛が蔵米の買受け代金を支払いに来たという極めて偶然的なことがきっかけで、藩の海防にかかわりをもつようになったということ、また、名主にではなく、七兵衛に直接物資調達の打診があったという点である。この打診は内々のものであり、村に対する依頼ではなく、小田原藩の役人と七兵衛との個人的な面識に基づく、七兵衛の商人としての能力を見越した非公式なものであったと考えられる。

閏四月十四日小田原藩日守役所から呼出を受けた七兵衛は、さっそく人足を二人連れて、大雨の中天城山を越えて湯ケ嶋村に入り、さらに人足二名を雇って十五日に下田入りした。だが、小田原藩はまだ下田に到着していなかったので、七兵衛は、あらかじめ手配しておいた綿屋吉兵衛はじめ商人仲間から物資を購入し準備を整えておいた。この時に手配したものは日記によれば、黒米一五〇俵、白米六〇俵、味噌一五樽、薪、塩などであった。その必要量は、一日約八〇〇人分で計上し、白米四斗入り拾八俵、味噌正味二五貫目、薪、塩、大豆四斗入三俵壱斗七升五合、糠六斗入三俵四斗、飼葉三一貫目程で、用意した品は、一つ一つ小荷駄方御掛に上申した。

また「嘉永二己酉年壬四月七日、異国イギリス船遠州灘ゟ豆州賀茂郡長津呂村石牢崎沖へ走り夫ゟ沖通り相模灘へ走り同九日夕方相州浦賀江入津いたし候由、右浦賀湊井伊掃部頭様御固〆ニ而厳敷右異国船へ御掛合有之候由ニ而浦賀同十一日出帆仕、同十二日夕方下田湊へ入津仕候ニ付、早刻韮山御役所へ右下田ゟ御注進申上候処、韮山ゟ早々十三日九ツ半時小田原へ注進いたし候而韮山様同十三日御同勢ニ而夜ニ入網代村ゟ船ニ而下田湊江御着被遊候、右小田原様十三日八ツ時国元御出張被遊候……」とあるように、異国船情報が下田にいた増田七兵衛から韮山御役所へ通達され、更にそこから小田原へ伝えられ、韮山役所役人・小田原藩士がそれぞれ下田へ向かっている。このように、増田家が異国船情報の領主側への通達の役目もしていた。

小田原藩は、閏四月十五日柿崎村に着陣し、そこから行列で下田に入ったとあり、総勢およそ八〇〇人、乗馬七匹、荷物運搬用の馬四八匹であった。本陣は、下田町の稲田寺・海谷寺・大安寺・八幡社に分かれて宿陣し、人足たちは、それぞれ下田町の新田町鍛冶屋庄助宅・鍛冶屋重四郎宅・嶋屋利兵衛宅・杓柄屋平七宅・紺屋与平治宅・銭屋与茂吉宅・橋本源兵衛宅・地蔵寺・吉兵衛宅・原田屋藤右衛門宅、岡方大工源助宅・青木屋善兵衛宅、三町目石屋源助宅・兵助宅・惣四郎後家宅・小山左仲宅・大工長七宅、紺屋町武兵衛宅・豊吉宅、連尺町香取屋平七宅、殿小路阿免屋与兵衛宅・山下重兵衛宅、宮小路河内屋喜与七宅・権蔵宅、新田町鍋屋彦蔵宅・助左衛門宅、殿小路西川彦三郎宅・西川久蔵宅といった二八軒の町人宅に分かれて宿を取っている。また下田町名主治兵衛ら七名と、町頭一八人、仲買商人五四人が名を連ねており、特に仲買商人五四人は「諸品買入世話役」の肩書きがあり、物資の調達に協力していたことがわかる。

ところで、増田七兵衛らの主要な仕事のひとつは、この藩士・人足らの食事の世話をすることである。食事には「食札」という札が配付され、炊き出し時には朝昼夜と白米四斗入六俵で、一日一八俵ずつ炊き出された。また味噌が一日二五貫目宛、大豆一石三斗七升五合、馬の餌である糠三俵四斗、飼葉三一貫目が消費された。また番船として小田原から来た二五艘の船にも白米四斗入り一五俵、味噌一樽を渡している。

一方小田原からも物資が船で調達され、七兵衛たちはその差配も行っていた。閏四月十七日御用船七艘で国元の小田原から送られてきた、白米二〇〇俵・槙三〇〇抱・松五〇〇本・味噌二五樽・飼葉三〇〇貫目・大豆二五俵を七兵衛らが担当して水揚げしている。その後嘉永二年閏四月十二日下田に入港したイギリス船は十七日に下田を出航した。それに伴って小田原藩の下田警備体制も解かれ、国元から輸送されてきた軍需物資も返送されることになった。その時に藩の白米二〇〇俵の内、一〇〇俵は国元に返送され、残りの一〇〇俵で残務処理を行ったのであるが、その仕事の差配をしていたのも七兵衛であった。史料には次のように記録されている。

此内

嘉永己酉年四月十七日異国船出帆いたし候ニ付同月廿日国元江御引取ニ相成申候

一白米　弐百俵

此内　百俵　国元江積返し

又　拾五俵　番船へ相渡ス

又　拾弐俵　御引取之節右道之御用意として附戻し候分

又　廿壱俵　下田町商人仲間江本陣ニ預ケ候分御拂被成代金ニ而受取申候

両ニ八斗弐升替ニ而夜分ニ付見計ニ付三斗六升入ニ相渡し申候

〆百四拾八俵

差引　残り　五拾弐俵

外ニ　弐拾四俵　　小海村七兵衛　印

但シ白米ニ而差上申候代金御下ニ相成慥ニ受取申し候

都合七拾六俵

但シ壬四月十六日昼賄ゟ廿日之朝飯迠之入用ニ御座候、外ニ味噌薪大豆飼葉国元ゟ着いたし候迠者買入ニいたし候ニ付右四品之義ハ残り分積返し申候

こうして、小田原藩の食糧供給の役目を十分にはたした七兵衛は、その功績により嘉永二年十二月十五日藩から帯刀の許可と真岡木綿五反を下賜され、またそれまで非公式であったが、異国船渡来の際の御用達掛かり頭を正式に任命された。

またこの嘉永二年の史料の最後には、相州足柄下郡小田原から賀茂郡・君沢郡・駿州駿東郡沼津宿までの伊豆半島全域に及ぶ八七ヶ村の村々の村高、小田原からの距離が記載されている。また遠州灘から志州鳥羽までの海上の距離、下田から伊豆七島までの距離、下田湊から三崎・浦賀・江戸・沼津・清水・焼津・川崎・掛須賀・相良までの海上の距離、小海村から下田までの道筋と距離、伊豆小笠原諸島の地図の記載がみられる。これらの記載から、伊豆半島全域から伊豆諸島に及ぶ海上交通の詳細を増田家が把握しようとしていたことがわかる。

嘉永7年(1～7月)					
数量	代金				
	両	分	朱	文	銀
1198俵(下田町・柿崎村にて入用につき購入差出)	726				3匁6分3厘
5俵(下田町・柿崎村にて入用につき購入差出)	3	2	2	653	
下田町・柿崎村にて入用につき購入差出				7200	
1238俵(内40俵小田原より回米)				38000	
18艘分(小海から柿崎)	44	2			
	10	2		562	
				1280	657匁5分
					566匁2分5厘
合計 米津出の件(柿崎より小海) 異国船来航注進(柿崎より小海)	3 1 	 3 3	2 2 	2500 900 600	
				1750	
	787	3	0	51945	1226匁13分8厘
	200				
1008俵 内179俵(御厨下郷青塚村) 368俵(同茶畑村) 211俵(君沢郡玉川村) 250俵(田方郡田京村)					
150俵					
188俵 内90俵(柿崎村大坂屋又助・洲崎屋へ売) 50俵(柿崎村大坂屋又助・洲崎屋へ売) 25俵(柿崎村名主平右衛門方へ売) 23俵(柿崎村名主平右衛門方へ売)	99 47 26 13 12	2 1 2 1 1	 2 		3匁6分6厘2毛 3分9厘 8分8厘2毛 4匁1分9厘 5匁7分

分は「嘉永七年異国船掛勘定帳」による。

表20　嘉永２年・７年異国船勘定

	嘉永２年		
	品名	数量	品名
増田家立替分	米	黒米150俵・白米75俵	米
	大豆	3俵と1斗7升5合	大豆
	味噌	16樽	味噌
	槙 塩 糠 飼葉	6斗入り3俵と4斗 31貫目	米搗賃・蒸賃
			回米運賃
			水主粮米
			七兵衛分
			召使い分
			飛脚賃
			雑用
			支出合計
藩より預かり分	白米 槙 松 味噌 飼葉 大豆	200俵 300抱 500本 25樽 300貫目 25俵	小荷駄方より預かり金
			お蔵米
			小荷駄方より預かり米

史料：嘉永２年分は「嘉永二年小田原様豆州御固御用留」嘉永７年

嘉永七年の異国船御用に関しては、同年一月から七月までの勘定を記載した「嘉永七甲寅年正月十日　異国船掛り勘定帳　小田原御用聞増田七兵衛」二冊（但し同じ内容のものである。）と七月から翌年五月までを記載した「甲寅　嘉永七年　正月日より　異国船勘定扣帳　増田七兵衛」の三冊の勘定帳が残されており、異国船御用に関わる金銭の出入、業務の実態をその限りで詳細に知ることが出来る。

表20は、嘉永二年の御用留と、嘉永七年の勘定帳からわかる範囲内で、増田家が手配した物資及びその金額と、小田原藩から預かった物資を一覧にしたものである。両年の史料は性格が異なるため、正確な比較はできないが、少な

くとも一見して明らかなように、嘉永七年は、二年とは比較にならないほど、大量の軍需物資が調達されている。増田家が個人の裁量で仕入れたものの中から特に米を取り上げてみると、嘉永二年では二二五俵であったのが、七年には一一九八俵（これ以外に六〇俵）にものぼっている。

また、増田家は、自ら手配した米以外に、小田原から兵糧として送られてくる藩の蔵米の管理もおこなっていたが、この廻米の量も、嘉永二年では二〇〇俵であったのが、七年には藩領のお蔵米を合わせると一三四六俵にものぼっている。このように、嘉永七年は、特別な警戒体制がしかれていたことが、これらの軍需物資の量からも伺うことができる。

預かった小田原藩の御蔵米は、兵士の食料として使用し、残りは売却されて金銭に替えられていた。このことについては、同一史料の中につぎのような記載がある。

寅六月五日　小荷駄方ゟ預り
一　白米　百八拾八俵
　　平均三斗六升弐合三夕入
　此内
寅六月十日
九拾俵　柿崎村　大坂屋又助
　三斗六升弐合三夕　洲崎屋忠八
此石
〆三拾弐石六斗七合

両ニ六斗九升替
代金四拾七両壱分ト銀三分九厘
寅六月晦日切
寅六月廿七日　　　柿崎村　大坂屋又助
　　　　　　　　　　　　　洲崎屋忠八
又　同五拾俵
三斗六升弐合三夕入
此石　拾八石壱斗壱升五合
両ニ六斗八升替
代金廿六両弐分弐朱ト銀八分八厘弐毛
寅六月十日切
同日　　　柿崎村　名主　平右衛門
又　同弐拾五俵
三斗六升弐合三夕入
此石　九石五升七合五夕
両ニ六斗八升替
代金拾三両壱分ト銀四匁壱分九厘
寅七月二日　　　柿崎村　名主　平右衛門
又　同弐拾三俵

三斗六升弐合三夕入

此石　八石三斗三升弐合九夕

両ニ六斗七升五合替

代金拾弐両壱分ト銀五匁七歩

合〆百八拾八俵

此代金　四口合

〆金九拾九両弐分ト銀三匁六分六厘弐毛

これによると、小荷駄方から預かった白米一八八俵が、柿崎村の大坂屋又助・洲崎屋忠八・名主平右衛門へ時の相場で売却されていることがわかる。大坂屋又助は廻船の船主である。また同一史料中につぎのような記載もみられる。

戌十一月十二日

一御蔵米百俵　　駿東郡　日守村分

是ハ御切手米

但当金拾両ニ付拾壱俵壱分替

代金九拾両ト銀五匁四歩

同十一月廿五日

一同五拾俵　　日守村　名主甚兵衛

是ハ直買

但当金拾両ニ付拾壱俵半かへ
代金四拾三両壱分弐朱ト銀六匁壱分九厘
一同十一月十四日
御蔵米　　　　田方郡　田京村分
是ハ御切手米
金拾両ニ付拾俵七歩かへニ而来ル亥五月請出し
代金百八拾六両三分弐朱ト銀弐匁四分五厘
合〆　三百五拾俵
代金三口合
〆金三百廿両壱分ト銀拾四匁四厘
此内
亥七月十一日　　豆州安良里村
利兵衛殿　売
米百俵
拾六俵半替
代金六拾両弐分ト銀六匁三分六厘
亥八月十八日　　田子浦
清七殿　売
又　同百五拾俵
拾七俵弐歩替
代金八拾七両弐朱ト銀五匁五厘

亥八月廿二日　　　　安良里村
　　　　　　　　　　丈助殿　売
又　同百俵
　拾八俵半かへ
　代金五拾四両ト銀三匁弐歩四厘
合　三百五拾俵
〆　代金三口合
〆金弐百壱両三歩ト銀七匁壱歩五厘
差引
〆金百拾八両弐歩ト銀六匁八歩九厘
　但金亥年損金也
外ニ
　金壱両三分也
　但亥八月沼津川村半左衛門方蔵敷払
外ニ
　田京村江番賃たし足銭共
外ニ
　日守村番賃

これは、五年前の酉年嘉永二年に異国船が来航した翌年からの記録であると考えられるが、これによると日守村・田京村から切手で三〇〇俵、日守村名主から直接購入された五〇俵との合計三五〇俵のお蔵米が、計三二〇両一分と銀一四匁四厘で買い集められ、それがつぎの年の七月から八月にかけて、安良里村利兵衛・田子浦清七・安良里村丈助に売却されたということがわかる。安良里村利兵衛・丈助は小海から柿崎まで廻米する廻船の船主としてその名が確認される。この点先にみた大坂屋又助らと同様である。購入から売却までは沼津・田京・日守各村で米蔵に囲米として貯蔵されていたのであろう。この時に「蔵敷」として倉庫代が支払われていることが、他の年の記録からわかる。そして百拾八両弐歩ト銀六匁八歩九厘の損金が計上されている。

これらから、増田七兵衛は、兵粮として集めた小田原藩の御蔵米を一時各村に貯蔵し、折りをみて主として廻船の船主に時の相場で売却していた事実が確認される。

この囲い米の売買については安政期のものであるが、つぎにみる書状からも明らかである。

然者御米之儀委細御申越被下承知仕候、当時下落ニ相成米相場之儀相違致申候、遠州米ニ而者六斗五升ゟ六升沾相場相成申候、左様御承知可被下候、

一先達而御頼申上置候下拙一件委細之儀ハ伊右衛門様ニ申上候間御承知被下候、米代金受取ニ御出之節御返事被下候様何分御頼申上候、先者早々如此ニ御座候、恐惶謹言

巳八月三日　　寺川佐吉

増田七兵衛様　貴下

尚々委細之儀ハ伊右衛門様申上候間御きき取可被下候(7)

これは、巳年とだけあり詳細な年は不明だが、手代の佐吉が実務を担当していることからみて、安政四年頃ではないかと思われる。この手代佐吉から七兵衛に宛てた書翰の中に米相場についての報告がみられる。また、つぎの書状は恐らく安政期頃に小田原藩立会役前田庄兵衛から七兵衛に宛てたものである。

「一、貴様運送米相場違等冥加ニ可致候由御手配候処も同様不受取趣申達候、此度者格別御精勤之事ニ付御用方ニおゐて廉目相立候様申達有候間いつれ御沙汰御座候儀ニ存候」(8)

「……然者昨廿三日朝亜墨利加蒸気船壱艘下田湊江入津致候趣柿崎村役人共ゟ書面を以貴様爰元御用先迠申越候段昨夜注進被致、右ニ付而者兼而手心を以被囲置候粮米手当之分百五拾俵追々出来秋境ニ相成候ニ付而者相場も下落ニ面向候事ニ付、一応相払可然之処、来船ニ付而者如何可取計哉之段被相伺候ニ付、其段吟味役中へ相書候処、委細ヶ条を以相渡候通貴様ニも一旦下田表へ立越、船之模様聞詰ニ候故、御人数も不被差出処ニ御治定被成候得者、別段囲米ニも及申間敷候間、見切相払可然成候共、当月中又者来月ニ差入候迚、十日位之日合者勘弁被致持答置、其余見居付候上相払ニ申方可然哉之段申達候処、委細御受被致帰村之上、今廿五日朝下田表御詰同心衆ゟ爰元御目下中へ申参、并下田町名主治郎兵衛殿も小荷駄方宛ニ而申越、両様共先々穏之論ニ而左之通」(9)

「尚々異船も弥平穏仕上御人数出張之煩も不相見候ニ付、囲米も弥々売払候儀勝手次第可有之候、此段為念尚申遣候……扨又蒸気船壱艘当春廿四日小船壱艘又々廿九日蒸気船壱艘入津都合三艘ニ相成候よし、勿論巨細之様子ハ相分不申薪水鶏卵之類下田御役所ゟ被下置候趣、然ル処蒸気船壱艘ハ昨朝出帆之積ニ相成居候得共、雨天ニ而見合候よし、跡弐艘出帆者聢と不相分由、乍併当春中と違ひ猥ニ上陸いたし歩行廻り等致し候儀も我侭ニ者決而不致よし、且下田御役所より被　仰出も有之候処、跡船参り候様子無之、右之通次第ニ而囲米之取計方否御返報可申遣旨被申越委細令承知候、右者先日貴様出立之昼頃下田町ゟ両度飛脚ニ注進有之、其節右之者へ囲ィ米貯候ニ者不及、尤心配之筋も差見候向之事ニも候ハヽ、十日計ハ様子見計ィ弥爰元ゟ出張も無之処ニ定リ候ハヽ相払可然旨申遣候処、右書面いまだ相届不申哉、新米も立廻り候時節ニ而早々売払可被申候、……

八月三日　前田庄兵衛

増田七兵衛様

追而来ル六日弥　殿様ニも御発駕ニ付　今日ハ取込、依而囲米之返報而已多筆ニ不能候、且又小川共蔵殿ニも去ル廿八日御代官帰役被　仰出候、其様ニも一応之事故御歓可被成候と序申遣候　以上」(10)

これらの書翰からわかることは、異国船が入津するかどうかの情報が、囲い米売却の重要な基準であったということである。またその判断は、増田家個人ではなく、藩の許可を得た上でのことであったが、相場情報は増田家や手代などから入手して判断材料とされていた。異国船入津の心配がなくなった場合の囲い米の売却は、増田家が勝手次第に行い、その差益は、冥加として増田家がもらってよいとされていた。しかし、増田家はそれを断りすべて藩に返上していた。

このように大量の物資の売買が促進され、そのために異国船の情報が重要な意味をもってきたのも、嘉永七年の特徴である。

ところで、嘉永七年の勘定帳からも、通信には、飛脚がおおいに利用され、さかんに書状のやりとりがあったという事実が指摘できる。この年飛脚賃として金三両二朱銭二五〇〇文が経費としてかかっている。これは、一つは柿崎村から小海村に宛てた米の津出しに関する書状であり、二つには異国船来航の注進に関する書状である。異国船に関する書状は、柿崎村から小海村に宛てたものと、小海村から小田原に宛てたものがあるが、いずれも七兵衛に宛てたものであると思われ、使用人が連絡のために出した書状の可能性がある。また、七兵衛の御用が使用人たちとの連携で行われていたということは「……七兵衛儀御用被仰付候而、閏七月廿六日小田原ゟ帰村いたし、廿七日手代伊右衛門を遣し、猶又異国船之様子相分り兼候ニ付、廿九日七兵衛文蔵を召連出立仕候」「……寅八月朔日柿崎村江着いたし、同二日異国船三艘ニ相成り候ニ付、小田原江飛脚を以御注進申上候処、同五日飛脚之者帰村、同八月十日異国船出帆ニ付同十四日柿崎村出立いたし十五日ニ小海村江帰村仕候」とあることからもわかる。またこの史料から七兵衛が小海村を拠点に、小田原・柿崎の両方と常に連絡をとり、使用人たちとともに情報交換をしていたことが確認される。

また、異国船御用を務めるにあたって、増田家には多くの必要経費がかかっていることがわかる。具体的には、蠟燭代（二朱）・食料である米の搗賃・蒸し賃（一二三八俵分で代銭三八貫文）、小田原・小海からの廻米の運賃（小海から柿崎まで一八艘分、金四四両二分）、廻船の水主の粮米賃（金一〇両二朱銭五六二文）、自分や使用人の必要経費（銭一二八〇文銀一二三匁七分五厘）、柿崎村での家賃や米・諸道具を預ける倉庫代（金二分二朱）などの支出が確認され、兵士の食料の世話の他に、廻米の陸揚げや水主の食料の世話も行い、また柿崎村では家を借りていたこと、大量の米や道具類を収納しておくために蔵を借りていたことなどの事実が確認される。

そしてこれらの費用は諸雑費を含めて年間合計金七八七両三分銭五一九四五文銀一二六匁一三分八厘という大金になり、すべて増田家によって立て替えられたのである。これらの出費は、最終的には小田原藩から米・金が渡され、決算されていた。

安政六年になると、七兵衛は、御用の実務から離れ、手代の佐吉が実際に行動している。安政六年の御用の実態については「安政六年　未正月廿九日ゟ二月十日迄亜米利賀弐本檣壱艘入津ニ付小田原様御固人数御出張中日記帳　増田七兵衛手代佐吉」、「安政六年未三月廿七日ゟ四月廿一日迄　小田原様豆州固御出張中日記　増田七兵衛手代佐吉」の二冊の日記が残されている。表題にもあるように、いずれも七兵衛自身ではなく、手代の佐吉が記載している。これについては、小田原藩士立会役前田庄兵衛の五月二十二日付けの書翰に「……豆州国出張之説御人数ニ加り彼地江出張都而御用弁被取計候処、追々事馴候儀其都度出張大義ニ付、彼地手代佐吉へ申含置、御人数之内省略ニて被差出候節者出張ニ不及……」とあり、それまでは、異国船が来て下田に人数が出される時は七兵衛も出張してきたが、今後は、手代の佐吉に現地の御用弁を任せて、七兵衛は出張には及ばないとある。また、ただし、異国船の模様によっては、沙汰があるので大仁村までは出てくるようにとの沙汰があったことがその後の内容から知ることができる。これ以降は、手代の左吉が現地に赴き、実務を行っている。その理由は、七兵衛が安政六年八月二二日に没していることから[11]、この時期には、病であったからかもしれない。以後は息子である謙治郎が七兵衛を襲名し後を継いだのである。謙治郎の名は、安政六年一、三、十一、十二月、万延一年四、六月の「小田原用向覚帳」や、安政五年八月「作薬数シ帳」、安政四年八月「濱丸帳」などに作成者としてみられ、安政四年頃から増田家の経営に関わり始めていたことがわかる。

さて、この手代佐吉の日記は、異国船御用で出張する度ごとに記載されたもので、増田家への業務報告の内容をもっている。安政六年一月から二月までの日記は、正月二十三日にアメリカ船が下田に入津したときの出張記録で、二十七日に小田原藩から連絡が入り、即日出立し二十九日に柿崎村に小荷駄方が着くとすぐに宿陣割をしている。二月三日には、一端江戸までいった異国船が戻ってきたため番船を命じられ、三日から九日まで番船八艘、通伝馬八艘、人足四〇人を手配し、この賃金として出費した金額は銀一八〇匁銭一六〇〇文と記載されている。これはいずれも佐吉の手配によるものであろう。また宿陣となった家や差配役人への挨拶金の書き上げがあり、佐吉も金一分をうけとっている。

ところで、この番船・押送船や人足の手配については、年不祥であるが、つぎのような前田庄兵衛の書翰がある。

扨又出張先ニ而御達有之候内浦組合ニ而も、小海村之儀者小村ニ而火急之節者他領江船か子共御頼諸家様へ申参、依而御用弁宜事済候処、夫々ニ御紙奉札ニ差出候ニ付而者、夫々船か子等差出し仕訳巨細書物ニいたし差出シ可申候様致度、尤下田表ニ而御咄ニ者異押送船四艘ニ而か子弐十八人内十四人も御領分と他領とニ而差出候由、外ニ津出し人足十六人出候旨、右者一日壱人三百文位も相拂候ハヽ可然と之儀ニ有之、然ル上者、何欤疑といたし候ハ仕訳書面御遣可被下候……(12)

これによると、小海村は内浦組合の中でも小村なので、緊急の場合には、他領の船・水主を動員する場合も出てくるとある。とくにこの時には水主二八人のうち半数が御料と他領からの動員であり、他に人足も多く動員しようとしているため、出費がかさむとして、前田は番船や人足の動員の実態把握のため、仕訳書の提出を特に命じたのである。そのことからすると、番船や人足の動員は増田家の独自の判断で行なわれ、しかも小海村以外の近隣の御料・他領の村々からも調達していたことがわかる。

つぎに三月から四月までの日記は、安政六年三月二七日に阿蘭陀船が下田に入津したときの記録である。この日記には阿蘭陀船入津の連絡がどのようにして増田家まで届いたかの記載がある。

安政六年未三月廿七日ゟ七ツ時分阿蘭陀国蒸気船壱艘入津、右ニ付下田綿屋吉兵衛殿ゟ人ヲ以異国船渡来ニ付小田原表江御用飛脚差立ニ相成、此度御固御出張有之趣申来候付、小海村増田七兵衛殿江右之段書状を以、大仁村江戸屋太助殿迠書状相届呉候様飛脚之者江頼遣し申候、同廿八日雨天ニ付廿九日明七ツ時分飛脚出立いたし申候

すなわち、阿蘭陀船下田湊入津の知らせは、下田の綿屋吉兵衛から小田原へ御用飛脚で知らされ、その知らせに基づいて小田原藩から佐吉へお固め出張の命令が通達された。佐吉は、小海村の七兵衛までその件について通達するのであるが、その場合飛脚を使ってまず大仁村江戸屋太助宛てに七兵衛宛ての書状を届け、その後大仁村の江戸屋から小海村の七兵衛に書状が届けられるという手はずになっていたようである。このように、異国船入津情報の第一報は、現地の商人から藩へ通達され、出陣になるとそこから御用担当者に連絡がくるのである。

四月二日藩から出陣の先触が到来し、佐吉は、三日仲之瀬村まで小田原藩の一行を出迎えに行く。そこで小田原藩士の人数待合いになるということなので、仲之瀬村の名主に休憩所を五軒準備するように依頼している。また柿崎村の宿陣割も柿崎村の名主に相談して取り決めている。三日の五つ時分に小田原表から荷物が着船し、陸揚げして暮方に宿陣に届けている。また荷物のうち玄米・味噌・香物・松材・飼葉などは小荷駄宿へ揚げている。また前回同様玄米を数回に分けて搗いて渡している。十一日には、兵士に病人が出て、蒲団の世話や病人を国元まで送る世話もしている。また、前回使い切れなかった物資は、近郷の村民に預けておいたらしく、四日には、前回の警護の時の残りで、村に預けておいた、藩よりの預かりものである大豆・粉糖・飼葉を差し出す。十七日にも同様に「御預ヶニ相成候ミそ廿〆目大坂屋又助殿 受取小荷駄方へ納申候」とある。今回もさしたる問題なく引き上げることになったため、玄米五俵・白米六俵・大豆四俵・味噌一樽を洲崎屋忠八に、味噌一樽を大坂屋又助に、飼葉一三貫目・松千三七〇本を尾張屋半兵衛に、水油・粉糖を佐吉らにそれぞれ分散させて預けて帰帆している。このように、余った物資は、持ち帰らず、現地の商人に管理を頼んでいる。

安政六年の御用の特徴は、七兵衛は退き、手代が中心に行動したことである。また、実際には問題が発生しなかったため、特別な動きはなかったようである。

以上、嘉永二年・七年・安政六年の三ヶ年における異国船御用の実態をみた。その特徴をまとめておきたい。「異国船御用聞掛」の具体的な業務内容は、①自己資金による物資の調達②異国船発見情報の通達などの通信業務③藩士・人足の食料など生活必需品の世話や、小田原藩から輸送される物資の陸揚げ・分配、残分の返送処理、及び囲い米の管理・売却など、軍需物資の管理・分配の一切の差配であった。増田家がこれらの異国船御用を務める契機は、藩の海防政策とのかかわりの中ではじまったものであったが、その実務は、すべて増田家をはじめとする商人たちが主体となって、軍需物資の調達・管理・返送あるいは売買などを行なっていた。また異国船発見情報の第一報は、漁民や湊町商人から通報されているように、村の人々が情報伝達を中心的に担っていた。その結果新たな商人ネットワークが形成され、増田家は海と陸の通信・交通網に広く関わりをもつことになった。もはや、藩側は、彼らとの連携なしでは沿岸警備そのものが不可能であったのである。

また、嘉永二年・嘉永七年・安政六年では、状況に違いがみられた。嘉永七年には異国警備のため、大量の兵士が動員され、大量の軍需物資が流通した。ペリー来航が与えた村々への経済的影響は大きかったのである。

さらに、この異国船問題が、村内外の秩序や人間関係にも大きな影響を与えたことは、つぎの二つの史料からも伺える。ひとつは、増田七兵衛が小田原藩御用達頭となってから三年後の嘉永五年、開国前の緊張した時期になされた、内浦六ケ村のつぎのような取り決めである。

六ヶ村規定之事

一異国船渡来之節大久保加賀守様より御頼之趣ニ而、村々地頭所より差図有之、小海村七兵衛殿より松崎村下田町辺迠兵粮御廻米運送御頼有之候砌者、船手人足壱人ニ付三百文与相定、舟賃時宜ニ随、右之内人足賃弐百文船賃右ニ准シ御拂有之由、其余足シ銭之儀者、高六分村四分之割合ヲ以出金候筈豫義定致置、当時臨ミ船人足賃高下之義可然取計可申候、為後日規定連判依而如件

木負村
名主　半左衛門　印
重須村
同　伊左衛門　印

嘉永五子年
五月

長濱村
同　忠左衛門　印
三津村
同　彦三郎　印
小海村
同　平兵衛　印
重寺村
同　三郎左衛門　印

これは、異国船が来航した場合の小田原藩の兵糧・御廻米運送の船手人足賃・船賃の取り決めを木負村・重須村・長濱村・三津村・小海村・重寺村の六ケ村の名主でしたものであるが、この件については小田原藩から各村の領主に依頼があり、各村の領主から村々名主へ指図があった。そして小海村七兵衛から小田原藩の異国船警備のための兵糧・廻米などの物資を松崎村から下田湊辺りまで運搬の依頼があった場合は必ず協力するという誓約をむすんだ。小海村七兵衛は、みずから「御用」の名のもとに周辺村々はじめ、同村の名主にも指図できる立場になっていたことがわかる。

また安政七年には、増田家の「異国船御用聞」をめぐって、つぎのような問題が発生している。

乍恐以書付奉願上候御事

私儀豆州下田町江異国船渡来之節、御固御用聞被　仰付罷在候所、近年病身ニ罷成難相勤御座候ニ付、御用聞御免被成下置候様奉願上候、以御慈悲右奉願上候通被　仰付被下置候ハハ難有仕合奉存候、以上

安政七庚申年二月

小海村
御用聞　謙治郎印

嶋村又市様
野崎快蔵様
柳川連治様
牧野又兵衛様
鈴木謙八様

為後日控置候、拙者留守中ニ親類与ナレヤヒ印形ヲボウハン致し御上様江願書差上候處御掛り様ゟ印形調ニ相成親類者勿論名主平兵衛役義取上ケ之処頼下ケ致ヨウヤク相済申候也、以後者平兵衛ニ心ヲユルス事ナカレ又親類共用心スベシヲソルベシ〳〵

右当村御用聞謙治郎奉願上候通相違無御座候、依之私共奥印仕奉差上候　以上

安政七庚申年二月

小海村
名主　平兵衛　印
与頭　友右衛門　印

嶋村又市様
野崎快蔵様
柳川連治様
牧野又兵衛様
鈴木謙八様

これは、小海村の名主と与頭が、七兵衛の死後、息子の謙治郎の留守中に無断で「御用聞」すなわち異国船御用達係り頭の御役を返上するとの依頼状を捏造し、藩の地方役人に提出したものである。文章中「小海村御用聞　謙治郎」とあるのは、この時七兵衛が死亡したばかりであり、七兵衛の襲名前であったからであろう。この文書中の謙治郎の註書によると、その署名捺印が親類と名主平兵衛らとの共謀で行なわれたということであり、「異国船御用聞」

を勤めることについて、増田家と親類との間で意見の食い違いがあり、また同様に増田家が小田原藩の業務を勤めることに小海村の名主・組頭も何らかの不満をもっていたことが予測される。この書類が捏造されたことが後に発覚したことは、後日書き込まれた註書きで知る事ができる。この時名主平兵衛はすぐに役儀取り上げになってはいないが、文久二年には謙治郎が七兵衛として名主役となっていることからすると、この事件が名主役交代の大きな理由となったと考えられる。

以上にみたように極めて断片的な史料からではあるが、嘉永から安政の開港前後における異国船問題は、大量の軍需物資の流通による新たな商人ネットワークの形成、それを中心的に担う増田家にみられるような新たに力をつけてくる上層民の登場、情報の重要性の強化など、新たな動向を生み出している。このように異国船問題が村・家・個人のレベルにまで影響を与え、村内外の秩序や人間関係に大きな影響を与えたのである。

おわりに

本稿では、豆州内浦の海付の村人が異国船とどのようにかかわり且つ影響を受けたのかということを、一つは安政二年の洋式船製造事業とのかかわりにおいて、二つは、嘉永期から安政期における小田原藩の海防政策との関わりにおいて検討した。安政二年の洋式船製造事業では、村人は、前代見聞の膨大な量の情報伝達業務をこなした。海村はこの膨大な量の情報を迅速に伝達するための機構を既に備えていたのである。また、いままでなかったほど大勢の幕府の諸役人が、この交通の不便な西伊豆の沿岸村々を往来したことも、村人には事態の重要性を感じたであろうし、さらにおそらく初めて異国人・異国船というものを間近に見たに違いない。このように村人は、直接・間接に外国に接することになった。その衝撃は、村人の意識までも変えたに違いない。

第二節では、小海村の増田家が幕末期に小田原藩から任命された「異国船御用達掛頭」の実態を明らかにした。これは、村全体との関わりではなく、藩と小海村増田家個人との関わりからはじまった。「異国船御用達掛頭」の任務を遂行するためには、幅広い経済的な取引関係をもち、情報網をもち、それに見合った経済力があるということが必要条件であり、増田家は、その能力をもつものとして任命されたのである。藩も幕府も彼らの協力なしでは物資の調達はもちろん、情報の伝達もままならなかった。実際異国船来航の第一報を伝えるのは、沿岸の宿村、湊町の村人や商人たちであったのである。幕府諸藩の政策は、現場の対応を容認するという形でしか、実現しなかったのである。

また、領主側の海防体制に伴って軍需物資の調達などで商人との取引がさかんになり、異国船防備体制が形成されるなど、増田家に代表されるような村落上層民や商人のネットワークが新たに形成されてくる動きが確認できた。さらに、村内部においては、このような新しい動きに対する否定的な動きも見られたが、結果的には、幕末のこの時期、異国船来航という状況下で、このような能力をもつものが村においては名主という公的な地位を与えられ、周辺村々においては惣代としての役割を期待されてくるというのも、見逃せない事実であろう。

以上二つの事例からも明らかなように、海村の村はいち早く海からの情報が入り、またもともと海難救助のための対応を心得ているために、海防に対する意識やそのための組織化は幕藩領主よりも先行していたのである。それは既に文政期の九十九里浜の事例でも明らかである。嘉永・安政期に入って開港という事態を迎え、警戒体制の強化、洋式船の製造など幕府の軍備の強化、軍需物資の大量の調達、大量の情報伝達など、これらの動きは、あらたな経済的・政治的・ネットワークの形成を促し、地域秩序の変化、村人の意識変化をさらにおし進めたのである。

註

（1）「戸田村立造船資料館には、デイアナ号事件・洋式船製造に関する史資料が収蔵・展示されている。古文書の十数点が静岡県の文化財に指定されている。

（2）本稿でとりあげたもの以外では、長浜村大川（大上）家文書・久料村久保田家文（いずれも沼津市歴史民俗資料館所蔵）に断片的にディアナ号に関係する史料が残されている。まず長浜村大川（大上）家に残された史料をみると、安政二年六月七日付けの、長浜村名主忠左衛門、組頭平蔵、百姓代清七から江川太郎左衛門御手代戸田村御用先山田山蔵、市川来吉、山田熊蔵、山田頼助四名宛の書付で、「魯西亜人此度不残退帆いたし候ニ付異人居小屋並張御番所御小屋共不残御払ニ相成候趣承知奉畏候、当村方ニ者届之者壱人茂無御座候……」という届書、また安政四年二月に長浜平蔵が書き写した書上で、「去寅十二月三日魯西亜船沈没之節曳船弐艘人足弐拾人村役人外壱人差出候得共風烈故着到御届不申村役たるへく段承知奉畏候、右御調ニ付書上口上相違無御座候」といった船・人足差出に関する断り書の二通がみられる。

久料村の久保田泰義家には、安政二年卯五月付け、久料村名主五郎右衛門から戸田御用先韮山御役人衆中に宛てて出した「一、船壱艘　乗組人足八人、村役壱人乗添右者去ル寅年極月異国船曳船ニ罷出□曳付之砌可奉御届申上之処、大風ニ相成難凌無拠数船ニ随ひ逃去凌候ニ付、其節不奉御届申上候ニ付証拠等之儀者一切無御座候得共、前書奉申上候通曳船御用無相違奉相勤候、依之此段乍恐奉申上候」という書付がある。これは先の長浜村史料と同様の内容であり、難破したロシア船を曳くために船と人足を村方から出したのであるが、嵐に遭遇し、手違いがあったことを申し出たものである。また翌年の史料であるが、安政三年辰八月、進銀治郎知行所久料村百姓代権右衛門、組頭甚兵衛、名主五郎右衛門から森惣蔵・平松圭助らに宛てて出された書付があり、この年下田往還人足継ぎ立て場である田方郡立野村から助郷の差村があり、村柄の調査に役人が来るにあたって、村にはそんな余裕はないことを一つ一つ理由だてて述べた史料であり、直接ロシア船に関するものでは無いが、増助郷役を拒否する理由の一つとして、安政元年の大地震の被害が甚大であり、しかも「同年十二月至異国人戸田村江通行引続卯年迄　御用船御製造被為有御役々様方御通行被為遊御用物継立仕候間……」とあり洋式船製造の影響についても記載がみられる。また、余談であるが、第一編第三章でとりあげた土浦の国学者色川三中の情報集『草の片葉』（清嘉堂文庫所蔵）にもロシア船の修理と洋式船製造に関する情報が記載されている。在野の知識人の間でも注目されていた事業であることがわかる。尚、本稿で使用する史料は、特に記さない限りすべて沼津歴史民俗資料館所蔵文書である。

(3)「異国船御用達係り頭」については、「異国船御用達掛頭」「小田原御用聞」「異国船御固め御用達」などと記載されている場合もあり一定でない。本文中では、史料中に出てきた表現では「　」を付け、それ以外では、異国船御用で統一した。

(4)増田家文書は、現在沼津歴史民俗資料館に所蔵されている。本稿で使用する史料はすべて増田家文書である。ただし、そのいきさつは不明であるが一分赤堀家に所蔵されているものがある。これについては別に註記した。

(5)小海村・増田家については、『史料館所蔵史料目録』第29集、「内浦史料」(国文学研究資料館史料館、一九八八年刊行)沼津市歴史民俗資料館『沼津市歴史民俗資料館資料集1　小海増田家文書目録』(一九七九年)所収の横浜市立大学有光友学らによってなされた分析、同『沼津歴史民俗資料館資料集一〇　歴史(一)豆州君沢郡小海村』(一九九二年)で高本浅雄らによってなされた分析がある。

(6)「小田原用向覚帳」については、『沼津市史たより』六(一九九五年)に、高本浅雄が紹介している。

(7)増田家文書赤堀家所蔵分(巳八月三日書状)

(8)増田家文書赤堀家所蔵分(五月二十三日書状)

(9)増田家文書赤堀家所蔵分(十一月二十五日書状)

(10)増田家文書赤堀家所蔵分(八月三日書状)

(11)文部省史料館『史料館所蔵資料目録第二九集』一九七八年。

(12)増田家文書赤堀家所蔵分(五月二十三日書状)

第三章　村落上層民の異国船情報収集活動

――大久保家の場合――

はじめに

嘉永六年（一八五三）のペリー来航は一部の豪農商層をはじめ、多くの知識人たちに大きな衝撃を与えた。それは、海に接する海村ばかりにではなく、海からかなり離れた村々にも及んだ。本章でとりあげる大久保家もその一人である。[(1)] 既に検討したように、大久保家は下総国結城郡菅谷村（現在茨城県結城郡八千代町菅谷）の草分け百姓であり、代々名主役を勤めた村落上層民である。大久保家には、『異国沙汰・勝手の噺』・『筆熊手―亜美利加・魯西亜二国書翰　全実秘』・『筆熊手―浦賀紀行・応接之噺・角力』・『寝覚廼厂五―地震・蒸気車』・『寝覚廼厂六―海防・条約・諸君文』・『寝覚廼厂七―書翰類』と題された六冊の冊子が残されている。[(2)] この六冊の冊子は、いずれも嘉永六・七（安政元）年異国船来航時に大久保家の強烈な情報収集欲によって集められ、記録され、作成された異国船来航に関する情報集である。

これらの冊子にはどのような異国船情報が記録されているのか。またどのようにして収集され、編集されたのか。これらの情報を収集した大久保家の意識は何か。以上の点について検討することにしよう。その過程で、異国船来航の社会に及ぼす影響、それに対する幕府の対応の意味を考える手掛かりを得ることになるであろう。[(3)]

一　異国船情報集の成立と内容

1　異国船情報集の成立について

まず、この六冊の成立に関する手掛かりをみておきたい。『筆熊手』という題名は、もともとは中山信名著色川三中編からなる全十八冊の叢書につけられたものであり、この大久保家の冊子のうちの二冊にこの題名が付されている理由は不明である。『筆熊手』という文字は、貼紙でつけられており、表題には直接墨でそれぞれ「亜美利加・魯西亜二国書翰　全実秘」と「浦賀紀行・応接之噺・角力」と記されている。このことからすると、最初につけられた表題はこの直接筆書きされたものであり、『筆熊手』という題名は後年何者かによって付けられた可能性がある。『寝覚廼廼』については、現在五・六・七の三冊しか確認出来ていない。これも同様に『寝覚廼厂』という題名と巻数は貼紙で付されたものであり、表紙には直接それぞれ「地震・蒸気車」、「海防・条約・諸君文」、「書簡類」といった別々の表題が記されている。またこの『寝覚廼厂』の場合、六巻七巻には嘉永六年の記事が多いのに五巻には嘉永七年の記事が多いというように、付けられている巻数と内容にみられる年代の順番が一致しない。これらのことから、『寝覚廼厂』も後年何者かによって整理されたときに付された題名・巻数であるといえる。『異国沙汰・勝手の噺』は、中扉に、「嘉永六癸丑年六月異国船渡来雑記」とある冊子である。この『異国沙汰・勝手の噺』は、表紙に直接記されたものであるが、その他に表紙には貼紙が右下と左上の二ヵ所にみられる。右下の貼紙には「十一」の数字が記され、左上の貼紙は大半が欠如しているが残簡に「四」の数字がみられる。おそらくこの欠如部分には『筆熊手』や

『寝覚廼厂』と同様の題名が記されていたものと思われる。

以上のことからこれらの冊子はかつて六冊以上は存在し、それが少なくとも二度にわたって、つまり一度目は直接表紙に記された表題で、二度目は貼紙で『筆熊手』・『寝覚廼厂』といった表題で整理されたものであることがわかる。整理がなされた年代は不明であるが、例えば「亜墨利加・魯西亜書翰　全実秘」とあることからすると、少なくとも最初の整理がなされた時点では、これらの情報は秘密にしておかなければならないものであり、安政年間には最初の整理がなされたと思われる。特に安政年間とする理由は、安政二年三中死後、師の遺命により大久保父子が多くの書物を筆写・校注している時期がここに集中しており、また黒船来航からそれ程遠い時期ではないであろうと思うからである。

つぎに記録者について検討する。これらの冊子は、黒船来航を契機として記し始め、内容はいずれも異国船情報である。にもかかわらず『筆熊手』・『寝覚廼厂』という別の題が付されていることから考えてみると、おそらくこの六冊は一人の手によって記録されたものではない。例えば、『異国沙汰・勝手之噺』には、後にみるように色川三中の情報集『草乃片葉』(4)に大久保真菅から得た情報であると記載されたのと同じ情報「横浜風聞」が記載されている。このことから『異国沙汰・勝手之噺』は真菅の手による可能性が高い。また『筆熊手―浦賀紀行・応接之噺・角力』は、その内容から大久保真菅の息子忠善が嘉永七年黒船再来の時に浦賀まで見学に行き、その時に得た情報の記録であると判断される。従って、息子の忠善が記録したものであることは明白である。『寝覚廼厂』五巻には、地震の体験を記した真菅自身の手になる日記が記されている。また筆跡からみてみると、『異国沙汰・勝手之噺』・『寝覚之厂』と『筆熊手』とは明らかに筆跡が異なる。真菅・忠善のそれぞれの日記の筆跡と比較してみると、前者は真菅の筆跡に、後者は忠善の筆跡に酷似している。

さらに、冊子の記載様式をみると、『筆熊手』は月日の記載順序はまちまちであるが、「亜美利加・魯西亜二国書翰全実秘」は嘉永六年の記事が記載され、「浦賀紀行・応接之噺・角力」は嘉永七年の記事というように冊子ごとに年代が分かれている。『異国沙汰・勝手の噺』・『寝覚廼厂』五、六、七は嘉永六、七年の記事が混入しており、『筆熊手』とは記載方法に多少の違いがみられる。以上のことから『異国沙汰・勝手の噺』と『寝覚廼厂』は大久保真菅が、『筆熊手』は息子の忠善がという具合に、おのおので記録をとっていたとみてよいのではないかと思われる。

2　異国船情報集の内容

つぎに、大久保家が収集した異国船情報とはどのような特徴をもつ内容であったのであったのか検討してみたい。まずは、それぞれの内容を示すことにしたい。

〔1〕『異国沙汰・勝手之噺』嘉永六癸丑年六月異国船渡来雑記

1 （川柳）
2 丑六月三日浦賀表異国船渡来聞留記　六月七日
3 浦賀奉行御届　六月三日　戸田伊豆守
4 御固メ場所ニ付
5 異国船渡来ニ付御固メ被仰付候御書付之写　六月　伊勢守殿御渡　大目付江
6 御同人様御渡御書付写（浦賀表へ異国船渡来につき御警衛向きの件）六月　大目付江
7 同（異国船内海乗り入れの節の対応について）　大目付江
8 備前守殿御渡シ御書付（浦賀表異国船帰帆につき）　六月十三日　大目付江

9 （異国船四艘発見につき注進） 六月三日 井伊掃部頭守内富田権兵衛
10 （異国船弐艘浦賀に乗り込みにつきお固めの件御届） 六月三日 松平肥後守
11 六月十五日御座之間 （本多越中守海岸見分のため差遣し候諸大名書上げ） 六月十九日御座之間
12 六月十九日御書付写 （海岸見分のため本多越中守・勘定奉行・御目付其の外役々一同武蔵相模安房上総海陸回村につき達）
13 六月二十日 （本多越中他海岸見分につき）
14 覚 （本多越中守・九鬼式部輔御勘定奉行御目付ほか役人回村につき） 六月
15 （蒸気船の様子・贈り物書上げ） 右嘉永癸丑六月中
16 （内湾絵図）
17 異船実説 （異国船の外観・船名・乗組員・日本側の応接者・警備など上陸時の様子）
18 （川柳 太平記村上彦四郎）
19 （内湾絵図 久里浜・浦賀・横須賀・本牧・神奈川・川崎沖異国船の様子）
20 （異国船に関する漢詩） 橋月農夫
21 丑ノ六月事 嘉永六年丑六月 話聖東渡来始末 夷船渡来記
22 松平越中守上書 七月十三日
23 榊原式部大輔上書 丑八月
24 魯西亜江御返翰之写 嘉永六年癸丑十月十五日 大日本国老中阿部伊勢守正弘ほか五名
25 水戸触書 嘉永七寅年正月元日御達書付之写 水府
26 細川公家中江申渡御直書之写 丑十二月

27　寅正月改　海岸警衛之次第
28　（川柳）
29　寅ノ二月アメリカ船へ被下物覚
30　（五帝国・七強国）
31　横浜風聞
32　綾小路前中納言有長卿懐紙写
33　香取之記（攘夷祈禱の件十一月二十三日権右弁長順より中納言中将様宛書状）
34　奉書付奉願上候（攘夷祈禱について）　十二月　大禰宜・大宮司右代兼神官→寺社御奉行所
35　水戸返簡（攘夷祈禱について）　丑十二月十七日　大宮司香取懿太郎芳・大禰宜→岩上勝右衛門殿・小室善兵衛殿
36　保田家へ（攘夷祈禱について）　十二月十七日　大宮司香取懿太郎芳・大禰宜→保田加賀守様
37　水戸ゟ到来状（攘夷祈禱について）　十二月十五日　岩上勝右衛門義利・小室善兵衛→香取大宮司様・香取大禰宜様
38　（攘夷祈禱の件書状）　十二月二十四日保田加賀守　下総国香取社一社惣中
39　御用金　大坂町人御用金（海防御用金書上）　嘉永七年二月
40　関宿触書（異国船渡来出陣につき家中へ申し渡し）　寅三月二十七日　村井紋四郎ほか五
41　（細川越中守意見書）　丑八月　細川越中守斎護
42　（松平大膳太夫慶親意見書）　八月

43 寅四月五日園田書翰之抜
44 （川柳）
45 （書籍の覚）
〔2〕『筆熊手』（浦賀紀行・応接の話・角力）
1 松平越中守殿ゟ前中納言様江指上候写シ
2 浦賀神奈川応接（正月十九日〜三月までの日記） 嘉永七寅年正月ゟ同三月迄日記
3 （日記）
4 夷船渡来之節聞書
5 横浜応接場麁絵図
6 応接之度人数
7 （羅森の書）
8 寅二月十日武州横浜村上陸之亜墨利加人応接所着座之者（船の名・献上品とも書上）
9 相撲（同日相撲土俵入并稽古取組有之）
10 蘭人ノ注進也
11 （夷船ニ而馳走之節の様子）
12 （和歌・川柳）
13 （異国船絵図）
14 （忠善の記録・日記）

15　(忠善の記録・日記)

16　(和歌)

17　(異人の落書きの写し)

〔3〕『筆熊手』(亜米利加・魯西亜二国書翰)

1　(海岸防御の件につき水戸中納言へ申し達し)　七月二日

2　宗対馬守殿ゟ御届(中国筋騒乱の件注進)　宗対馬守家来吉川将鑑・佐治伊織

3　日本国王に上る書　ヲランタ横文字ヲ解ス

4　北亜墨利加合衆国の伯理璽天徳シルラルト○ヒルモサ人名書を日本帝殿下に呈す

5　外国事務宰相エドワルトエヘレット親筆　北亜墨利加合衆国の伯理璽天徳「シルラルドヒルモサ」一　書を日本国帝殿下に呈ス

6　亜美理駕合衆国欽差大臣兼管本国師船天竺中国日本等海水師提督大臣彼理為申陳事　癸丑年六月初ニ日

7　亜美理駕合衆国欽差大臣兼管本国師船天竺中国日本等海水師提督大臣彼理為申陳事　癸丑年六月初七日

8　(大学士依斐烈奉勅書)　嘉永六癸丑年七月十一日

9　(大学士依斐烈奉勅書・欽差大臣水師提督彼理書漢文訳)　嘉永六癸丑九月五日

10　魯西亜全国一統之主魯西亜帝国「ニコラース」第一世(帝名)の「レイイクスアレゼノイル」(官名)書牘を大日本国の執政ニ呈ス

11　大君皇帝首仁幸来俄羅斯統輿主宰之上宰相子也利羅能文

12　(大俄羅斯国御前大臣欽奉全権使東海水師将軍布恬廷の書漢文訳)

13 浦賀応接ノ図中ノ条ニアリ　嘉永六丑年六月
14 十月従公儀被仰候西洋鉋術可学之事（御触書　アメリカ合衆国よりの書簡に対する建議の件、戦争になった場合の心得など）　十一月朔日
15 （御触書　大船大炮製造の件）　十一月
16 大目附柳生播磨守江牧野備前守申渡書付ノ写諸向へ相達候由ニ而御城付共へ為心得為見申候
17 隋足建言之内　丑七月（抜粋）
18 （鍋島侯上書）
19 越前家上　八月十四日
20 諸家上書之内　九鬼式部少輔諸策
21 長崎ゟ之書翰之内写
22 （異国人上陸時を描いた絵図）
23 （松平薩摩守側用人奥四郎から長崎会所調役福田猶之進宛書状　琉球国へ北アメリカ船渡来）嘉永六年八月九日
24 ヲロシアヨリ長崎迄渡来里数之事
25 嘉永六丑年八月二十日阿部伊勢守殿御退出へ左之人々被召出御渡ニ相成候御書付（海岸防禦八月二十日）
26 南部騒動之事　嘉永六丑年八月二十四日久世大和守殿御勝手へ差出候書付写
27 七月十七日暮七ッ時白帆注進同十八日乗付魯西亜船江乗組之節凡之上申口（黒船の様子）
28 （長崎書簡　黒船来航時の状況）　丑七月
29 （川柳）

30　亜番台詩
31　道路之節を人々筆記候由（毛利公建白之旨ほか）
〔4〕『寝覚廼厂五』（地震・蒸気車）
1　戌六月三日景山老君公御国内命令
2　寅七月十二日御用番江御届申候ニ付申越（出羽国由利郡本庄六月初大雨にて田畑破損につき）　寅七月十二日六郷筑後守
3　（出羽国秋田領六月初大雨にて田畑破損につき御届）　寅七月十三日　安藤長門守
4　松前侯御届（箱館神明町火災につきお届け）
5　嘉永七甲寅年九月大坂天保山沖江ヲロシヤ船乗来ハッテイラ舟ニて安治川弐丁目迄乗入候趣二十二日大和植村侯御人数着坂と申す進之書留写（絵図付）
6　府中ゟ御届ヶ（地震にて久能山・御城出火の件）　十一月五日　富永孫太郎
7　口上（大地震の御届）　丑十一月四日　榊原越中守
8　古賀先生宿へ罷越し手紙写し（下田・堀崎村などの地震の被害状況）
9　（下田へ渡来魯西亜舟津波にて破損・戸田村へ船引揚修復につき取締り方触）　榊原甲斐守
10　（土浦川口色川氏棟梁善助衆大坂出立伊勢・熱田神宮など災害のようすを伝えたもの）
11　（大坂城内での噂話）
12　（触　国学勉強奨励の触））　嘉永七年十一月也
13　覚（御旗本御家人武術稽古の奨励）

14　（川路左衛門殿当務御免奈良奉行被仰付候様水戸公御取成被下度藤田東湖へ示談の節藤田の返答）
15　諸国地震之事　嘉永七寅年四月十八日認
16　（異国船渡来の節京都七口警護について諸大名へ申し渡し）
17　京都出火（当月六日大宮御所御台所より出火の件）丑四月十一日
18　嘉永七寅年八月十四日夜八ッ時大地震之記（関西大地震）
19　嘉永七在歳甲寅十一月四日又五日大坂地震事（日長英連書状写）
霜月十五日　日長英連拝贈（此人大坂ニ色川雅兄机下）
20　（地震時の大久保家の状況）
21　口上（大地震の御届）丑十一月四日　水野出羽守
22　十一月八日之書手紙松平丹後守様御家中江戸と之文通也　小島地震之記
23　景山老公御国内江凶作ノ節下賜ニ□令之文
〔5〕『寝覚廼厂六』（海防・条約・諸君文）
1　異国船渡来之節近海向御警衛御手配之記　嘉永六癸丑年六月日
2　海防掛御目付ゟ阿部伊勢守殿江御直ニ進達（浦賀表異国船渡来の節諸大名御固めの次第、兵糧米炊き出し、舟手の件、人数の件など）
3　各大名への申し渡し
4　（浦賀表アメリカ船発見時の状況、関宿公出陣の件）
5　（寅九月十三日御書付之写長崎表へイギリス船来航、薪水給与御許しの件、鉄砲稽古の件）　九月

6　魯西亜御返翰大略弁書
　阿部伊勢より　魯西亜国之御老中セツセルラトへ
7　水前納言公作也　まりうた
8　狂古
9　（川柳）
10　三国ケン
11　ヨホクレ武士
12　（中国の状況）
13　（アメリカ大統領公書呈示の件漢文訳書状）　甲寅年正月二十三日鮑厦旦出駕船逓
14　大番隊士臣根本兵馬秀見再拝頓首慎奉書　嘉永六寅正月根本秀実再拝頓首　以聞
15　條約（日米和親条約漢文訳）
16　牧野備前守殿御渡候御書付写（沿岸警備の強化について）　寅四月
17　（ペリーの動向に関する風聞）　申寅五月九日　夢熊桜主人認
18　（朝鮮通信使来聘御延期の件）　六月二十九日　宗対馬守
19　御座問　七月二十四日
20　（海岸防禦筋の件につき触）　七月
21　（大船製造に付触）　七月
〔6〕『寝覚廼厂七』（書翰類）

1　贈川路聖謨　八月十六日

2　西浦賀干鰯問屋ゟ親類江手紙（異国船来航時の様子）

3　日記（ペリー来航時の状況・日本側の対応を日を追って記録したもの）

4　乍恐以書附奉内願候（深川吉永町材木問屋中村屋源八献策）　丑七月

5　吉田淡路守殿御用番江伺書（沿岸警備の件）

6（和蘭カピタンより長崎奉行への申し上げ書、北アメリカの件、通商の件など）　子七月

7　嘉永六年癸丑六月四日忍藩某書翰写（北アメリカ共和政治軍船について）

8　亜米利加書翰於栗浜受取之時本陣固之図

9　異国船渡来之義ニ付又々愚存奉申上候書付甲寅二月　大橋順蔵

〔1〕『異国沙汰・勝手之噺』には、諸大名への海岸警備に関する申し渡し、諸大名の配置などの警備の実際、異国船来航時の注進書、海岸警備のための回村の触れ、蒸気船の様子・贈り物の書上げ、異国船に関する船の形状・船名・乗組員などについての詳細、応接の実際、諸大名の意見書、露西亜などの外国からの書簡、風聞、攘夷祈禱に関する書状など、嘉永六年から七年にかけての情報が順不同に記載されている。〔2〕『筆熊手―浦賀紀行・応接の話・角力』には、大久保忠善が、嘉永七年に実際に神奈川まで足を運び、見聞したことを記した日記、その時に得た異国船に関する情報、川柳、応接の絵図、異国船の絵図、異国人の落書きの写しなどが記載されている。〔3〕『筆熊手―亜米利加・魯西亜ニ国書簡　全実秘』には、アメリカ・ロシアから提出された書簡の漢文訳の他、対馬の宗家からの中国情勢に関する注進書、長崎経由の異国船情報、ロシア船の動向などが記録されている。この他、幕府から出された西洋砲術奨励・大船大砲製造の奨励の触れ、諸大名の上書や、嘉永六年八月に起こった南部騒動の記録もみられる。

〔4〕『寝覚廼厂五』には、嘉永七年に全国的に発生した地震・大雨などの天災、火災の記録を集めている。この中に地震の影響で破損したロシア船ディアナ号が戸田村で修復されている件の触の記載がみられる。また、大坂城内での噂話や、国学奨励の触、旗本の武術奨励の触などの記載がある。〔5〕『寝覚廼厂六』には、諸大名へ海岸警備に関する御達、老中からロシアへ宛てた書状、中国の状況、条約の漢文訳、宗家からの中国情報、その他まり歌など巷の情報が記録されている。〔6〕『寝覚廼厂七』は、書簡集である。西浦賀干鰯問屋から親類に当てた手紙・深川の材木問屋の嘆願書など庶民情報から、忍藩士の書簡や大橋順蔵の意見書、和蘭カピタンの書などもみられる。

これらをみてもわかるように、これらはすべて嘉永六年から七年にかけての地震・災害といった天変地異や、異国船来航に関する情報集である。この事実は、異国船来航が、天変地異に匹敵する異常事態であることを物語っている。またそれぞれの情報の形態も御触・書状・風聞・日記・建白書などさまざまである。情報収集の範囲も、幕府・諸大名の動きから一般庶民の噂にいたるまで幅広い。特に通常では入手不可能と思われる幕府上層部の極秘情報が、大久保家の手によって収集されていたことは注目すべきことであろう。次項において、これらの情報集の記載から、大久保家がどのようなルートをたどって情報を収集したのかについて具体的に検討してみよう。

二　異国船情報の伝達経路

大久保家に伝わる六冊の冊子には、大久保家が異国船に関する情報を入手した経路を示す記載が各所にみられる。それぞれについて検討し、その入手ルートを明らかにしてみたい。

まず〔1〕『異国沙汰・勝手の噺』からみてみよう。この冊子にはいくつかの情報入手ルートが記録されている。

その中で風聞のような表題のつけ方がなされている№2「丑六月三日浦賀表異国船渡来聞留記」は、内容は明らかに書簡であり、書状という形態で情報が伝達されたことを知ることができる。この書状は、ペリーが来航したわずか四日後の六月七日付で届いたものであり、異国船情報の伝播の速さにまず驚く。伝えられた情報の内容は、蒸気船の様子や浦賀奉行の応対の様子、また黒船の燃料が石炭であり、それが当時日本でもとれるもので塩田などで使用しているということや、船運が差し止めになっていることなどが記されている。この情報を伝えた人物が誰であるのかははっきりしない。しかし、その内容から大久保家の取引先の商人であり且つかなり緊密な関係をもつ人物であると思われる。おそらくその商人は、浦賀番所の役人等幕府関係者、あるいはそれらと関係のある人物のつてをたどり、いちはやく詳しい情報を得ることが出来たのではないかと思われる。

　そういった浦賀番所ルートで入ってきたとわかるものが他にもある。№15は、蒸気船の様子・贈答品など異国船に関する詳細な情報が記されている。その最後に「此壱枚浦賀与力渡辺清一郎写之」と情報の出所が明示されている。また、№17「黒船実説」と題された記事には、朱書で「是ゟ根本公ゟ送ル所ノ実説」と記されている。この記載から、嘉永七年ペリー来航時応接掛をした松崎万太郎（懐松）の門人で仙台藩儒者である根本兵馬秀実から得た情報であることがわかる。そこには黒船四艘の各部分の寸法、船名、船長の名、乗り組み人数、日本側の軍備、防衛状況、応接時の米側の出席者の氏名・官名、服装等が記され、さらに六月九日から十二日帰路に向かうまでの様子が日記風に記されている。この記事の最後に「此書付者松平和泉公ゟ出候由本田子ゟ入手　右之通書松崎公之門根本兵馬君ゟ送ル所内事写之」とあることから、この情報が根本兵馬が「本田某」から入手し、大久保家へ送ったものであることがわかる。この書翰の注目すべき点は、根本兵馬から入手した情報が「実説」であることが明記されていることである。それは、大久保家にとって根本兵馬が重要な情報源であったことを示している。[5]

No.43「寅四月五日園田書翰之抜」と題された書翰から、「園田」という人物からも情報を入手していたことがわかる。この「園田」という人物は、旗本堀田土佐守家臣園田忠兵衛のことで、大久保真菅の義理の兄弟にあたり、文久二年に大久保家が桑名藩と交易をする際にその中継役をした人物である。彼は、既に嘉永期に大久保家の情報収集に関わっていたのである。主人の堀田土佐守は大久保家の親戚である中原清右衛門が名主をする常州真壁郡谷貝村の領主であった。

ところで、『異国沙汰・勝手の噺』に収録されている書付・触書類は、主として黒船来航の際の防御を老中が命じたもので、大目付を通して各領主へ通達されたものである。これらの中には、他領の触書であることが明記され、大久保家が正規の触れのルートではない別のルートから独自に入手したものであることがわかるものもある。No.25「水戸触書　嘉永七寅年正月元日　御達書付之写」は、ペリー再来にむけて水戸藩主が家臣に「相房辺御備幷内海御警衛向」について触れたもので、大久保真菅が水戸に砲術修行に出かけた時に入手したものではないかと思われる。また、No.40「関宿触書」は、「異国船渡来ニ付若御出陣有之候節ニ臨ミ御領分ニ而賦役ニ罷出候外国家ニ報る之志し厚く御供ニ罷出度と存候者者可被召連候間、自分武器所持之分携候者者勿論所持無之ものハ御貸被下候間勝手次第可罷出候、中古士農分れ武家のミ出陣之事ニ相成居候へとも、此度之義ハ夷賊へ抱り四民共ニ一致して可防戦筋ニ候間、神職幷村役人其外高持ニ而抱百姓又者寄子等を引連罷出候者ハ猶更奇特之至……」と記されており、黒船再来と神奈川条約締結という事態に直面した関宿藩が、領民たちに士農工商の身分制の枠を越えて出陣を要求していたことを示す触書であった。この触書を大久保家が入手しえたのは真菅が一時関宿藩で砲術を教授していたことによるのであろう。

No.3「浦賀奉行御届六月三日」・No.9「（井伊掃部守内富田権兵衛届書）六月三日」・No.10「（松平肥後守届書）六月三日」

は、いずれも黒船来航時の状況を諸大名等が幕府に報告したものである。また、No.22「松平越中守上書　七月十三日」・No.23「榊原式部大輔上書　丑八月」・No.41「細川上書　丑八月」・No.42「毛利上書　八月」は、嘉永六年黒船来航に際して各大名が幕府に提出した上書すなわち意見書である。これら諸藩が幕府に差し出した届書や上書のうち、「松平越中守上書」は色川三中から大久保家が入手したことが書簡から読み取れることから判断すると、これらの諸藩が幕府に差し出した届け書や上書は、やはり色川三中の筋から入手されたものと考えられる。[(6)]

No.31「横浜風聞」は、嘉永七年黒船再来時の応接の様子やペリーをはじめとする外国人の容貌を記した記事である。その末尾に「右者水戸薬店駿河屋へ十八日夜着、直様乞請候而写申二月廿日夜、三月五日又灯下写之」と記されていることから、この情報は大久保真菅が水戸に出かけていた二月二十日に水戸の薬屋から入手したもので、帰宅後の三月五日にこの情報集に記入されたことがわかる。

ところでこの「横浜風聞」は、後にみる色川三中の情報集『草の片葉』にも全く同じ内容のものが収録されている。これは真菅が二月二十一日に色川氏に送ったものであることがわかっている。このことからすると、真菅は情報を入手するとまず師色川三中のもとに届け、数日後自分の情報集にも記録を留めていたのであろう。

またこの冊子には、香取神社の攘夷祈禱関係の一連の情報があるが、これは主として水戸藩と香取神社関係の情報であり、これらが入手できたのも色川三中の力に依るところが大きいと思われる。

つぎに、〔2〕『筆熊手―浦賀紀行・応接之噺・角力』の中からみてみたい。まずNo.2「(朱)浦賀神奈川応接」の内容を見ると、異国船来航当時の浦賀の様子、応接時のメンバーや接待の様子、米軍が公開した軍事教練の様子、黒船の大きさや燃料、軍備について等詳細にわたって記している、嘉永七年正月十九日から三月十一日までの日記であることがわかる。この日記の末尾に「嘉永七寅年正月ゟ同三月沾日記応接ノ様体荒増如此　是松崎君之近士某之記所

之書也　同三月七日宿所出立八日夜品川ニ着ス同九日神奈川松崎公止宿大国屋へ午後着ス　根本君ニ対面ス十日雨天昼ゟ是ヲ写ス　秘書　忠善」とあることから、この日記が当時外国人応接掛であった松崎万太郎懐松の近士が記したものであり、それを同門の根本兵馬が入手し、三月忠善が神奈川に行った際に根本兵馬から借用して筆写したものであることがわかる。忠善の神奈川行は忠善の日記(7)にも記されており、その目的は黒船来航の様子を自分の目で確かめることにあった。忠善は三月八日に品川に着き翌九日に松崎懐松が止宿している大国屋に到着し、かねてより懇意の根本兵馬と対面し黒船に関する多くの情報を得たのである。この神奈川行きで忠善が入手した情報はほかにも多くみられる(8)。そのうちNo.7清人羅森の漢詩も「羅新なる人いふ今清朝五ッニ別ル是清人ナリ此書根本氏之懐紙書ス」とあることから、根本兵馬から得たものであることがはっきりしている。また忠善が記したNo.14・15神奈川来遊日記(9)からは、忠善が根本兵馬から外国の品物をもらい、異国船来航に関して話し合ったことも知ることができる。この時忠善は、根本兵馬以外の応接掛関係者とも交流をもったらしく、三月十一日大国屋を出立し江戸に向かった時に、外国人応接掛(10)鵜殿民部少輔の用人堀江教助と同行し、異国船来航について話し合い、情報を入手していたこともわかる。忠善は、こうして自ら神奈川に出向いて確実な情報の収集に努めていた。

またその一方で、別のルートからも情報を収集していた。その一例が、伊予の神官であり国学者である菅右京や、三中門人で大久保家の同郷人である野爪村神主大久保一学らを通じて入手した、江戸の「塙役所」（和学講談所）からの情報である(11)。例えば『筆熊手―浦賀紀行・応接之噺・角力』の末尾に、異国人が上陸したときに本牧の八王子権現の下の岩に記した落書きの記録がある。これは大久保一学が異国船を見届けに江戸に行ったときに、菅右京とともに塙役所で書き写したものであるとの記事がみられる。また、これとほとんど同じ内容のものが大久保一学の日記である「みちの記」（『八千代町史　資料編二』）にも記録されている。

つぎに、〔3〕『筆熊手―亜美利加・魯西亜二国書翰　全実秘』の中から、№3「日本国王爾上る書　ヲランダ横文字ヲ解」と題された外国との往復書翰をみてみることにしよう。外国との往復書簡は全部で十通記載されており、すべて漢訳されている。いずれもペリーをはじめとする外国の宰相から「日本国宰相」即ち老中にあてられたものである。通常は入手不可能な情報を、大久保家はどのようにして入手することが出来たのであろうか。その情報入手ルートの手がかりとなる記載がいくつか見出される。嘉永六年七月十一日№8・9「大学士依斐烈奉勅書」の最後に「嘉永六癸丑年七月十一日於温古堂写馬鏡浦漁夫」とある。「鏡浦漁夫」とは菅右京のことである。菅右京はこの頃外国文書にも関係した江戸の温古堂（和学講談所）に留学中であり、その関係からこの書翰を入手したものらしい。彼は嘉永六年二月温古堂主塙忠宝の伝書をもって三中宅を訪れて以来、三中の死後まで三中宅に寄留し、そこを根拠にして常総各地を周歴していた。三中は、ペリー来航時に、この情報通の右京に塾生をつけて、江戸・浦賀へ同行させ、実情をさぐらせたりもしていたという(12)。大久保真菅は三中宅に出入りするようになってから合計三回ほど菅右京と面会の機会を得ており話も合った人物のようである。こうした点を考えると、菅右京の調べた情報が直接彼から大久保家に伝えられたとも考えられるが、右京が三中に提供したものを三中宅において真菅が筆写したとみた方がよいかもしれない。また、大久保真菅は「気象卓見所」にも出入していたらしい漢学者塩谷宕蔭とも関係があったことが、現在大久保家に残されている紹介状等から知ることができる(13)。

長崎に来航した異国船や、長崎市中の様子を記したものに、№21「長崎ゟ之書翰之内写」、琉球国より知らせてきた北米船渡来の様子を記した八月九日付の松平薩摩守側用人から長崎会所調役福田頼之進にあてた№23書翰、ロシア船関係の№24「ヲロシアヨリ長崎迠渡来里数之事」・№27「七月十七日暮七ツ時白帆注進」などがある。これらの情報のはっきりした入手ルートは不明であるが、「七月十七日暮七ツ時白帆注進」の最後に「右長崎書翰九月十七日夜灯下ニ写之をろしや船書翰長崎手附馬場五郎左衛門殿と申人九月十五日品川泊りニ御持参之由十五日公儀江上候」と記されていることから、長崎奉行の手付で当時応接掛であった馬場五郎左衛門から公儀へ提出されたものを筆写したものであることが判明する。大久保家がこの公儀に提出された書翰をどのようにして入手し筆写したのかは不明であるが、色川三中の情報集にも全く同じ記事がみえることからすると三中一門から入手したと判断して間違いないであろう。また最後に収録されているNo.31「道路之説を人々筆記候由」は当時の久世政権下における公武合体政策や長州の動き、長井雅楽の航海遠略策等の政治情勢について知ることができる書翰である。文中に「……拙者右書付之趣承り荒々認申候、是ハ或大家之御家来実否之処不相分候故長府之臣雅楽之書を贈り虚実相尋候処朱書を以実説之趣申送……」とあることから、これらの情報が、書翰の差出人が誰かから聞いた話を書き取って送ってきたものであることがわかる。

つぎに〔5〕『寝覚廼厂六―海防・条約・諸君文』の中のNo.1「異国船渡来之節近海向御警衛御手配之記　六月」をみることにしよう。その末尾に「此御触仙台御上屋敷順造館新井三太夫先生ゟ拝借寸刻写之」とあることから、この情報が仙台藩儒者新井雨窓から得たものであることがわかる。「真菅日記」(14)に、嘉永六年四月十一日に真菅が新井雨窓からの誘いで江戸の順造館を訪ねている記事があることから判断すると、この情報はその時に入手したもの思われる。

また長崎経由の情報もいくつかみられる。No.5「寅九月十三日御書付之写」は嘉永七年九月に長崎に来航したイギリス船に関するものである。その他中国の内乱を知らせる情報No.12もあるがその末尾に「右ニ嘉永癸丑四月自ニ朝鮮国一牒ニ音長崎鎮台一之書自ニ崎陽一達ニ于江戸執政府一着」とあることから判断すると、この情報が朝鮮から長崎に、四月には既に江戸に伝えられたことがわかる。これら二つの長崎経由の情報は、先の『筆熊手―亜美利加・魯西亜二国

書翰　全実秘』の長崎経由情報とほぼ同様のルートで、すなわち幕府関係者を通して集められたものであると思われる。

また、嘉永七年五月九日付の、№17黒船の四月十三日以降の動きを記した風聞があるが、「右虚実難斗聞之儘ヲ記しぬ　申寅五月九日　夢熊桜主人誌　右親友島全老人袖にして来り見せらるる故燈下に禿筆をかうす」とあることから、親友がしらせてくれた情報であることがわかる。

ところでこの冊子の中には、外国書簡もいくつか収録されているが、これらも菅右京をはじめとする和学講談所関係者から入手したものであろう。

〔4〕『寝覚廼厂五―地震・蒸気車』の異国船関係の記事の出所は不明だが、地震・火災等の災害情報についてはいくつかその入手ルートを推察できる。例えば№15「諸国地震之事　嘉永七寅四月」は尾張・伊賀・大坂・京都・南部等各地における地震の状況について知らせてきたものであり、末尾に「嘉永七癸丑年四月十八日認　京都ゟ古河奈良屋へ来書状之写」とある。№17「京都出火（朱）丑四月十一日」にも「右京都ゟ園田氏へ来ル書状之内（朱）」とあり、それが京都から既述の園田忠兵衛のもとに来た書状の写しであることがわかる。№19「嘉永七在歳甲寅十一月四日又五日大坂地震事」[15]は、十一月十五日付の地震当時大坂にいた日長英連が色川三中宛の書簡の写しであり、色川氏と関わりのある大工棟梁が関西方面の災害状況を伝えた書状であり、色川三中ルートから入ったものであること、また、№22「十一月八日之書手紙　松平丹後守様御家中江戸ニ而文通也」と題された手紙は、はっきりした入手経路は不明だが情報の出所は松平丹後守家中であることがわかる。

このようにこの年頻繁に発生した地震や火災等の情報も、黒船情報をもたらした情報ルートと同じ取引先の商人や色川三中関係、園田忠兵衛等知人を通して入ってきたのであり、その情報伝達の速さと、全国的視野にたった情報の質の高さに驚く。No.13「覚」は、旗本御家人のための講武所建設の触書であるが、これも「右予州菅右京主へ江戸ゟ遣し候書面之内嘉永七寅十二月七日写」とあって菅右京から入手していることがわかる。

以上、それぞれの冊子の記載から入手経路のわかるものについて具体的な事例を検討してみたが、これ以外に、色川三中経由で入手されたことがわかるものがある。色川三中をめぐる情報網については既に中井信彦によって明らかにされており、(16)またその収集した情報の内容も紹介されている。色川三中が収集した情報『草乃片葉』と、大久保家が集めた情報とを対比してみると、〔1〕『異国沙汰・勝手之噺』四二項目中六項目（3＝『草廼可き葉十二』、14・22＝『草片葉八』、23＝『草片葉十九』、26＝『草のかきは十八』、31＝『草乃加支波二十』）、〔2〕『筆熊手―浦賀紀行・応接之噺・角力』十三項目中八項目（2・5・6・7・8・9・10・16＝『草能片葉二十八』）、〔3〕『筆熊手―亜美利加・魯西亜書翰全実秘』三三項目中二一項目（1・2＝『草片葉四』、3・4・5・6・7・8・9＝『草片葉三』、10・11・12・27＝『草乃可葉十二』、13・19・30＝『草能片葉九』、17・20＝『草能片葉拾』、23・25・26＝『草片葉八』）、〔4〕『寝覚廼厂五』二四項目中五項目（5＝『草能可支波三十』、7・19・21＝『草乃可幾波三十二』、22＝『草乃可幾波三十三』）、〔5〕『寝覚廼厂六』二〇項目中二項目（11＝『草のかきは十八』、17＝『草能片葉二十九』）、〔6〕『寝覚廼厂七』十一項目中三項目（1＝『草のかきは十七』、4＝『草のかきは十八』、6＝『草能片葉十五』）と情報に重複するものが多い。これらの内、明らかに三中から大久保家に伝わったと思われるものは、最も重複する部分が多い〔3〕『筆熊手―亜墨利加・魯西亜二国書翰　全実秘』で、諸外国から幕府に宛てた書翰類はそのほとんどが三中及び菅右京らの門人から得たものである。また、〔1〕『異国沙汰・勝手之噺』No.3の「浦賀奉行御届　六月三日」は、『草廼可き葉』では、写し間違いを三中が朱で訂正しているが、大久保家のほうは訂正後の文章が清書されている。また〔3〕『筆熊手』No.19「越前家上　八月十四日」は、色川三中のほうは、白紙に書かれ、朱で訂正されているのに対して、大久保家のほうは、罫紙で訂正後のものが清書されている。これは、三中が校正したものを大久保家が写し取ったものと考えられる。これらの点からみても色川家は大久保家へ通常では入手困難なしかもより正確な情報を提供する重要な情報源であった。

また大久保家は色川家から情報を入手するだけでなく、積極的に情報提供も行っていた。色川三中の『草乃片葉』は現在知られているのは全三十四巻であるが、その中には大久保家から三中に提供されたとわかる情報がいくつかみられる。例えば真菅が水戸滞在中に筆写して三中に伝えたことが明らかなものとして『草能片葉』拾「不可和十ヶ条海防愚存別紙」、同「随足建言之内丑七月」がある。このうち「随足建言之内丑七月」の奥に「水府公御喪中ニ而御登城無之何れ大喪御出棺の上海防の議論起り可申水府公登福山侯と異存故其勝敗如何相成可申哉と甚不安心ニ付右之通り建言ス……嘉永六丑年十一月十六日門人真菅謹写」とあり、真菅の手になる情報であることがわかる。また『草片葉十九』「横浜応接聞書写」には、奥に「右は水戸薬店駿河屋へ十八日夜着直様乞請候て写申候、以上、二月廿日夜、（三中朱註）二月廿一日来着、大久保真菅写之所贈、異国人絵二枚写添、図中ニ嘉永七寅年二月十八日門人真菅模写トアリ」とあるなど大久保家は三中にとって重要な情報提供者であった。またこの他に大久保家から色川家に伝えられたと思われるものとして、『草能片葉二十八』の「松崎氏用人筆記」がある。これは『筆熊手』に「浦賀神奈川応接」として記されているものと同じであり、この応接日記は嘉永七年三月大久保忠善が黒船を見に神奈川へ行った時大国屋にて松崎公の門根本兵馬から借りて筆写したものであることは明らかなので、この忠善の筆写したものが色川に伝わったと思われる。以上の如く大久保家は三中に情報を提供していたのである。色川三中の情報集、大久保家の情報集ともにその全貌は明らかではないが、大久保家の情報集の中には、三中の情報集にみられない情報が多く記載されており、質・量ともに色川三中に引けを取らない情報収集家であったと思われる。

以上明らかになった大久保家の情報入手経路を、主な経路別に整理するとつぎの様になるであろう。

①仙台藩儒者新井雨窓・同根本兵馬の経路がある。(17)ことに根本兵馬は嘉永六年来西洋流砲術修業のために江戸に出ており、また外国人応接掛りの松崎万太郎懐松の一門であることからその筋の情報には詳しかった。新井雨窓も嘉永六年より江戸順造館におり、情報を得やすい立場にあった。雨窓・兵馬と大久保家とは手紙によるやりとりも多く、また新井雨窓を中心とした「王郎社中」(18)の仲間を通しての情報交換もあったはずである。

②色川三中とその門人たちからの入手経路がある。冊子の中で具体的に色川三中から得た情報と明記されているのは、『寝覚之厂五』に日長英進から色川三中宛てに出された書簡が記されていることや、『筆熊手』に色川氏に出入りしていた菅右京からの情報が記されていることぐらいであるが、色川三中の情報集と対比させてみると、いくつかの共通する情報がみられ、このことから、実際にはこの色川ルートから入ってくる情報が最も多かったと考えられる。また色川三中から情報を入手するだけではなく、大久保家から三中に情報を提供するという情報交換がなされていたのである。

色川三中との関係で付言すれば、この菅谷村近辺で三中門人となっていたのが大久保真菅の他に沼森村神主高橋相模・靱負父子と野爪村神主大久保一学の二人であった。三中との交流及び情報交換は書翰や実際に土浦へ出かける他に同郷人である彼らを介して行われることもあったようである。また三中宅に出入りするようになってから和学講談所や気象卓見所等幕閣中枢と深く関わる人物・学者連中との関わりが出来るようになった、あるいはその契機をつかんだということも重要であろう。

③水戸に砲術修業に出かけていた時に大久保真菅が得た情報がある。水戸に関する情報は比較的多く、真菅が水戸滞在中に水戸藩士や商人から得た情報を家の方へ送っているのである。水戸で得た情報を同時に色川氏へも提供していたことは前述の如くである。真菅が水戸から帰宅後は水戸で世話になった人から手紙が届けられたりして

情報交換が行われていたようである。現在残っている書翰で主なものは水戸藩勘定奉行住谷長太夫父子のものである。[19]

④園田忠兵衛に代表されるような旗本の家臣である。園田忠兵衛は大久保真菅の義理の兄弟であり、且つ大久保家の親類の清右衛門が名主をする谷貝村の領主堀田土佐守の家臣であった。こういった武士身分でしかも、親類筋にあたる人物とのつながりが情報ルートとなるのである。園田氏は後に大久保家が桑名藩と交易を始めようとした時にはその仲介の役割を果たしている。[20]

⑤取引先の商人、あるいは取引はなくてもたまたま旅先で知り合った商人からもたらせられる情報がある。また口コミで入手した商人の情報もかなり多かったと思われる。ことに遠隔地の情報についてはこのルートが時間的には最も早く伝達されたようである。また、こういった商人からの情報は「極密」という形をとりながらも親類・縁者その他商売上緊密な関係をもつ人々を通して急速に広まったのではないかと思われる。

⑥大久保家をめぐる親類縁者関係[21]である。旗本家臣園田忠兵衛もそのうちの一人であるが、ここではそれ以外の家についてみてみたい。大久保家のような江戸初期より格式のある豪農はその婚姻相手にも同様な身分の家を選ぶ場合が多く、その親族はいずれも地域の文化人であり名望家であった。例えば大久保忠善の妻みねは水海道三坂新田村で代々名主を務める猪瀬家の出で、この猪瀬家からは幕末に文人猪瀬東寧が出ている。[22]

尾見氏は真菅の妻せいの実家であり、やはり名主クラスの家柄で商業も営み江戸に店も持っていたようである。弘化三年十一月十七日真菅の次男貞次郎はこの尾見氏に婿として入り、以来尾見定次郎と名乗るのであるが、この人物も実父や兄の影響で政治に関心をもち、父兄を助けて大久保本家をもりたてるために奔走した人物である。彼もまた父や兄と同様色川三中・新井雨窓をはじめとする多くの文化人と交流し、顕著な活動はしなかったにしろ、幕末政情に関心をもちそのとるべき道を模索している豪農の一人であった。尾見定次郎の名は大久保家の日記にも頻出している。それによると定次郎は弘化四年から嘉永二年の間は原地開発と二宮尊徳仕法導入に奔走し、嘉永六年には根本兵馬や新井雨窓と交流、真菅が水戸藩に出入りするようになってからはともに水戸藩士とも交流していたようである。また文久期よりの諸藩との交易など大久保家といろんな面で行動を伴にしている。大久保家との書翰のやりとりも頻繁に行われ、多くの情報を大久保家にもたらしている。

以上の他にも第一編第三章でふれたごとく十数軒の親類があるわけであるが、彼らは地域の文化人でもあり、それぞれが幅広い私的な交流圏をもっていた。その中で彼らはお互いに連絡をとりあい情報交換をしていたのではないかと思われる(23)。

⑦この情報集では、具体的に出てきているわけではないが、この時期この常総地方を広範囲で、主として豪農商家を訪ね歩いている柔術修行の浪人や修験者、軍談師や俳諧師・画師等も情報の媒体になっていることは確かであり、大久保家や近郷の上山川村名主岩岡家の日記にもしばしば登場する。これらのうち特に修験者である高橋相模は大久保家をはじめ岩岡家等近隣の村落上層民宅を巡回し、時には柔術鎗術の修行浪人を同伴して廻っていることが両家の日記からもわかる。高橋相模は色川三中の弟子でもあり、大久保家とは親戚の関係にあった。大久保家と色川家とをとりもったのもこの高橋相模であったのである。

⑧　①〜⑦とは違って、名主という立場から入ってくる、いわゆる公的ルートから直接入ってくるものとして、幕府・領主から出される触書類や、寄場組合を通して伝えられる関東取締出役などからの触書類がある。だが、少なくともこの冊子に関しては公的な伝達経路から直接入手した情報は少ない。あるとすると他領の触書であるということからもわかるように、もともと公的な経路で流れた触書が、正規のルートからはずれて広まっていった

ものが記載されているからである。ちなみに、大久保家では嘉永六年八月段階では、領主鳥居丹波守から出された触書は「公用日記」と題して別にまとめており、それ以降は日記に記入するようにしていたようである。

以上にみたごとく、主として八つの大久保家独自の情報入手経路が明らかになったわけだが、この八つの経路は、大久保家を中核として結合し、しかも相互に複雑にからまっていたと考えられる。例えば、①の新井雨窓のルートについてみると、前述の如く大久保家の周辺で新井雨窓と交流をもった人間は「社中」を通して複数あり、そのメンバーは高橋相模や尾見定次郎をはじめとする大久保家の親類縁者を含む「御地御懇意の人々」であった。高橋相模は②の色川三中の門人であり、また三中と大久保家を結びつけたのは彼であった。また高橋上総介は後年天狗党に参加する神主であり水戸藩とのかかわりをもっていた。ちなみに大久保家が水戸へ砲術修行にいったのは仙台藩士根本のすすめと色川三中の推奨があったからである。高橋神主は柔術修行の浪人をつれて、大久保家をはじめとする近隣の豪農商の家を周遊し、遠い親類である上山川村の岩岡家にも出入りしていた。岩岡家に西洋流鉄砲の販売店を教えたのは彼である。尾見定次郎は新井雨窓の社中のメンバーであると同時に大久保家の最も近い親類であり、水戸藩士との交流もあった。また大久保家は色川三中一門を通してあるいは他のルートを通じて幕府に関係する学者ともかかわりをもったが、それは大久保家のみではなく、横瀬家の例にもみられるように[24]他の親類縁者にも同様にみられたのである。そして今述べてきた人々が個々にそれぞれの社会的立場に応じて情報ルートをもっていたであろうことは予測できる。こういった情報経路と、その相互のかかわりあいを即情報網といってしまうのは適切でないかもしれないが、しかしながら、少なくとも大久保家が地域的にも身分的にもかなり広範囲に人間関係を結んでおり、黒船来航のような事件が発生すれば、必要な情報が独自に即座に大量に収集できたのである。

またここでみた八つの主要な異国船情報の伝達経路は、さらに分ければ領主階級・学者とのつながり、思想上大きな影響を与えた一門をひき従える私塾とのつながり、数ヶ村を股にかけて往来する修験者や浪人とのつながり、近隣の文化人や親類・縁者とのつながり、取引商人とのつながりとまとめることができよう。また大久保家に出入りする一般の村人からも情報を得ていたと考えられる。

三　異国船情報収集の意識

ここでは、異国船情報を収集し情報集を作成しようとする大久保家の意識の問題について考えたい。大久保家は何故これほど大量の情報を収集し冊子にまとめたのか。しかも大久保家のもとに来た情報のみならず、他者のもとに集まってくる情報までも借用して書き写すという情報収集に対する強い意欲は、大久保家のいかなる意識のあらわれであろうか。異国船情報に限ってみれば、情報収集の直接的契機が黒船来航という事件の発生にあり、その情報を記録するという行為が師三中の影響によるものであるにしてもそこには当然大久保家自身の意思があったはずである。そしてそれは大久保家がいかなる内容の情報を選択し、いかなる方法で記録にとどめたのかをみることである程度つかめるはずである。

そこで、ここでは、異国船関連情報の具体的な内容の特徴、いいかえれば、大久保家がどういうものに興味をもって、あるいはどういうものを重要と感じて情報を収集し記録しているのかということをまとめてみたい。

第一に黒船来航、通商・開港の要求といった一大事に直面した幕府を含めた領主階級がいかなる対応をするかという点に注目している。具体的には諸大名の沿岸防備に関する触書・書付類や建言書、またペリー来航時の応接の状況を伝える情報の収集といった形であらわれている。この情報収集を通じて、幕藩領主にたいする評価を大久保家なりに行っていたに違いない。

第二に第一とも関連して軍備・海防問題に対する関心である。それは例えば、嘉永七年正月黒船再来に向けて水戸藩主が家臣に対して触れた「水戸触書」（『異国沙汰・勝手の噺』）や、農民にまでも出陣を要求している「関宿触書」（『同上』）、また諸大名・諸士の建言書のうちから特に九鬼式部少輔と岡本新八郎の二つを選んで記載した「諸家上書之内」（『筆熊手―亜美利加・魯西亜書翰　全実秘』）、商人としての立場から海防策を建言した材木問屋中村屋源八の異国船防禦策（『寝覚廼厂七』）といった記事を集めていることからもわかるのであり、これらが大久保家の意識や行動に与えた影響は大きかったのではないかと思われる。

これらの内、特に「諸家上書」と中村屋源八献策について詳しくみてみたい。まず前者からみていくと、九鬼式部少輔の建言書では「夷船焼打且夷船の疵を打破り候術　壱通、内海江遠渉仕様利根川切落図式、一枚　但古河切なおし共、筏船の雛形弁別帳壱冊、俵持擠《ママ》焼筏雛形壱通別帳一紙添、筏船雛形の図書附一通、内海自在迅速筏船間数幷木品銅鉄積書添、焼筏同図幷内海遠渉仕様古川切落図、見返書同図」とある。これはこの冊子の記録者が内容だけ目次のように記したものであるが、この建言書自体には図入りでかなり具体的なことについてまで記してあったらしい。大久保家がこの建言書に興味をいだいたのは、それが利根川を中心とする関東の河川流通を改作し、米国と戦争になった場合に迅速に物資を江戸に送れるようにするといった計画に関わるものだったからであろう。

また、岡本新八郎の建言書をみてみると、「打払之方重畳之義右ニ付てハ予メ万事御心組御支度専用之事、第一米穀不残奥羽辺ゟ内海迠を廻米仕置度且豪富之町人共及大寺院へ御用金被仰付候方下略」とあり、これも御用金賦課の計画のほか、九鬼式部少輔の建言書と同様に兵糧米の流通計画を記したものであり、いずれも河川流通に依存している関東豪農にとっては重要な問題であったのである。現に大久保家では文久三年に老中板倉勝静に対して、万一外国と戦争になった場合の物資輸送についてや軍艦製造の仕法立等について「乍恐以書付愚意奉申上候」[25]と題した意見書を提出しているのである。この大久保家の意見書と「諸家上書」と比較してみるとその発想が極めて類似していることがわかる。だが大久保家の場合「田舎商人」としての利害がからんでいることは確かである。そしてこの豪農としての利害と海防問題とが密着しているところに豪農が西洋流砲術や軍艦製造など軍備に対する関心を高め、海防問題や攘夷運動に何らかの形でかかわっていく理由があると思われる。

次いで中村屋源八の異国船防禦策であるが、これは「入江入海を抱候場所」へ「水寒水柵」を設けて「賊船防禦」しようとするもので、「万一御取用ニも相成候ハヽ何卒以　御慈悲私へ御用被仰付被下置候様奉願上候」というものである。この発想は前述の、大久保家の文久三年の意見書と極めて類似している。この時期の商人たちが独自の海防策を打ち出し、しかもそれを自分の商売が有利な方向に展開していこうとしている姿がよくわかるのである。大久保家が文久三年に出した意見書は決して特殊な行動ではなかったことがここからもわかるのであるが、大久保家がこの嘉永段階で商人の海防に関する建言書を集録していることからすると、他の商人のこういった動きが大久保家に大きな影響を与えていることにまちがいないと思われる。

その他『寝覚廼厂六』に大久保家に多くの黒船に関する情報をもたらした根本兵馬秀実の建言書がみられる。根本はここで極めて過激な攘夷論を展開しており、大久保家に与える影響も大きかったのではないかと思われる。以上にみたような事例からしても、大久保家が海防・軍備に興味をもつようになったのは、過激な攘夷論を掲げる根本兵馬や新井雨窓等と知り合い、彼らからの影響をうけるとともに、それが実生活に結びついた問題であったからである。既にこの時期、軍備・海防問題が武士階級だけの問題でなくなっており、農民からも人足役・御用金を出さねばならず、また領主階級の無力化によって自分たちの身は自分たちで守らねばならない状況となっていたからである。

さらに、有事にむけての流通構造の改革の必要は、殊に河川流通を主要な交通手段とする関東豪農にとっては前述の如く直接身に迫る大問題であった。そして豪農商の中には武士に対して批判的な眼をむけながら独自の海防論をもつものまで出てくる。

第三に、大久保家と同様な商人たちがどのような動きをみせるかということであろう。これは前述の中村屋源八献策や、嘉永六年六月西浦賀干鰯問屋が親類へ宛てた手紙等の商人の手紙を集めていることからもいえる。手紙についてはその内容に対する興味はもちろんのことだが、むしろ他の商人たちも自分同様必死に黒船情報を収集しているという状況に注目しているということもいえる。

第四に外国の技術や文化に対する関心である。ことに黒船の形状・大きさや行動、贈答の品々、武器や軍事教練、燃料等に関しては情報集全編を通して繰り返し同様の内容の情報が収められている。この事実は、大久保家が情報の正確を期するとともに、これらの外国文化に対して非常に強い興味をいだいていたことを示している。

商人の外国文化に対する強烈なる興味を示す例として『寝覚廼厂七』の「西浦賀干鰯問屋ゟ親類江手紙」をみてみたい。これは西浦賀干鰯問屋が親類に黒船の様子を知らせるために記した書翰であるが、黒船情報は別紙に記されてたらしい。まず手紙の方には六月三日ペリー来航以降の市中混乱の様子を記し、終わりに「即別帋渡来日記正直の処写取入御覧候、勿論当所ニ而機密の儀ニ付極内ニ而取計差上申候」と記し、極秘に黒船に関する詳しい情報を送るとしている。そこにいう「日記」とはこの問屋が見聞した情報を集めて記したものをさしている。「日記」の内容は極めて多彩且細部にまで行き渡っている。例えば、黒船四艘それぞれについて船の名、船長の名、また船の形態や材質、大きさについては大砲、煙突、はしご、窓枠、装飾品に至るまでことこまかに観察したことを記し、黒船の浦賀に至るまでの航程、九月以降黒船の東京湾測量の様子、贈答品、中国の様子等についても記しており、商人の興味の対象がよくわかる。特にアメリカから幕府に贈られた品物については、黒船が帰った後幕府によって焼き捨てられた時の様子も記し、「焼捨候節遠見候処見違い多かるべし」としてその品名を列挙している。これは、焼捨場において遠くから品物を確認し急いで品名を記録したものであり、商人の異国の品物に対する強い興味を示している。この手紙が大久保家に宛てられたものかどうかははっきりしないが、大久保家も同様の興味をもってこの書翰を書き写したに相違ない。

第五に、諸外国の動向に対する関心である。それは外国書翰や長崎からの情報の収集にみられるように、アメリカ・ロシア・イギリスが日本に対していかなる要求を出したのか、日本をめぐっていかなる動きをしつつあるのかという関心であり、第一・二とも関連するものであろう。

第六に、政治・社会風刺のきいた川柳・チョボクレ等の収集にみられる市中の動向に対する関心である。また全国的な規模での地震・災害に関する情報も収集しており社会情勢一般に対する興味も強い。これらは黒船来航とも関連して、政治的・社会的動揺としてとらえられ、同時に記録されたものであろう。

以上六点にわたって大久保家の興味の対象についてみてきた。大久保家が極めて幅広い視野をもち、またさまざまな角度から物事を見ていたことが明らかになった。幕末期を乗り切るのに必要不可欠なものとしてそれらの情報が収集され記録されたことにちがいない。

また、情報を入手することによってさらに視野がひろがり、幕政を客観的にみる目も育成されたのであろう。

ところで、情報集を作成するということの目的についてみてみたい。それは情報を収集し記録し冊子にするというところに、大久保家のみでなく他の人間も目を通すことを前提としていたのではないかということである。例えば、史料中にはところどころにその記事の真偽について記している箇所があり、また「此二書真偽不相分見ル人評乞者也」という他者の目を意識する記載もあることからそのことは察せられるのである。ではどういう人々がこの情報集に目を通せたのであろうか。これらの情報は基本的に極秘にすべきものであって、誰にでも無差別に見せていたものではないと思われる。だが、少なくとも前述の如く色川三中をはじめとするその一門の人間、尾見氏等のようなごく近い親類、交流の深い近隣の文化人たち、といったいわば大久保家の情報網の中核となる人々の目には触れることを前提にして編まれたものではないかと思われる。そしてそれらの人々は、おそらく大久保家と同様の文化的・社会的・経済的レベルの人々である。これらの情報交換が、彼らの共通の意識形成の基盤となっていったと考えられる。

おわりに

本章においては、大久保家の黒船情報の収集について検討した。その情報伝達経路の特徴として、領主階級・学者、一門をひき従える私塾、数ヶ村を股にかけて往来する修験者や浪人、近隣の文化人や親類縁者、取引先の商人等とのつながりをあげることができると述べたが、こういった人的繋がりの特徴は規模の差はあれ、どの豪農にも共通する点である。

例えば、菅谷村の近村である上山川村の岩岡家の場合をみてみよう。岩岡家に幕末期集まった情報は大久保家のものとは多少性格が異なりその伝達経路のわかるものはわずかであるので、必ずしも黒船情報に限定しないでみていきたいが、ひとつには、結城藩の藩校秉彝館→私塾晛斉塾→豪農のルートがある。晛斉塾は中茎元説の私塾で、主に漢学を教えていたらしいが藩内におけるその性格は、藩校秉彝館の分校のようなものであったらしい。秉彝館の学頭大沼枕山、鷲津毅堂らも学友として晛斉塾に顔を出していたようである。岩岡家はこの晛斉塾に出入りし、元説の孟子講釈にも出席していることが岩岡家の日記からも知られ、その機会に政治情勢について語り、情報を得たりもしたのであろう。元治元年十月の天狗党の乱の情報集「水戸表追討評判記」は、「晛斉塾」と印刷された用紙に記されており、そのことを予想させるのに十分である。また結城藩士と直接接することで得た情報もあるであろう。結城藩医で俳人である根本伯明は診察の他、句会などのため幾度となく岩岡家を訪ねて文化的交流を深めており、また藩士である田中柳硯、児矢野園四郎等も岩岡家をしばしば来訪している。高橋家にみられるような各地を周遊する神主等から得た情報もあるであろう。元治元年、乱が近づくにつれ、岩岡家へも水戸浪士たちが何度もきて乱に参加するように求めており、水戸浪士宇佐美宗三郎、沼森神主高橋上総之介、同高橋宏斉等もその例である。前述の如くこの高橋家の人々は大久保家とも密接なつながりをもっているのである。以上の他、情報は地域の文化人や出入りの商人等によっても口伝えに伝えられたものと思われる。このように情報、ことに政治的事件に関する情報ルートは各豪農とも極めて類似性をもつといえるのである。

しかしながら、一方で、その収集した情報のあり様は大きく異なっている。表21から黒船情報についてみると、大久保家が、入手した情報の大半をそのまま客観的に記録し、その莫大な情報を編集して冊子にしているのに比べると、同様の冊子は岩岡家では「禁他見　亜利伽船来日域紀　全案文」一点が残るのみである。だが、それ以降の政治情勢に関する情報集についてみてみると、むしろ逆に岩岡家の方が多くの情報を残している。特に天狗党の乱については、岩岡家は乱とは直接的な関係がなかったせいもあり、情報が多く収集され残されたのであろう。また、岩岡家の情報は特に文久・元治期になると日記に直接自らが見聞したことを書き記したものが多い点が特徴である。大久保家の日記にも見聞したことや、情報の記録が多くみられるが、それ以上に編集された情報集が膨大に残されている点に特徴がある。

表21　情報比較表

年月	政治情勢	大久保家(菅谷村)	岩岡家(上山川村)
嘉永6	ペリー来航	異国沙汰－勝手の噺、筆熊手、寝覚廼厂	禁他見　亜利伽船来日域紀
安政元	日米和親条約		
安政2		御触書写(御政務の儀)	
万延元	桜田門外の変	乍恐奉申上候(井伊大老殺害)	安政庚申三月三日桜田狼藉ニ付諸侯御届書幷死骸見分書・大混雑御裁許聞書幷桜田御門外一件聞書・桜田御門外一件
文久元	2．対馬事件	対州記	
文久2	1．坂下門の変	帛水楼日記(坂下門外の変)	
	5．ロンドン覚書調印	文久壬戌年記・文久戌筆記(長州侯建白一)	聞書写(文久改革について)
	8．生麦事件		
元治元	4．天狗党挙兵		浪人追討諸家江申渡覚・凶徒蜂起見聞記・湊浪徒降参人名簿・水戸表浮浪追討評判記・土井家御領分浮浪降参人仕置名前
	7．禁門の変		京都大乱書状写
	8．第一次長州征伐		
慶応元	4．第二次長州征伐	(毛利大膳父子謝罪ニ付)	
	12．薩邸浪士隊事件		
慶応4	1．戊辰戦争	(御触書)	新聞論破湊川濯餘・東京城日誌

こういったちがいが生ずるのは、おそらく豪農個々の人間関係の特殊性と情報収集の意識にかかわる問題であると思われる。また、同じ黒船情報をみても両家に共通して入っている情報は全くみあたらない。そのことは個々の豪農の情報網としての人的結合が必ずしも地域全域を含む形で形成されていたのではなく、その情報網が個人的人間関係によって形成されたものであったことを示しており、いわゆる地域における情報伝達のあり方を考える上で重要な問題を含むと思われる。

本稿では大久保家という特殊な地域的・歴史的背景を背負った豪農の、しかも黒船情報という極めて限定された史料を使って豪農の情報伝達・収集のあり方とその意識の一例をみた。今後より多くの事例が検討される必要があろう。

註

（1）大久保家については中井信彦「色川三中の黒船一件について」上・中・下（『史学』第五〇巻記念号・第五一巻第一、二号、第五一巻第三号、上・一九八〇年、中・下、一九八一年）、同校注『片葉雑記　色川三中黒船風聞日記』（慶友社、一九八六年）、盛本昌広「大久保真菅の史料収集」（『茨城県史研究』八〇、一九九八年）本書の第一編第三章を参照。

（2）これらの情報集は現在いずれも「大久保家文書」として茨城県結城郡八千代町歴史民俗資料館に保管してある。

（3）情報の問題をとりあげている論文は、本稿作成時には、中井信彦前掲二論文、今田洋三「江戸の災害情報」（『江戸町人の研究』第五巻、吉川弘文館、一九七二年）、同「農民における情報と記録」（『地方史研究』一三一号、一九七四年）、同「幕末における農民と情報」（『地方文化の伝統と創造』雄山閣、一九七六年）、大藤修「地域とコミュニケーション――地域史研究の一視点」（『地方史研究』一八五号、一九八四年）、吉原健一郎『江戸の情報屋　幕末庶民史の側面』（NHKブックス三三二、一九七八年）、また拙稿「志士と豪農――そのコミュニケーション活動」（『埼玉地方史』一三号、一九八三年）などがあった。だが、一九八〇年代後半になり、情報研究が急速にさかんになり、その蓄積は年々増加しつつある。その研究成果については、太田富康「幕末期における武蔵国農民の政治社会情報伝達」（『歴史学研究』六二五）を参照されたい。ここでは、中井信彦『色川三中の研究』（塙書房、一九八八年）、宮地正人『幕末維新期の文化と情報』（名著刊行会、一九九四年）同『幕末維新期の社会的政治史研究』（岩波書店、一九九九年）など主なものとしてあげておく。

（4）原本は静嘉堂文庫所蔵。中井信彦が、前掲「色川三中の黒船一件について」上・中・下で検討されている。表題は、各巻ごとに異なっており、草廼可き葉・草片葉・草のかきは・草乃加支波・草能片葉・草乃可葉など、巻によっていろいろな書き方がされている。本稿では、総称としては『草乃片葉』と記載することにする。

（5）根本兵馬と大久保家との関係は大久保家の日記をみる限りにおいてもかなり親密であったらしく嘉永期以降の日記にその名が頻出している。彼は嘉永初年より藩命により江戸藩邸におもむく度に大久保家と交流をもっており、金銭的な援助も大久保家からうけていたのではないかと思われる。また根本兵馬は、仙台藩儒者新井雨窓とも懇意であったらしい。第一編第三章を参照。

（6）この三中の手紙は嘉永七年「忠善日記」にその写しが記されている。

……（前略）……

松平越中守様上書試ニ愈快之至一言もむだは無之感服仕候、仍之今夕一学ニうつさせ入御覧候、喜ひ被下度候、早々申上候頓首

十月廿三日　夜　　三中拝

真菅様

（7）「大久保家文書」、尚拙稿（『歴史と民俗』一、一九八六年）参照。

（8）「夷船渡来之節聞書」・「横浜応接場之図」・「応接之人数」・「（羅森の漢詩）」・「進献幷人名（寅ノ二月十日武州横浜ゟ上陸之亜墨利加人応接所着座之者也）」・「丑年　蘭人ノ注進也」・「（夷船ニ馳走之品）」・「（仙台公の短歌）」等がある。

（9）「忠善日記」三月九日より十一日、「三月九日神奈川着、十日滞留午後ゟ写初夜八ツ時迠ニ終、根本うし予恵所アメリカ人書扇面壱本同たばこ同びん壱ツ〆三品也、十一日出立神奈川ゟ御目付鵜殿民部少輔様御用人に逢ふ也、江戸迠同道、此節之次第内々咄合、予ニ神奈川絵図壱枚送ル、堀江教助と申仁也、川崎万年屋ニ而大ニ馳走ニなる、後可尋筈互ニ約ス、此仁云、イポレット（図）是ノ丸キ体ヲ付ル人軍場ヲ数度踏し印也ト云神奈川の旅館に根本うしにおふ、此節之事を互になげき候事

皇国の世のなりわいやいかならん我真心を君に語りて　　忠善」

（10）この時外国人応接掛をおおせつかったのは、松崎万太郎懐松、林大学、井上対馬守、井上美作守、鵜殿民部少輔の五名であった。

（11）（貼紙）「正月廿二三日ノ頃異人本牧八王子権現ノ下ナル岩へ左ノ如き文字ヲホリ付ク……（略）……右ハ同日廿七日八ツ時ヨリ

夕刻迄ニ金沢沖ニアリシ異船𪜈五艘大師川原ヨリワツカニ廿町ノ沖マテコギ来リ止リシ時、御注進ノモノ写シ持参ナリ、塙役所ニ
而伊予大御嶋　菅右京　常陸野仙鹿島神宮　大久保一学　異船見届トシテ江府ニ至テ写所也

(12)　中井信彦「色川三中の黒船一件について」前掲論文

(13)　以手紙啓上候、寒冷之侯益御清栄奉珍賀候、然者此者下総国菅谷邑大久保七郎兵衛と申者ニ御座候処、今般先生江御目通申上度年来ニ願之趣申聞候ニ付御差支無御座候ハヽ御目通被仰付被下候様願上候、右宜御取膳（繕カ）被仰上被下度奉願上候　恐惶謹言

十月廿八日　　江原桂介内

桜井路太郎

塩谷孝蔵様

御門主中様

（八千代町大久保荘司家蔵）

また、文久元年の大久保家の情報集「対州記」には「……右申上候内ニハ道路之流言等取交之事実相違之儀も可有御座候、其下情之処御聴ニ奉達度思召ヲも不相願乍恐言上仕候　以上　右万延紀元申初冬ニ元本横瀬氏塩谷氏気象卓見所□□也　惟新軒主人」とある。横瀬氏は大久保家の親類、惟新軒もおそらく大久保家とは親しい地域の文化人であり、この記事から大久保家のみでなくその周辺の人々も塩谷氏や気象卓見所等幕府関係諸機関とつながりがあったことがわかる。

(14)　「真菅日記」は現在大久保荘司家が所蔵している。また佐野俊正『天狗党に荷担した名主日記』上・中（一九八四年刊）、『水府紀行―真菅老人日記』下（筑波書林ふるさと文庫、筑波書林、一九八八年）が、「真菅日記」の全文を紹介している。

(15)　「忠善家ニ在り　孫其外ハ出タリ　十一月四日五ツト覚頃大地震　母ハ逃出タリ　其後未申酉ノ方ニテ鳴動ス　日本大半地震同夜モ少々震也　伊勢・大坂ノ変同大震　翌五日ニモ大震ニテ大坂人多ク死ス由　嘉永七寅年十一月四日也
日光火雷ハ五日ト覚ユ　少々七ツ頃雨降雷声ヲ二声聞ク也　此日常陸水戸湊モ少々津波来ル　是ハ升谷流炮術湊ノ濱ニテ有之打手ノ方々少シハ汐ニスレ候由帰りノ人物語り也」

(16)　中井信彦前掲論文参照。尚、同著『片葉雑記　色川三中黒船風聞日記』（慶友社、一九八六年）という興味深い色川三中による風聞日記及び解説がある。

(17)(18)(19)　第一章第三節参照。

(20)　ところで大名の「書付」について、高木昭作「近世史研究にも古文書学は必要である」（『中世・近世の国家と社会』東京大学出版会、一九八六年。引用部分は四〇六と四〇八頁）の中に「御書付は口頭の申渡しを補完するメモの役割を果たしたと推定できる」とあり、ついで「大名家は老中など幕府有力者との連絡の多くを懇意な旗本を通じた非公式のルートに頼っており、こうした自家といわば出入関係のある旗本などの人脈を日常的に培っておくことはある意味では大名の死活にかかわる問題であった」と指摘されている部分は非常に有益な示唆を与えてくれる。つまり書付類は老中と大名を仲介する旗本層にいったんわたるのであって、従ってこの媒介者たる旗本あるいはその家臣から極秘に民間、主として豪農層に流出する場合があるということである。というのは、旗本はその支配地の豪農層と、政治・経済・文化諸側面において密着している場合が多く、豪農層にとっては旗本あるいは園田忠兵衛にみられるような旗本の家臣はかっこうの情報源になっていったのではあるまいか。

(21)　第一節第三章参照。

(22)　猪瀬家については『水海道市史』上巻（一九八三年）、『結城の歴史　写真集』（一九七四年）を参照。

(23)　註(6)を参照。また大久保忠善の日記には親類の尾見氏からの市中の状況や黒船についてしるした書翰が何通かみられる。

(24)　註(7)を参照。

(25)　「乍恐以書付愚意奉申上候

（略）

一、奉申上候而者恐入候義ニ御座候得共、此節之外夷之模様奉愚考候得者、不成容易御時節柄と奉伺候、右ニ付而者浅草本所御蔵之義万一何様至来候哉も難計、就者関東筋之義者関宿江戸川者八州第一御府入船壱方之川筋ニ奉存候、然ル時ハ右川へり御府内半日又者壱日位ニ而運送便利宜敷場所御見立御蔵補理致置、奥羽関東之粮米先右場入置追々御府内ニ相成候様致置度、非常之節関東米御買上ニ相成候而者直段高価ニ相成、矢張下々難渋之場合且者渇水等ニ而不便利之義ニ御座候、且又当春ゟ世上兎角動揺ニ付田舎商人共御府内江積入候諸品、御府内商人共世上機会ニ乗し戸鑽《ママ》又者仕切金等不差出、且差出候とも格外之直ニ下ヶ工夫を相仕懸ヶ田舎商人者損毛不少、右様之義ニ而者此上如何之時節ニ相成候哉者、商人共中々御府内へ諸品とも積入不申、弥高直者勿論御差支之場合ニ相成候義ト乍恐奉存候、是等者乍恐御所置も可有之、右川筋野田・行徳其外嶋の岸ニ御座候得者、辺を御見立御米蔵御補理相成、且及穀売買之者も右場所辺ニ而商売仕候ハヽ、何時ニて御当地之御用ニ相立可申と乍恐奉恐察候

一、御軍艦御製造御仕法立

一、此御時節ニ至り候而者第一軍艦御製造無之候而者不叶わけニ乍恐奉存候、是又当時関内諸材木不夥之義ニ御座候得共、去秋御朱印地者素ゟ御公辺ゟ被下置今日無事之御恩沢ヲ浴し候義ニ付、右寺社并往還筋諸材其外御林木材出候ハヽ何十艘ニ而大艦出来可申、尤御費用相掛り義ニ御座候得共往ニ西洋ゟ買取候義者相成間敷事、職人も追々手馴に候ハヽ新工夫も出来、万国へ勇名相賑候様相成可申、水陸共内海ニて手練候ハヽ何ぞ外夷虚説を恐るるに足らん哉……」

(26)　岩岡家及び岩岡家の日記については『結城市史』近世通史編（一九八三年）に矢口圭二による論考、木戸田四郎『明治維新の農業構造』（御茶の水書房、一九七八年）などがある。尚、岩岡家文書は結城市立公民館に複写したものがある。原文書は岩岡義雄家蔵。

あとがき

まえがきでも記したように、本書に掲載した論文の執筆期間は十七年に及び、その間問題関心もあちこち飛んだ。だが、神奈川大学日本常民文化研究所に入ってからは、度重なる史料調査を通じて、幅広い史資料群と格闘する機会に恵まれ、史料とは何か、歴史研究とは何かといった根本的な問題も含めて改めて勉強することができた。特に漁村調査を行う過程で、海付の村の史料を目にする機会が多くなり、それまで内陸の村でしか見てこなかった異国船問題について、海付きの村の動向を知ることができ大きなプラスとなった。また、研究所に入ってからは研究所の紀要である『歴史と民俗』や、研究所の調査の一環として関わりをもつようになった自治体史の出版物などに発表の機会を与えられ、多忙な中でも少しづつ覚え書きとして書き溜めていくことができた。本書は、こうして溜まっていった論文を「情報」というテーマで再編成したものである。しかし一口で再編成といっても、もともととりたてて構想をたてて書き溜めたものではなかったので、容易な作業ではなかった。もう一度史料から読みなおし、再構成しなければならない論文もあった。この作業を最初から最後まで支えて下さったのは神奈川大学日本常民文化研究所の山口徹先生であった。本書の成立も、私自身の研究も、この神奈川大学日本常民文化研究所での経験や、先生の職員の研究活動に対するご理解なしには成り立ち得なかったであろう。私が神奈川大学日本常民文化研究所に就職して以来ずっと、さまざまな場面で助け船を出してくださり、また勉強の機会を与えてくださり、史料調査や史料分析の方法をはじめ、数え切れないほどのご指導や励ましの御言葉をいただいた、山口先生には心から感謝申し上げたい。

また、いろいろと長年にわたりご心配をかけた青山学院大学沼田哲先生、大学院生時代には不勉強な学生であったにもかかわらず、その後も横浜開港資料館の研究会をはじめとして一方ならぬお世話になったお茶の水女子大学大口勇次郎先生にも心から感謝申し上げたい。さらに、史料の閲覧にご協力いただいた、大久保荘司氏・佐野俊正氏・岩岡雄一氏・小川喜内氏・埼玉県立文書館重田正夫氏・杉山彬氏・猪瀬貢氏・尾見恒夫氏・斎藤寛弌氏・小祝勇氏・尾見寿氏・谷島一馬氏・小倉弥男氏・毛呂山町教育委員会・八千代町教育委員会・浦和市史編纂室（現在浦和市役所総務部行政管理課）・沼津市史編纂室・九十九里いわし博物館の方々、いつもご理解をいただいている神奈川大学及び神奈川大学日本常民文化研究所の教職員の方々にも感謝申し上げたい。

また最後になったが、拙い原稿を最後まで面倒みてくださった吉川弘文館にも御礼申し上げ、結びとしたい。

二〇〇〇年十一月

岩田みゆき

著者略歴
一九五八年　島根県に生まれる
一九八二年　青山学院大学文学部史学科卒業
一九八五年　お茶の女子大学大学院人文科学研究科（修士課程）修了
現在　青山学院大学文学部教授

〔主要著書・論文〕
『黒船がやってきた—幕末の情報ネットワーク—』（歴史文化ライブラリー、吉川弘文館、二〇〇五年）
「漁村の政治と社会」（『沼津市史　通史別編　漁村』沼津市、二〇〇七年）
『戸田村史　通史編　第一編　近世』（沼津市、二〇一六年）

幕末の情報と社会変革

二〇〇一年（平成十三）二月一日　第一刷発行
二〇一八年（平成三十）五月十日　第二刷発行

著者　岩《いわ》田《た》みゆき

発行者　吉川道郎

発行所　株式会社　吉川弘文館
郵便番号一一三—〇〇三三
東京都文京区本郷七丁目二番八号
電話〇三—三八一三—九一五一（代）
振替口座〇〇一〇〇—五—二四四番
http://www.yoshikawa-k.co.jp/

印刷＝藤原印刷株式会社
製本＝誠製本株式会社
装幀＝山崎　登

ISBN978-4-642-03365-7

索　　引

人　　名

あ　行

か　行

さ　行

た　行

な　行

は　行

ま　行

や　行

ら　行

わ　行

事　　項

あ　行

か 行

さ　行

た　行

な　行

は　行

ま　行

や　行

ら　行

わ　行